지식과교양

교과교육과 문화, 어떻게 소통할 것인가

김항인 · 김호 · 김혜정 · 박기화 · 박약우 · 박인기
송상헌 · 안금희 · 오필석 · 이춘식 · 주길홍

지식과교양

1

지난 한 세대는 교과교육학이 제도 학문으로서의 위상을 확립한 시기라 할 수 있다. 이 시기 교과교육학은 큰 발전을 이루었다. 특히 교과교육을 구체적으로 실천하는 방법과 기술을 개발하는 차원에서 교과교육학의 역할과 업적은 괄목할 만한 것이었다. 각 교과는 교육과정 분야를 비롯하여 교과서 개발 분야, 교수·학습 분야, 교육 평가 분야 등에서는 지속적인 발전을 이루었다.

각 교과교육학 분야에서 이룩한 수많은 학술대회의 업적과 연구논문의 산출은 이론과 실천 양면에서 가히 백화제방(百花齊放)의 시대를 열었다는 느낌이 든다. 그 이전까지는 상상도 할 수 없었던 성과를 매우 집약적으로 그리고 상승적으로 이끌어 내는 양상을 보였다. 각 교과교육학 분야의 기술적 정련은 '학문으로서의 교과교육학'과 '실천으로서의 교과교육 현장'이 바람직한 협응(協應)과 조화를 이루어냄으로써, 자신의 위상을 끌어올리는 것은 물론이고, 차세대 교과교육학의 연구 지평을 새롭게 모색하게 하는 데에 이르렀다.

물론 교과교육학의 이러한 기술적·이론적 정련(精鍊)이 최선의 수준에 이르기에는 여전히 많은 문제들이 있다는 것도 우리는 인정한다. 또 현재 연구 개발하여 사용하고 있는 교과교육 실천의 여러 방법적 원리나 기술적 도구들도 새로운 교육 환경의 변화에 따라 꾸준히 진화되어야 하는 과제를 안고 있음도 우리는 잘 알고 있다.

교과교육학이 학문으로서의 내적 조건들을 더 많이 구축하고, 그 내적 조건들의 질적 수준을 높여 가야 한다는 것에도 우리는 깊은 관심을 가진다. 그간 교과교육학이 기술적·이론적 정련에 힘을 기울여 온 것도 교과교육의 내적 성장을 기하기 위한 노력이라 할 수 있기 때문이다. 다시 말해서 그간 교과교육학은 자신의 내적 조건을 더욱 충실히 하기 위해, 교과교육학의 이름에 합당한 내용 실체를 구비하고 정비하는 데 노력을 쏟아 온 것이다. 이런 노력은 교과교육학사에서 하나의 획을 그을 수 있는 의미를 가진다고 볼 수 있다.

그러나 다른 한편으로 생각해 보면, 교과교육학 전공 학자들은 교과교육학의 학문적 정체를 더욱 확장해야 하는 의무를 감당해야 하는 시점에 이르렀다. 교육방법의 기술들을 정련하는 것으로써 교과교육학의 정체가 완성되는 것이 아니다. 이 수준을 이제는 넘어서야 한다. 왜냐하면 교육방법의 기술들에만 매달려 있는 동안은 교과교육학은 현 단계 교과교육의 현상(현장)을 추수(追隨)하는 데서 그칠 뿐, 여기서 한 걸음도 더 나아갈 수 없다.

미래 교과교육학의 패러다임을 구축하거나, 새로운 문명사적 변화 상황에 교과교육학이 생태학적 진화의 조건을 탐색하는 일들은 교과교육학이 관심 가지지 않아도 좋을 것인가. 이런 문제들은 여전히 인문과학자·자연과학자·사회과학자 들에게 내맡기고 교과교육학자들은 수동적으로 따라만 갈 것인가. 아니면 이전에 그러했던 것처럼 일반교육학이 지정해 주는 코스를 기술적으로 좇아만 갈 것인가.

차세대 교과교육학은 학문으로서의 자기 결정성을 가질 수 있는 차원으로 발전해야 한다. 교과교육학이 자기 스스로 자신이 존재하는 이유와 방향에 대해서 고민하고, 자신을 둘러 싼 지식사회의 흐름에 주동적으로 반응하고, 자신과 상호작용하는 문화적 생태를 이해하고, 이와 관련하여 교과 자신의 운명과 방향을 진단하고 예견할 수 있는 능력을 갖추어 나가야 할 것이다.

2

미래 교과교육학의 이러한 지향점들을 추동해 가기 위한 구체적인 담론 노력을 어디에서부터 쌓아 나가는 것이 좋을지에 대해서 저자들은 고민했다. 무엇보다도 교과교육학이 타자로서의 다른 학문들과 상당한 상호성을 가지고, 자신의 위상을 객관적으로 응시할 수 있는 탐색의 코드를 무엇으로 삼는 것이 좋을지에 대해서 저자들은 의견을 나누었다. 몇 번의 논의 과정에서 우리는 '교과'와 '문화'의 관련 양상을 탐색해 보는 일이 교과교육학의 객관적 자기 성찰에 유용하다는 데에 생각을 모았다.

저자들 모두에게 아주 흡족한 토픽은 아니었지만, 교과교육학이 존재하고 작용하는 생태 환경적 조건으로서 문화를 짚어 보는 일은 그 나름의 의미가 있다고 보았다. 그리고 '문화'라는 주제는 지식 내용의 성격이 다른 여러 교과들이 공동의 주제로 삼기에도 비교적 무난하다고 판단되었다. 그래서 '교과교육의 현상'에 의미 있게 관여(또는 지배)하는 요소 가운데 '문화'의 작용과 양태를 상위인식적 통찰로 설명해 보려는 노력을 시도하기로 한 것이다.

교과와 문화를 연결지어보려는 발상은 교과지식의 중요성을 즉 교과 지식의 가치를 문화이론이나 문화론적 관점에서 이야기해 보자는 것에 가닿는 것이라 할 수 있다. 교과를 포괄적으로 표상하는 실체를

'지식(가장 광의의 개념으로서의 지식)'이라고 한다면, 이것을 문화와 관련지어 논한다는 것은, 그 '지식'에 대한 가치론이라 할 수 있기 때문이다. 그러므로 우리는 자기교과의 지식에 대한 가치를 논함에 있어서 때로 교과 배경학문의 체계에서부터 자유로워지려는 노력을 해야 한다는 생각도 했다. 만약 이런 관점과 논의가 성공할 수만 있다면 교과교육은 자신의 가치와 가능성을 설명하는 새로운 설명 체계(배경 학문에서부터 생겨나는 설명 체계와는 다른 체계)를 가지게 되는 것이다.

전통적으로 교과학자들은 자기 교과의 지식이 왜 가치 있는지를(특히 교육 내용으로서 이것이 왜 소중하고 의미 있는지를), 교과 해당학문의 학문 체계 내에서 설명해 왔다. 국어 교과가 교육내용으로서 가치 있다는 것을 논할 때, 국문학이나 국어학의 학문 소견을 근거로 그 중요함을 이야기 해 왔다. 이는 국어교과 바깥에서 보면, '국어는 국어이니까 중요하다'라는 논리로밖에는 들리지 않는다. 마찬가지로 '과학은 과학이니까 중요하다.', '수학은 수학이니까 중요하다'라는 정도로밖에 들리지 않는다.

이 밖에도 저자들은 교과교육학의 현 위상에 대한 각성을 토대로 저술방향을 공유하기로 했다. 그간 '교실'이라는 조건에 치중하여 교과에 대한 연구를 지나치게 미시적이고 기술적인 처방의 차원에서만 다룬 점을 각성하였다. 그리고 그것을 전문성의 전부인 것처럼 생각해 왔던 것에 대해서도 성찰하였다. 교과학자들은 교과의 내용과 방법 자체에는 정통해도, 교과가 어디로 흘러가는지, 교과가 어떤 수요 기제를 가지고 미래사회에 적응해야 하는지, 교과가 사회 일반의 보편적 원리들과 어떤 저항과 호응을 하는지, 교과의 사회적 수요 현상이 무엇을 뜻하는지, 그 기저에 들어 있는 사회문화적 욕망은 무엇인지, 교과가 지식권력(또는 문화권력 또는 정치권력)의 기제와는 어떤 유기적 연관을 가질 수 있는 것인지 등등에 대해서는 달리 안목을 기를 담론을 생산하지 못하였다.

그간 교과 지식의 가치를 문화론적으로 또는 사회학적 관점으로 설명을 시도해 온 쪽은 사실 교육학 쪽이었다. 교육학이 지식 권력으로서의 힘을 가져온 작용력을 가지고 있는 데에는 이런 학문 담론이 구축되어 왔기 때문이다. 국가 수준 교육과정을 개정할 때, 전체 구상의 밑그림을 마련하고 교육과정 총론을 만들어 내는 과정에서 왜 교과교육 학자들은 의미 있는 전망 담론을 내어 놓지 못하고, 이 부분을 전부 일반 교육학자들에게 내맡기다시피 하고 있는가. 교과는 자신을 문화론적으로 또는 사회학적으로 설명하는 담론을 개발해 본 적이 없었다.

그러나 이러한 일은 쉬운 일이 아니었다. 교과나 학문에 대한 저자들의 관점이 조금씩 다르기도 하고, 무엇보다도 '문화'를 이해하고 개념화 하는 양상은 크고 작은 편차를 드러내었다. 문화를 무엇으로 개념화하여 이 집필을 진행할 것인지에 대한 연구진의 공유가 필요했다. 그러나 이 대목에서 너무 정교한 수준의 합의를 집착할 필요는 없다고 보았다. 교과와 문화의 상관 담론을 현 단계에서 시행착오를 각오할 수밖에 없었다. 비판은 다른 기회에 겸허하게 수용하기로 하였다. 이는 현 단계 이 분야 교과교육학자들의 역량과 탐구의 한계이기도 했음을 고백하지 않을 수 없다. 이 분야의 관심 있는 학자들의 질정을 기다려 담론의 수준과 가치를 높여가야 하는 과제가 남아 있다.

　필자들은 교과(교과교육학)와 문화의 관련 양상을 연구하는 과정에서 이처럼 공동 세미나 연구를 지원해준 경인교육대학교 당국에 감사의 말씀을 전하지 않을 수 없다. 특히 경인교육대학교 교육연구원 박기화원장님의 우정 넘치는 지원과 배려를 잊지 못한다. 이 저술 기획을 추진해 나가는 과정에서 어려운 일을 모두 감당하며 필자들을 독려하고, 원고를 편집하는 과정에 이르기까지 헌신적 수고를 베풀어 준 주길홍 교수에게도 감사를 드린다. 그리고 출판 사정이 어려운데도 기꺼이 출판을 허락해 주신 도서출판 〈지식과교양〉의 윤석원 사장님, 까다로운 원고를 언제나 정성껏 챙겨서 깔끔하게 다듬어 준 윤예미 과장에게도 감사의 말씀을 전하지 않을 수 없다.

　이 저술을 통해 우리는 교과와 문화가 유연하게 연결될 수 있음을 주목하고자 했다. 그러한 접근을 통하여 교과 지식이 사회 문화적 시공(時空) 속에서 보다 역동적으로 가치화될 수 있는 가능태들을 모색할 수 있었다. 아울러 교과(교과교육학)가 자기결정성 내지는 학제성을 지닐 수 있는 관점 준거를 '문화'에다 두어 보자는 의도를 가졌었다. 이러한 의도가 만족스럽게 반영되었다고 말하기는 어려울지도 모르겠다. 부족한 역량이지만 우리들 담론이 소통되는 과정에서 교과교육학에 대한 총체적 인식론이 확충되기를 기대한다.

2011년 11월 7일

저자 일동

목차

Part I

교육과 문화의
관계맺기

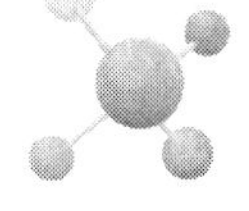

국어교과에 내재하는 '문화'의 존재방식

국어교육과 박인기 교수

교과교육과 문화,
어떻게 소통할 것인가?

1. '교과'와 '문화'의 상관적 이해

20세기 이후 '문화(문화연구)'는 제도 학문의 한 자리를 차지하면서 그 위상을 확고히 하기도 했지만, 그 결과로서 그보다 더 중요한 현상이 생겨나게 되었다. 그것은 이러한 '문화에 대한 인식'이 모든 기존 학문(또는 지식 분야)의 내적 기제를 리모델링하는 방향으로 작용하였다는 점이다. 이는 문화 또는 문화적 작용에 대한 새로운 인식을 토대로 기존 개별 학문(개별 지식 분야)의 응용성을 높이는 계기가 되었다. 더욱이 학문과 학문 사이의 경계를 통섭하게 하는 촉매 작용으로서 '문화(엄격히 말하면 문화의 認識態)'가 큰 역할을 하게 되었다는 점이다.

학문이 문화와 맺는 관계는 학문과 학문이 단순히 상호교섭을 하는 것과는 상당히 다르다. 학문과 학문은 서로의 영토 경계를 조금씩 공유하여 그 공유부분 안에서 상호작용하는, 그것도 대등한 조건으로 상호 변용하는, 비교적 단순한 구도로 이루어진다고 보는 것이 우리들 일반의 경험이다. 그러나 학문과 문화의 접변은 몇 가지 복합적 층위가 상정되어야 한다. 따라서 학문과 문화 사이의 접변작용과 관련성을 이해하는 데에는 1) 학문을 둘러싸고 있는 지식 생태로서의 문화가 존재하고, 그것이 학문의 환경으로 작용하는 층위, 2) 학문이 지식문화의 현상으로서 존재하고 변화하는 층위, 3) 학문 내부에서 문화를 다루고 처리하는 방식으로서의 층위 등을 살펴야 할 것이다.

이처럼 모든 개별 학문 분야의 내부와 그 외연에서 문화의 작동이 있다. 그리고 지식과 문화에 대한 논의가 다양한 층위로 형성되고 진화되면서, 문화가 무엇인지를 규정하고 적용하는 탐구적 노력은 복합 스펙트럼의 양태를 보이고 있다. 그만큼 인문현상과 사회현상을 이해하려는 과정에서 '문화'의 요소를 중요하게 인식하는 방향으로 학문적 실천이 변화되어 왔다고도 할 수 있다. 이는 교육을 이해하고 탐구하는 데서도 마찬가지이다.

학문이 교육의 실천 장면에서 구체화 되는 범주가 '교과'이다[1]. 전통적인 교과관은 교과를 학문과 같은 것으로 본다. 공통적 자질을 지닌 지식에 의하여 일정한 경계를 형성하여 지식이 범주화 되는 것을 각 개별 학문이라고 한다면, 그렇게 형성된 개별 학문의 범주를 커리큘럼의 기제로 변용하여 학교가 가르쳐야 할 한 분과의 지식으로 제도화하여 구획한 것이 '교과'라 할 수 있다. 물론 현대교육에서 교과는 온전히 지식만을 그 내용 질료로 하지는 않는다. 지식 못지않게 기능이나 태도가 더 중시되는 교과도 있고, 가르치는 방법의 변인에 따라 개별 학문의 범주가 개별 교과로 단순 전이되는 것을 허용치 않는 경우도 있다. 즉 개별 학문이 성립되는 조건과 그것이 개별 교과로 승인되는

---

1 이 글에서 '교과'는 매우 포괄적인 의미 범주를 가진 것으로 전제하여 사용한다. '교과'는 학문/이론 체계의 층위에서부터 매우 구체적이고 기술적인 실천 층위에 이르기까지 폭넓은 의미 스펙트럼을 가진다. 그런가 하면 정책과 제도와 법의 차원에서부터 지식의 가치 본질을 구명하는 인식론의 차원에 이르기까지의 다양한 개념의 폭도 가진다. 또 특정의 분화된 개별 교과의 층위가 있는가 하면, 이들 모두를 총화(總和)한 일반형 교과의 개념 또한 동시에 존재한다. 그런데 이 모두를 함께 고려하고 조직해야 하는 층위는 교과교육학(교과학)의 층위일 것이다. 교과를 설명하고 체계화 하는 역할을 감당해야 하는 교과교육학(교과학)은 적어도 그 이론적 범주와 체계가 명료해야 하며 동시에 교과의 전체 현상을 모두 설명하고 그 원리를 제안할 수 있어야 하기 때문이다. 교과와 문화를 상관성 구도에서 탐구하는 것도 이러한 노력의 일환이라 할 수 있다. 따라서 이 글에서 '교과'는 교과교육학의 이론과 체계 개발이라는 입지에서 다루어지기 때문에 총체적이고 포괄적인 의미를 전제로 한다. 다만 문맥에 따라서는 특정 층위의 '교과'를 전제할 수도 있다.

것이 일치하지 않는 경우도 많다. 이렇게 교과가 학문에 그 원천을 두고 있음에도 학문 범주가 그대로 교과 범주로 재생산되지 않는다. 학문이 교과로 변전하는 데는 그 학문을 교육하는 데에 유효하게 작용하는 '교육의 문화'가 있기 때문이다. 그렇게 보면 '교과'는 '지식 본질'에 '교육문화'가 작용하여 빚어낸 무형 유형의 제도라고 볼 수도 있다.

문화가 가장 공고한 모습으로 드러나는 것이 바로 제도나 장르의 모습으로 고정되는 경우라 할 수 있다. 그렇기 때문에 교과가 교육을 실제로 운영하는 유형무형의 제도로서의 성격을 지닌다는 것, 그 자체가 교과의 문화적 속성을 상징적으로 보여 주는 것이라 할 수 있다. 교육을 운영하는 제도로서 교과가 일정한 위상을 가진다는 것이 바로 교과의 문화적 자질에 해당한다. 이 경우 문화는 교과의 생태 환경으로도 존재하며, 교과의 내용으로도 존재한다. 또한 교과 자신도 일종의 문화현상으로 작동한다. 그 간은 교과교육 연구는 자신을 상위 인지하는 노력이 미약했고, 이런 점을 의미 있게 통찰하지 못하였다.

한국교육이 형성해 온 교과의 현상과 개념은 미국의 그것과 상당히 다르다. 제도적 전통에 있어서도 다르고, 교육의 전체 체계에서 교과를 조직화하려는 인식 면에서도 상당히 다르다. 학문성과 실천성의 양극단이 만드는 스펙트럼에서 교과학의 위치를 설정하는 모양새도 다르다. 이 다름의 요소를 문화의 관점에서 보지 못하면 한국 교육에서 교과의 지식 형질이나 가치 인식을 제대로 파악할 수가 없다. 우리 교과교육학의 자율성과 문화적 고유성을 망각하게 되는 것이다. 일부 학자들이 미국의 교과연구 체제(이른바 curriculum study)를 절대 준거로 한국교과교육학을 재단하려는 접근은 교과에 대한 문화적 관점을 놓치게 하는 경솔한 통찰이라 하지 않을 수 없다.

　한국의 교과교육학이 그 자체로 유기체적인 발전을 해 나가는 과정에서 한국의 교과들은 독특한 진화 과정을 겪어 낸다. 예컨대 교과의 좌우에 각각 내용학문과 일반교육학을 두고 이들과 삼각 대위(三角對位)의 상호작용을 해 왔는데, 그 삼각 대위의 상호작용의 구체적 모습은 '지양(내어 밀침)'과 '융합(끌어안음)'의 변증적이고도 이중적인 모습을 보여 왔다. 우리의 교과교육학은 내용학문과도 알게 모르게 그런 지양과 융합의 변증 과정을 거치고 있으며, 일반교육학과도 동일한 과정을 경험하고 있다. 교과별로 그 정도의 차이는 있겠지만 대체로 그러하다. 이는 일반 교육학의 통어 기제 속에서 특정 지식 분야를 교육적으로 응용과 적용하는 위상에서 교과를 인식하고, 또 그런 바탕에서 교과를 별다른 지양의 과정 없이 연구하고 실천해 온 미국의 경우와는 교과의 형성과 진화의 형질이 다른 것이라 할 수 있다.

　그럼에도 불구하고 한국의 교과교육학들이 지난 20여 년 동안 교과의 현실적 운용을 위해서 일반교육학과의 기술적 기능적 접변을 시도해 온 것은 괄목할 만하다. 이러한 접변을 내적으로 추동하게 한 요인은 무엇일까. 교육철학의 패러다임으로 분석할 수도 있겠고, 특정 이데올로기의 확장에 영향 받은 것으로 볼 수도 있겠고, 기술 환경이 급변한 데 따른 적응의 노력으로 볼 수도 있을 것이다. 또한 교과가 다루는 지식 자체의 가치 해석이 달라지는 데에서 그 연유를 찾을 수도 있을 것이다. 교과마다 가르치는 행위에 대한 기술적 원리들을 정립하는 것이 그만큼 시급했다는 것으로 읽을 수 있다.

　또 다른 측면에서 보면 교과교육학이 학문적 통섭을 추구하거나 융합을 시도하는 것도 교과를 둘러싼 문화적 지층의 변동과 관련하여 살펴볼 수 있다. 예컨대 교과교육학이 내용학문과 소원해지는 기간에는 일반교육학과 강한 접변 작용을 보인다. 일반교육학의 지식 파워에 휘둘릴 때는 교과교육학은 내용학문의 토대를 강화하는 쪽으로 자기 정체를 강화한다. 이는 궁극적으로 교과교육학이 학문적 정체와 위상을 놓치지 않으려는 몸부림이라 할 수 있는데, 이런 현상 속에 숨어 있는 여러 가지 과정적 기제는 교과의 존재 양태를 입증하는 역동적 근거들이 된다. 이런 현상과 과정 기제를 설득력 있게 설명하는 방식과 통로로서 '문화'라는 변인을 주목해야 한다.

교과를 지식의 범주로 보거나, 교과를 특정 분야 지식을 가르치는 기술의 체계로 보거나, 교과를 커리큘럼 기획의 결과체로 보거나 하는 인식으로는 교과에 내재하는 작용 양태를 설명할 수 없다. 이들이 대부분 교과(학)에 대한 표층적 진단에 해당하는 것이라면, 교과의 심층 형질이나 동적 작용을 진단하기 위해서는 교과를 문화현상으로 보는 접근이 필요하다. 문화적 관점을 원용함으로써 교과의 학문 제도로서의 자기 결정력이나 교과학이 지니는 학문적 진화 에너지를 발견할 수 있게 되는 것이다.

응용성이 강한 교과학문은 자신을 둘러싸고 있는 문화적 생태에 더 민감하게 영향을 받는다. 응용성 자체가 문화의 역동성에 크게 영향 받는 것임을 알 수 있다. 이때의 문화는 소통의 작용으로도 설명될 수 있고, 다중이 소구하는 가치로서도 설명될 수 있고, 교과가 해당 지식에 가치를 부여하는 방식으로 설명할 수도 있을 것이다. 더 중요한 것은 해당 교과의 지식을 소구하는 수요자들의, 지식 수요상의 공통된 지향(trend)로 볼 수도 있을 것이다. 이를 포괄한다면 결국 특정 교과에 대한 의식(意識) 일반의 형성과 변화로 볼 수도 있다. 교과를 문화론의 관점에서 인식하려고 할 때, 기왕의 '문화' 개념 가운데 특별히 다음 세 가지에 주목할 필요가 있다.

첫째, 1871년 Tylor의 문화 개념 이래 전통적으로 구축해 온, 이른바 문화에 대한 기술적 정의이다. 이 정의에 따르면 사회 구성원으로서 인간이 획득한 지식, 신념, 예술, 법, 관습 등을 모두 포함하는 복합적 전체로서 문화를 정의하는 것이다(Kroeber,A.L. & Kluckhohn, Clyde : 43). 교과가 지식의 구성체라는 점, 교과(지식)에 대한 가치 부여는 일종의 신념 층위로 존재할 수 있다는 점, 교과를 운영하고 다루는 기제에는 법과 관습이 엄연히 존재한다는 점, 그리고 교과를 다루는 교수방법에서 미적이고도 감성적 인식이 매우 중요하다는 점 등을 고려한다면 타일러의 문화론은 교과에 대한 문화론적 인식을 구축하는 데 유력한 단서를 제공한다. 교과의 문화적 조건을 사고하는 데 체계적인 질서를 부여할 수 있기 때문이다. 그런 반면에 복합적 전체로서의 문화는 다분히 추살상적 개념이기 때문에 이것이 교과에 투사되는 모습을 실질적으로 포착해 내기가 어렵다는 한계가 있다.

둘째는 문화에 대한 역사적 정의들을 주목할 필요가 있다. 이는 역사를 가로질러 전달된 유산으로 문화를 보는 관점이다. 1921년 Park와 Burgess가 "집단의 문화는 집단의 종족적 기질과 역사적 삶 때문에 사회적 의미를 얻은 사회적 유산들의 총화이며 조직이다"라고 말한 데서 단적으로 드러나는 문화 인식이다(위의 책 : 47 재인용). 이 정의가 '교과문화론' 구축에 유익한 것은 한국교육에서 '한국의 교과'란 무엇인가를 설명하게 하는 단서를 제공하기 때문이다. 그리고 교과가 안으로 내포하는 지식은 '세대를 가로질러 전달된 유산'으로서의 면모가 가장 뚜렷하다. 교과가 교육과정이라는 제도와 관습과 규범에 의해서 만들어지고 운용된다는 것을 무엇을 말하는가. 그것은 한국의 역사와 한국인의 기질적 삶에 의거하여 한국적 교육사회의 의미를 반영하여, '지금 여기'에 형성되어 있는 것이 한국의 교과들이라는 것을 의미한다.

셋째는 문화를 문제해결 장치로 인식하는, 이른바 문화에 대한 심리학적 정의들을 원용할 수 있다. 문화는 사람들로 하여금 배우고 소통하게 하거나 물질적 정서적안 욕구를 충족시키는 문제해결의 역할을 하는 것이라고 보는 것이다(Smith, 한국문화사회학회 : 18-19). 이런 문화관이 교과의 역할을 설명하는 데에 어떻게 유효한가? 교과는 지식 내용의 구조체로만 존재해서는 의미가 없다. 교과는 가르치고 배운다는 작용태(作用態)를 전제로 성립되는 개념이다. 이를 학습자의 입지에서 보면 물질적 욕구와 정서적 욕구를 해결하는 과정이라 할 수 있다. 교과의 지식과 기능은 장차 사회적 활동을 할 수 있는 능력을 갖추게 하는 것이며, 그것은 궁극으로 소득활동으로서의 직업 활동, 즉 물질적 욕구라는 문제 해결에 닿아 있는 것이라 할 수 있기 때문이다.

그밖에도 문화를 발생론적으로 정의하려는 관점도 '교과의 문화론'을 구축하려는 데 일정한 도움을 준다. 발생론적 정의는 어떤 기성의 (특정의) 문화를 전제하고, 그 문화가 어떻게 존재하게 되었고, 그것이 어떻게 지속해 올 수 있었는지를 보려는 관점에서 문화를 설명한다. 문화를 발생하게 하고 지속시키게 하는 기본 기제로서 인간의 상호작용을 주목하는데, 이런 관점은 소통성의 문제를 중요하게 주목하는 문화론의 입장과 맞닿아 있다는 느낌을 주기도 한다. 이러한 문화관은 교과의 지속과 변화를 교과의 생태 환경과 관련하여 분석하거나, 교과가 교과 외부와 어떤 상호작용을 하며, 어떤 형질의 소통을 강화하는지를 살핌으로써 교과의 존재 양태를 규정하려는 연구에 일정한 도움을 줄 수 있을 것으로 보인다.

2. 국어교과와 문화의 규범성
- 규범·가치·제도 층위의 문화

국어 교과는 언어와 문학을 다루는 교과이다. 언어는 소통의 수단으로서, 소통의 모든 응결점이 문화를 발생시킨다는 점을 고려한다면 언어를 배우는 일은 문화를 배우는 일에 직간접으로 연관된다. 언어가 상징적 상호작용의 핵심 역할을 하는 도구 수단이라는 점에서, 그리고 인간이 향유하는 문화의 양태가 상당 부분 상징의 체계나 상징의 코드로서 구현된다는 점에서, 언어를 가르치는 국어교과와 문화는 높은 상관성을 가진다.

많은 언어 중에서 한국어를 모국어로 하는 화자들에게 모국어인 한국어를 가르친다는 것은 무엇을 뜻하는가. 외국어교육의 경우 그 언어의 기능적 사용이 일차적 전략이 되겠지만, 모국어 화자에게 모국어를 가르치고 배운다는 것은 모국어 사용 공동체의 문화를 다양한 층위로 습득하는 기제를 언제나 구비하고 있다는 것을 의미한다. 물론 그 문화란 것은 그 공동체의 공유된 사고나 관습 등이 언어로 표상되는 것이기 때문에 한국인이 한국어를 배움으로써 언어와 더불어 내재화 된 한국의 문화에 자연스럽게 참여하고 통합되는 것이다. 국어교과를 민족교육의 한 영역으로 중시하는 것은 이런 점에서 당연하다. 이렇게 될 경우에 국어교과는 이른바 이데올로기 차원의 문화교육을 감당하는 교과로서의 위상을 가지게 된다.

국어교과는 언어와 더불어 문학을 가르치고 배우는 교과이다. 문학은 언어로 된 예술 영역으로, 타일러식의 문화에 대한 기술적 정의를 따른다면 그 자체로 이미 문화인 것이다. 그렇기도 하지만 문학은 문화를 생산하기도 한다. 문학 작품이 어떤 시대정신이나 그것을 표상하는 인물을 창조해 내고 많은 독자나 비평가들이 그런 점에 대해서 왕성한 소통을 이어간다면, 그래서 문학이 사회적 가치에 관여하는 점이 드러난다면, 이때 문학은 문화를 생산하고 발신하는 역할을 한다. 문학교육은 필연적으로 이런 점을 교육내용으로 가르치기도 하고, 학생들로 하여금 문학을 통하여 문화적 소통에 참여하도록 유도한다. 그러므로 문학은 교육의 장면에서 그 자신이 문화의 한 질료가 되는 동시에, 가치나 감동으로서의 문화를 생산한다. 국어교과와 문화의 이런 관계는 그 자체로는 좋은 것도 아니고 나쁜 것도 아니다. 국어교과의 대안적 방향을 모색하거나 국어교과의 실질적 수요를 창출하거나 국어교과의 교육과정 혁신(curriculum innovation)을 추구할 때, 설계의 준거점들을 구하려고 한다면 국어교과와 문화의 이런 관계를 유용하게 참조할 수 있을 것이다.

2.1. 국어교과와 '규범 층위'의 문화

다음으로 국어과 교육이 교육내용으로서 문화를 다루고 있는 대목은 '규범'을 가르친다는 점일 것이다. 공동체가 합의하고 공유하는 규범은 문화의 일종이다. 공동체적인 삶에 수많은 규범이 문화적 작용을 하면서 존재하지만 국어 규범만큼 사회 통합적 문화 기능을 하는 것도 드물다. 국어 규범을 문화교육의 발상으로 하는 것과 지식 교육의 발상으로 하는 것은 상당한 차이가 있다. 문화교육으로서의 국어규범 교육은 삶의 교육에 더 근접하는 효과를 낼 수 있다. 이런 점은 보통교육 영역에서 그간의 우리 한국의 문법교육이 지나치게 지식교육으로 기울었던 것을 반성하게 하는 데에 눈을 뜨게 해 줄 수도 있다.

성격은 다소 다르지만 문학교육에서 장르를 가르치는 일도 사실은 문화교육의 입지를 강화할 수 있는 방향으로 각성되어야 한다. 이렇게 함으로써 살아 있는 문화교육의 효과를 도모할 수 있다. 장르를 문화의 한 양태로 변환하여 가르친 적이 드물다 장르 교육이야말로 전형적인 지식교육의 패턴으로 이루어져 왔기 때문이다. 오늘날 문학교육이 내적 활력을 잃어가고 있는 것은 문학교육과 문화교육으로 변환하는 유연성을 읽지 못했던 데에 있기도 하다.

문화교육으로의 유연한 변환이란 무엇이겠는가. 그것은 문학이 다루는 삶의 리얼한 질료들을 수용자 자신과 그의 공동체에게 문화적으로 의미 있게 내면화 하는 교육이다. 또는 소통의 실천과 더불어 이루어지는 문학교육의 중요성을 강조하고 싶다. 그것이야말로 문화교육의 살아있는 효과를 문학이 빚어낼 수 있기 때문이다. 요컨대 문학과 언어의 문화적 가치를 중시한 교육과정론과 기획이 부재했다는 반성을 하게 된다. 학문으로서의 문학과 학문으로서의 언어가 얼마나 완강하게 국어교과의 자리에서 힘을 구사했는지 반성적으로 짚어 보게 된다.[2]

---

[2] 그러나 이 또한 문화론의 입지에서 보면 도식적 생각인지도 모른다. 어떤 특정한 시기에 국어교과가 학문중심주의로 편성되고 유지 지속되었던 것을 가능케 한 것도 역시 또 다른 문화적 환경에 연계된 것이라는 설명이 가능할 수 있기 때문이다. 국어교과가 겪어내는(또는 국어교과를 두고 발생하는) 문화 접변과 문화 변동의 흐름을 예측하고 진단할 수 있게 하는 국어교과연구의 새로운 지형 형성과 국어교과학의 자기결정성이 강화되어야 하겠다.

2.2 국어교과와 '가치(이데올로기) 층위'의 문화

문화는 가치 또는 이데올로기와 불가분의 관련을 맺는다. 국어교육은 윤리교육이나 사회과 교육처럼 사회 일반의 여러 가치들을 다루는 교과는 아니다. 그러나 언어 가치 또는 언어와 관련된 가치를 학습하고 내면화 한다. 말의 윤리, 말의 관습과 관용(慣用), 그리고 특정의 텍스트들이 실현해 내는 소통적 가치, 문제 해결의 가치, 갈등 극복의 가치, 기타 기능적 가치들을 익힌다. 심지어는 재화 가치가 있는 언어(예컨대 광고 언어)들을 배우고 그 가치들은 내면화 한다. 이러한 언어 가치를 문화교육의 자리에서 입안하는 것과 언어 기능교육의 자리에서 입안하는 것이 서로 상호성을 발휘했으면 좋겠다. 기왕의 국어교육은 철저히 후자의 방식으로만 일관하였다.

국어교과가 다루는 문학은 이중의 상승적 가치 학습을 요청한다. 문학이 예술이 속하므로 문학 공부는 그 자체로 심미적 예술적 가치를 학습하는 과정이다. 또 그와는 별개로 문학작품은 자신이 다루는 작품 세계 안에서 각기 어떤 가치 요소를 내분비한다. 그리고 그 가치는 모두 문화론적 의의 내지는 문화교육의 효용을 발현하는 것이다. 이것을 학생들이 배우고 익히고 내면화 한다.

문학은 학습의 결과로도 존재하고, 문화적 실천의 결과로도 존재한다.(필자 주: 문학 학습의 결과로 문화적 실천이 있는 것은 당연하다). 학습자들이 누려야 하는 문학은 교과서 안에 갇힌 문학을 넘어서서 문학사와 문화에 포함된 작품들이거나 그 작품들의 변형이다(우한용 : 406-407). 근자에 이르러 문학교육에 대한 반성으로서 문학교육이 문화교육을 지향해야 한다는 주장은 문학교육의 진정성과 역동성을 실현한다는 점에서 주목받을 만하다.

국어교과는 '이념 차원의 문화'와도 밀접한 연관을 가진다. 언어사용은 기능적 필요에서 시작하지만, 공동체 환경에서는, 즉 역사나 민족 또는 계급과 연관된 사회적 장면에서는 이념적 의미를 언제나 드러낸다. 이것은 언어의 본질이기도 하다. 문학교육의 경우는 금방이라도 이데올로기 차원의 교육 내용들이 생성될 수 있다. 한때 탈이념의 순문학주의를 지향하는 문학교육 전통이 있었다. 이런 전제의 문학교육으로는 문학과 문화가 상통할 수 없는 모습을 연출한다.

그런가하면 이념 과잉의 문학교육을 지내오기도 했다. 교육에서 이념이 교조화 되면 소통의 자유로움을 막는다. 자아의 자발적 각성에도 도움을 주지 못한다. 문화의 활성적 힘은 소통의 자유로움과 탈교조의 전복적 사고를 허용하는 데서 기대할 수 있는 것이다. 양 극단 모두 문학교육이 문화교육으로의 바람직한 연결고리를 마련하는 데 한계를 보여주었던 것이다. 문화현상으로서의 문학을 접근하고 문화 현상 안에서 학습자를 소통의 주체로 놓는 인식론은 문화와 국어(문학)교과의 상호성을 더욱 높여 나가는 과정에서 기대할 수 있을 것으로 보인다.

국어 자체를 문화 가치에 연계해서 생각할 때 두 가지 측면이 있다. 하나는 기능적 도구로 보았을 때, 국어가 값으로 따질 수 없을 만큼 큰 자산 가치를 지니고 있다는 점이다. 특히 한글을 두고 실질적인 재화 가치를 계산하는 경우가 있었다, 그러나 이는 물론 실용 차원의 가치 계산이 되기는 어렵다. 그렇기 때문에 두 번째 가치 측면이 부각된다. 즉 한글은 민족 전체의 자신으로 민족문화에 대한 자부심을 가지기에 충분하고 그럴수록 이를 더욱 아끼게 되고, '한글정신'이라는 이데올로기 차원의 승화된 가치를 강조하는 데에 이르게 되는 것이다. 이런 가치화 과정은 국어교과가 전통적으로 감당하여 그 기치를 높이 받들어 온 바 있다.

2.3 국어교과와 '제도/의식 층위'의 문화

제도나 의식(儀式)은 문화가 특정의 구체적 양식으로 드러나는 표층의 현상이다. 동시에 문화가 규범적 실체로 존재하는 모습이기도 하다. 그런가 하면 의식이나 제도는 그 자체로 하나의 상징적 기호로서 작동하는 면이 있다. 제도나 의식은 언어에 의해서 그것의 실질적 작용이 이루어지는 국면이 많다.[3] 제도는 눈에 보이는 가시적 제도가 있는가 하면 눈에 보이지 않는 무형의 제도도 있다. 무형의 제도에 가까울수록 언어의 더 중요하게 개입하고 작용한다.

예컨대 국어교과는 도서관이라는 제도와 다양한 교섭을 할 수 있다. 국어교과의 읽기 교육은 전통적 국어 교실에 도서관이라는 제도(문화)를 어떻게 융합시키느냐에 따라 지금과는 다른 국어교육의 실천 패턴을 창출할 수 있는 것이다. 같은 차원에서 국어교과는 언론기관들과도 문화 제도로서의 협응을 기대할 수 있다. 신문이나 방송이 생산하고

---

3 이 글에서 국어교과와 상관적으로 존재하는 문화를 설명하기 위해서 문화의 여러 국면을 범주화 하였으나, 이들 분화된 범주들이 서로 다른 범주에 개입하거나 간섭하는 모습을 자주 발견할 수 있다. 이는 문화라는 것이 의식과 현상의 복잡한 매개를 통해 드러나는 것이며, 문화를 설명하는 하위 개념들의 입지와 근거가 명료한 경계를 구축하지 못한 데서 오는 것으로, 문화 개념의 포괄성과 중층성과 역동성을 말해 주는 것이라 본다. 이런 모습이 교과와 문화의 관련성을 구명하는 데에 난점으로 미칠 수도 있고, 교과교육의 가능성을 확장하는 데 이점으로 탐구될 수도 있을 것이라 생각된다.

소통하는 여러 텍스트들을 국어교육과 교섭시킬 수 있는데, 이들 텍스트를 단순히 제재로서 접근하기보다는 그야말로 제도적 교섭을 함으로써 국어교과 자체가 이들 제도와 호환성 높은 위상을 기지도록 할 수 있을 것이다. 방송의 편성 정책에 국어 프로그램을 기획한다거나 신문 읽기 교육으로서 이미 제도의 자질을 띠고 있는 NIE 프로그램에서 국어교과의 읽기나 쓰기 교육활동을 특성화 할 수 있는 노력을 할 수 있을 것이다.

생각해 보면 국어교과도 일종의 제도 위상을 가지는 것이므로 교과의 문화적 성격과 기능을 연구하는 과정에서 교과의 새로운 활로를 모색해 볼 수 있는 것이다. 예컨대 한국화법학회가 'KBS 한국어연구회'와 연구개발 협약을 맺고, 듣기 말하기 교육의 실천적 프로그램을 개발하고 현장의 국어교과가 이를 활용하도록 하는 것은 국어교과를 국어문화 실천의 제도 기제로 파악하는 데서 생겨날 수 있는 문화론적 아이디어라 할 수 있다. 보다 더 개방적인 관점을 취한다면 작가협회나 단체들과 국어교과가 제도적 협응을 할 수 있다. 2008년 이후 예술문화교육진흥원이 중심이 되어 현장 학교에 예술창작가들을 파견하여 문예창작교육에 제도적 변화를 시도한 것을 참조할 수 있을 것이다.

국어교과는 언어가 제도화 되어 있는 양상에 더 많은 관심을 기울이게 될 것이다. 언어가 제도화 되어 있다는 것은 주로 의식(儀式)이 문화로 작동하는 과정에서 나타난다. 즉 의식 속에 들어감으로써 그 의식을 작동시키는 언어들을 말한다. 졸업식이라는 의식에서 행해지는 회고사, 축사, 격려사, 송사 답사 등이야말로 졸업식이라는 의식을 문화 양식으로 확립시켜 주는 장치들이다. 각종 학교 행사 및 기념일에 행해지는 기념사들도 마찬가지이다. 사람들은 의식에서 언어들을 실현함으로써 삶을 의미의 양식으로 매듭짓는다. 또 그렇게 함으로써 자신들의 삶을 문화의 차원에 올려놓으면서 다음 단계의 삶을 의식으로 연속시키며 나아간다. 결혼식의 주례사, 국경일의 기념사, 잔치의 축사, 영결식의 조사 등이 모두 그러하다. 의식의 소프트웨어를 언어가 관장한다. 언어 중심의 의식이 아닌 비언어중심의 의식도 있다. 그러나 모든 의식은 의미로 해석되는 과정에서 언어의 도움을 절대적으로 요구한다. 의미로 해석되기를 거부하는 의식은 없다. 의식은 공동체의 의미 결속을 위해서 만들어지고 전승한다. 아무리 비언어적 의식이라 해도 그것이 의식(문화)으로 작용하게 되는 이치는, 그것이 공동체 구성원들 사이에서 언어로 해석되는 과정을 마침으로서 비로소 그들만의 의미 있는 문화가 되기 때문이다.

현대인의 생활이 복잡해지고 그 복잡성 안에 여러 가지 공식적인 의식들이 많아지고, 덜 공식적이거나 비공식적인 공간에서도 그 나름의 의식들이 생겨난다. 이런 의식들에도 언어는 그 의식을 문화로 기능하게 하는 역할을 한다. 일상 속의 작은 축하 모임, 직장에서의 회식 모임, 기타 놀이 모임 등에도 그 모임 주체들의 소통성에 바탕을 두는 의식들이 생겨난다. 이것은 일종의 생활문화 영역에 속하는 의식들인데, 이런 것들이야말로 국어교과가 기능적이고 실용적인 교육 콘텐츠를 기획할 때 가장 먼저 관심 가져야 할 대상이 아닐까 생각된다.

3. 국어교과와 문화의 역사성
－전통·상징체계·문화재 층위의 문화

3.1 국어교과와 '전통 층위'의 문화

'전통으로서의 문화'는 그 '전통'을 공유하는 집단이나 종족에게는 그대로 교육적 가치, 즉 내용으로서의 가치를 지닌다. 다만 이것을 삶의 자연스러운 과정을 통해서 학습하느냐, 아니면 학교가 운영하는 교육과정이라는 기획 속에서 고도의 의도성을 가지고 교육하느냐의 차이는 있을 것이다. '전통으로서의 문화'는 그 개념을 집약하는 말로 '전통문화'라고도 할 수 있다.[4] 잠정적으로 정의하자면 한 종족(또는 공동체)이 오랜 기간의 역사적 연원과 과정을 통하여 이룩한, 공동체적인 삶의 가치를 지닌 유·무형의 유산들을 전통문화라 할 수 있다.

교육의 중요한 기능 중 하나가 문화를 전승하게 하는 데 있다는 점을 고려한다면, 전통문화는 교육이 매우 중요하게 다루는 내용이다. 전통문화를 교육내용으로 다루는 교과는 많다. 가치와 행동을 다루는 윤리교과, 사회의 형성과 통합을 익히는 사회교과, 특히 역사 과목은 종족이 발생시켜 온 문화의 역사를 다룬다는 점에서 전통문화를 정면으로 다루는 교과이다. 음악, 미술 등의 교과는 한국의 전통 음악과 전통 미술을 다루는 영역을 확고히 해 두고 있다. 과학 교과에도 전통과학의 면모가 일정 부분 다루어질 수 있다. 전통으로서의 문화는 교육

---

4 '전통으로서의 문화'와 '전통문화'의 개념 영역이 반드시 일치하는 것은 아니다. 전자가 문화의 무형적 자질을 더 확산적으로 고려하는 것이라면, 후자는 상대적으로 보다 확정적인 의미 범주로 문화를 받아들여진다.

의 내용으로서 매우 중요한 지위를 점한다. '민족' 개념이 강조되던 전통교육에서는 더욱 그러하다.

그러나 이제는 '전통으로서의 문화가' 민족공동체 단위만을 전제로 하는 것이 아닌, 인류 보편의 전통이라는 점에서 인식될 필요도 있다. 세계화(globalization), 다문화(multi-culture) 등이 삶의 보편적 환경이 된 상황에서 세계 인류의 문화, 또는 우리문화 아닌 타자들의 문화들에 대해서도 통시적 프레임에서, 또는 근대 이전의 전통 공간에서 읽고 이해할 수 있는 능력을 길러 주어야 할 필요가 생겨나고 있기 때문이다. 전통적으로 민족교육의 범주에서 전통문화를 교육 내용으로 중요하게 다루어 온 국어교과는 문화교육의 기능 위상이 매우 높았다. 이제는 다문화교육의 일부가 국어교과와 밀접한 연관을 가지는 상황이므로 국어교과에서 맡아야 할 문화교육의 내용과 위상은 질적인 변환을 겪고 있다고 볼 수도 있다.

그러면 국어 교과에서 전통문화는 어떤 모습으로 구체화 되어 존재하는가. 일반적으로 전해져 내려오는 삶의 방식을 전통문화라고 한고, 예로부터 우리의 선인들이(민족 공동체가) 어떤 가치를 부여하는 정신이나 의식을 전통문화라고 한다면, 무엇보다도 언어는 이들 전통문화의 직접적인 내용물(또는 표상물)로 나타난다. 국어교과의 고전문학 제재들은 이런 기능을 직접적으로 보여 준다. 심청전에서 효의 가치, 즉 효의 문화를 익히게 하고, 고시조 작품에서 자연친화(自然親和)의 세계관(문화)을 맛보게 하는 것이 대표적인 경우이다. 이를 문학사상으로서의 전통문화라고 할 수 있을 것이다.

문학교육에서 문화를 다룰 수 있는 층위는 다양하다. 가령 앞에서 말한 문학 작품의 차원보다 더 상층위의 인식태(認識態)로서 문화를 상정할 수 있다. 그것은 한국인들이 전통적으로 문학을 어떤 방식으로 다루었느냐 하는 차원의 문화를 강조하는 것이다. 요컨대 '문학문화의 전통'이라 할 수 있겠다. 예컨대 고려 시대 시조나 경기체가를 향유한 문학적 문화의 방식, 또는 한문학을 생산하던 조선조 선비들이 '시회(詩會)'를 통해서 시를 문화적 소통의 장으로 향유하던 방식, 판소리나 탈춤이 직접 공연되는 방식의 문화적 의미 등이 여기에 해당할 것이다. 이것 역시 국어교육의 중요한 내용 요소들이다.

앞으로의 보통교육 영역에서 고전문학교육은 문화적 향유 방식에 대한 체험적이고 감정이입적인 교육기획이 더 많이 필요하리라 생각한다. 이처럼 문학문화의 전통을 이해하고 전승하고 재발견하는 데 초점을 두는 국어교육으로의 관심이 더 필요한 이유는 국어교과의 교육활동과 수요 효과 면에서의 역동성을 더 높여 나가야 하기 때문이다. 이는 물론 국어교과의 교육과정 운용에서 문화 교육의 자질을 강조하는 방향으로 두었을 때 제안될 수 있는 것들이라 할 수 있다.

그러나 국어교과에서 무엇보다도 중요한 것은 한국어를 모국어로 사용하는 학생들이 한국인의 언어문화를 의미 있게 이해할 수 있도록 그들을 진단하고 가르치는 일이다. '한국인의 언어문화'는 일정한 전통 자질을 바탕으로 형성된다. 여기서 언어문화란 언어의 문화적 작용이 드러나는 현상이라 할 수 있다.[5] 따라서 국어교과가 전통으로서의

---

5 '언어문화'는 언어가 공동체의 삶의 양태와 상호작용함으로서 언어사용에서 생겨나는 공동체적 법칙성과 의미를 지니는 언어현상으로 볼 수 있다. 언어문화는 언어형식(텍스트 또는 장르) 차원, 언어사용의 방식 차원, 언어사용에 대한 상위인식 차원으로 나누어지며, 이들은 모두 문화현상의 일부가 될 수 있다. 즉 언어문화는 언어현상이면서 동시에 문화현상의 모습을 지닌다.(박인기 · 박창균, 한국인의 말 한국인의 문화 제1부 참조)

언어문화를 가르치는 것은 다음 몇 가지 의의를 지향하는 것이 되어야 한다. 1) 언어가 선인들의 삶 공동체 속에서 어떤 고유하면서도 공통된 의미 작용을 일으켜 왔는지 이해하고, 2) 그런 언어사용의 방식들이 현대 한국인의 사유와 의식에 관여하는 지를 이해하고, 3) 언어 사용에서 바람직한 문화적 주체로 학생들을 길러 가야 한다. 요컨대, 국어 표현과 소통의 맥락 및 그 배경을 문화적 관점에서 이해하고 적용하는 데 초점을 둔다. 이는 근자 국어교과의 교육과정 개정에서 국어사용의 '맥락'을 강조한 것과 상통하는 의의를 지닌다.

문화교육의 입지에서 국어교육을 강조할 때, 전통적 언어문화를 가르치는 것은 그것이 곧 현재의 국어사용을 더욱 의미 있게 상위 인지시키는 효과를 가져 온다. 앎과 사유가 조화를 이루는 바람직한 국어교육의 지향을 도울 수 있는 것이다.

3.2 국어교과와 '상징(상징체계) 층위'의 문화

언어 자체가 상징이라는 점을 간과할 때가 많다. 주지하는 대로 언어는 사물에 대한 지시 기호로서의 상징이다. 언어가 기호 체계라는 점을 고려하고서 보면, 모든 상징은 대상물의 숨은 의미를(또는 의도하는 의미)를 기호론적 구도에서 발견하고 소통하는 것이다.

언어는 사물에 대한 지시 기호로서의 상징이라는 명제에 기초한다면, 언어를 배우는 것은 사물에 대한 의미를 배우는 것인데, 그 의미화의 과정은 일종의 상징화 기제에 의존하고 있다는 것을 뜻한다. 따라서 언어를 가르치는 국어교과는 상징의 의미와 기능을 발달시켜 주는 교과로 볼 수도 있다. 그런데 상징은 그 자체가 사회적인 장과 문화적인 맥락에 힘입어서 형성된다. 작가가 개성적으로 발현하는 극단의 창조적 상징도 있지만, 그 이외의 상징은 모두 사회 문화적이다. 그래서 그것을 '제도적 상징'이라 칭하기도 한다.

그러나 일반적으로 언어의 일차적 지시 기능을 상징의 본격적 작용으로 보지는 않는다. 어떤 의미화가 문화의 차원에 이를 때, 비로소 상징으로서의 중요성을 갖추게 되는 것이다. 상징을 문화의 개념과 동일시하거나, 상징을 문화의 중요한 자질로 보는 것은, 대상이 공동체 구성원들에 의해서 또는 공동체 역사에 의해서 심층적으로 의미화 되거나 인식되는 데서 비롯한다. 그 때 비로소 상징이 일어나고 작동하고 소통되기 때문이다.

상징을 안다는 것은 문화의 핵심을 보는 것이다. 상징화 된 말은 문화의 반영이기 때문이다.[6] 상징의 문화적 요소를 잘 보여 주는 것이 속담의 언어이다. 말의 의미에 상징이 들어 있는 양태라 할 수 있다. "발 없는 말이 천리를 간다."라는 속담에서 '말'은 '발 없는 말'로 비유적 상징을 띠면서 말의 전파성과 소통의 힘에 대한 인식을 하나의 문화적 차원에서 규범화 한다. 국어교과는 말의 이러한 의미와 작용 기제를 가르친다. 문화론적으로 더 중요한 것은 이러한 말들이 생겨난 시간과 공간을 탐구함에 따라 그 시대의 사회가 지닌 문화의 속성을 알게 된다.

이처럼 개별의 구체적 발화(utterance) 속에 들어 있는 숨은 의미를

---

6 한국문화상징어사전(1995)은 상징과 언어의 관련이 어떻게 설명될 수 있는지를 바탕으로 기획 집필된 책으로서, 상징의 언어적 작용 양태를 보여 주는 실제적 한 전형이라 할 수 있다. 이 책의 서문에서 황패강은 '상징을 안다는 것은 문화의 핵심을 보는 것이다'는 명제로 이 점을 명료하게 정리한다.

해독하는 것이 '의미로서의 상징'을 학습하는 것이라면, 말은 의미로서의 상징 이외에도 기능으로서의 상징도 가진다. 즉 상징의 도구인 말로써 무수히 많은 상징을 만들어 내는 기능을 말이 수행하고 있는 것이다. 기능주의를 강조하는 국어교과에서는 말의 상징 기능을 익히는 것을 교육의 핵심으로 삼는다. 그림이나 음악 건축 등도 상징의 기능을 수행한다. 말의 상징 기능을 학습하는 과정에서는 이들 다른 교과에서 상징 기능을 익히는 활동들과 통합적 상관을 유지하도록 하는 방안도 고려함 직하다.

국어교과에서 말을 가르칠 때 말이 '상징으로서의 문화'와 연관되는 대목은 다음 여러 가지 층위에서 일어난다.

첫째는 말의 어원을 학습하는 데에서 찾아 볼 수 있다. 어원은 사회 문화적 맥락에 따라서 대상이 어떻게 기호화(의미화/상징화)되는지를 보여 주는 사례이다. 그런 점에서 어원을 단순 지식 항목을 암기하는 방식으로 가르치는 것은 지양되어야 한다.

둘째는 신화를 교육하는 장면에서 국어교과는 '상징으로서의 문화'를 중요하게 고려해야 한다. 신화는 세계를 상징화 한 것으로, 상징과 문화가 중층적으로 상호 교섭하는 텍스트이며, 고대인들의 세계의식과 우주관이 상징의 체계로 응축된 것이기 때문이다. 그뿐 아니라 신화는 후대의 세계와 역사에 끊임없는 문화/의미 작용을 한다. 신화 가르치기가 고립적으로 비연속적인 교육 공학적 기제로 기획되는 것은 바람직하지 않다.

셋째는 무속 또는 민속 차원의 상징/문화 가르치기가 상정된다. 예를 들어 보자. 부산 구포에서 채록된 무가 중에 석무녀(石巫女)가 출산의 신에게 올리는 말을 보자.

> "삼신지양님네요, 아 어마니 국 잘 자시고, 밥 잘 자시고, 약을 써도 약 소음이 나고, 몸 어서 쉽게 풀리도록, 얼음 삭고 눈 삭듯이, 말에 가서 저(箸)로 집어 앗는 듯이 거두어 주시오. 옥등에 불쓴 듯이, 이 가중(家中)에 불로 밝히고 물로 맑혀서 이 가중에 웃음꽃이 피도록 해 주시오."[7]

무속의 언어는 상징의 체계로 이루어져 있다. 현실의 세계, 이상의 세계, 이상을 매개하고 실현시키는 절대존재를 불러오는 세계 등이 상호교차하면서 상징의 언어로 이상적 가치와 기대의 실현을 노래한다. 여기서는 상징에 도달한 좋은 말 고운 말로써 화목한 가정이 되게 해 달라고 삼신께 기원함으로써 영검을 구하고 있음을 보여 준다. 언어가 무속의 장에서 무가라는 양식의 상징체계를 이루고, 그 상징체계를 굿으로 실현함으로써 문화의 구체성을 학습하게 하는 데에 이른다.

넷째는 국어교과에 내재하는 상징 층위의 문화를 가장 풍성하게 보여 주는 것으로 '문학'을 들 수 있다. 문학의 언어는 문학의 장치로 상징화된 언어라 할 수 있다. 물론 이 때의 상징은 작가의 창조적 상징이 주를 이루게 되므로 이를 제도적 상징과 같은 차원의 문화 요소로 보기는 어렵다. 문학 작품의 언어 차원과는 별개로 작품이 가지는 문학사적 위상과 의미에 따라서는 작품 자체가 일정한 문화적 자질을 띨 수 있다는 점을 고려해야 할 것이다. 더불어 문학에서 상징을 다루는 방식에서 어떤 문화적 관습 같은 것을 배울 수 있다면, 그것은 국어교과가 감당해야 할 교육 내용으로서의 문화로 주목을 받

---

7 소개되는 내용은 위의 책(199면)에서 인용.

을 만하다.

다섯째는 풍습의 요소들이 상징 층위의 문화가 되어 국어교과와 일정한 상관성을 발휘한다. 모든 풍습은 언어로 실현됨으로써 그 풍습의 의미가 구체화 된다. 설날에 행해지는 덕담이라든지, 액막이를 위해서 일부러 듣기에 좋지 않은 말을 한다든지 하는 것은 상징으로서의 문화적 요소가 강한 것들이다. 말에는 신령한 힘이 있었다고 믿었던 언령(言靈) 관념을 반영하는 것이었고, 이들은 국어교과의 내용에 이미 일정한 자리를 점하고 있다. 약간은 다른 수준이기는 하지만, 소학, 명심보감, 내훈 등의 언어들도 풍습과 유관한 상징/문화 자질을 지니고 있다.

3.3 국어교과와 '문화재 층위'의 문화

국어 교과에서 문화는 어떤 모습으로 존재하는가. 문화가 존재하는 다양한 양태 중 가장 뚜렷한 가시 양태는 '문화재(cultural properties)'라고 할 수 있다. 문화재는 장래의 문화적 발전을 위하여 다음 세대 또는 젊은 세대에게 계승·상속할 만한 가치를 지닌 사회의 문화적 소산이다. 과학, 기술, 관습, 규범 및 정신적·물질적 각종 문화재, 문화 양식 따위를 모두 포함한다.

국어과교육의 핵심 질료이며 동시에 교육 수단인 '한글'은 민족 공동체의 문화재로서 가장 가치 있는 것으로 인정된다. 한글을 배우고 한글에 대해서 메타인지를 하는 동안 일종의 문화교육이 내면화 되는 것이라 할 수 있다.[8] 이런 일은 한글을 가르치는 교과교육의 과업과 기능적으로 이념적으로 밀접하게 연관되어 있다. 칠백만 해외 교포 사회에서의 한글교육의 문화적 함의는 여러 층위로 진단될 수 있다. 특히 그들의 일상 삶의 형질과 의식 속에 한글교육이 어떤 문화적 작용을 하고 있는지를 성찰하는 연구가 국어교육연구의 영역에서 요청된다.

문화재 차원에서 국어교과의 내용 질료에 들어 올 수 있는 것들은 매우 많다. 국어 관련 문화재들이 다수 있고, 그것들이 공식적인 교육과정의 내용 요소로 들어오기 때문이다. 작품으로서의 용비어천가(한글 창제 시 한글을 실험 적용한 텍스트)나 홍길동전(최초의 국문소설), 주시경이 저술한 문법서적 등은 그것이 작품이나 텍스트로서의 의미 이외에, 문화재로서의 의미를 가지고 있음을 주목하는 차원으로 국어교과는 교육과정 기획을 시도할 수 있다. 이는 국어교육이 다양한 층위의 문화교육을 수행하는 교과임을 자각하는 데로 나아가야 함을 의미한다.

4. 국어교과와 문화의 일상성
−서사·미디어·생활·예술 층위의 문화

4.1 국어교과와 '서사 층위'의 문화

국어교과는 자신의 교육내용으로 수많은 서사를 텍스트 차원에서 다룬다. 또 국어교과에서 교육방법으로 서사적인 접근법이 원용된다.

---

8 '한글날'이라는 문화적 제도는 '한글'이라는 민족 문화재를 메타 문화적으로 인지하게 하는 것이다. 한글날을 기념하게 하는 의식들은 한글이라는 문화에 대한 메타 인지의 형식을 다시 문화(제도)의 양태로 드러내어 보인 것이다. 이런 현상들은 국어교과의 문화적 내포 또는 외연이라는 관점으로 조명되어야 할 것이다.

최근 스토리텔링의 여러 가지 이형태(異形態)를 교육방법으로 원용하는 것이 그 좋은 예이다. 그러나 이는 서사가 사회 또는 문화 차원에서 국어교과에 어떤 상관적 존재가 되는 것을 보여주지는 않는다. 그러나 왜 특정 서사의 형태들이 특정 집단에 호소력을 가지는지를 연구하고, 어떻게 이 형태들이 관행화 되고 보급되는지를 설명하는 데에 이르면(필립 스미스, 한국문화사회학회 : 323-325), 국어교과와 서사의 사회 문화적 관련을 조명할 수 있을 것이다. 서사는 그것이 공동체에서 어떤 의미 작용을 하고, 그 의미 작용이 다시 공동체 내에서 어떤 보편형으로 활용되고 소통되는 데에 이르면 '문화'의 자질을 띠게 되는 것이다.

서사는 그것을 해석하는 과정에서 사회 문화적인 의미들이 발생한다. 가령 이광수의 '무정'은 텍스트 차원으로도 존재하지만 개화 지향의 근대의식을 선구적으로 드러낸 작품으로 해석되는 데에서 문화 자질을 띠게 된다. 다시 이 작품의 작가 이광수에 관한 친일 행적 내러티브는 이 작품의 사회 문화적 성격을 부정적으로 인식하게 하는 데 기여한다. 이런 맥락에서 '무정'이라는 서사 텍스트는 두 가지의 사회 문화적 자질을 동시에 드러낸다. 국어교육은 이 점을 고려해 가면서 이 작품을 가르치도록 요구받는다. 이 점이 바로 국어교과가 서사를 문화의 층위에서 상관하는 구체적 모습이 된다.

문학 서사 이외에 경험 서사나 미디어 서사들도 국어교과와 사회 문화적 상관을 가지는 경우가 늘어나고 있다. 국어교과가 대중 미디어의 방송 텍스트들을 교수·학습 공간에 끌어들이는 것은 이제는 흔한 일이 되었다. 오락 방송 프로그램인 〈개그 콘서트〉의 불완전한 서사 텍스트들의 모티프나 연출 행태를 국어교과의 교수 기법으로 패러디하여 쓰는 경우는 교수의 효과를 높이려는 데서 의도한 것이라 하더라도, 그것이 대중 문화적 감수성과 자질을 국어교과를 향해서 발신하고 국어교과는 그것을 수신하는 문화적 소통관계를 형성한다. 대중문화를 대표하는 서사들이 학생 수용자에게 모종의 사회성과 문화적 감수성을 은연중에 자극하는 것이다.

결국 소통 파워가 높은 현대 사회의 대중 서사들은 그것의 형태, 의미, 효과, 등장 캐릭터 등을 통하여 문화적 작용을 하는 것이라 할 수 있다. 이처럼 서사는 그 해석 공동체에 의해서 특정 서사의 함의가 소통됨으로써 그 서사가 발효시키는 사회 문화적 의미들이 공고한 자리를 차지한다. 이 과정에서 국어교과는 중요한 역할을 한다. 이른바 국어과에서 특정의 정전들이 일정한 지위를 확보하기까지는 해석과 소통을 통한 문화적 영향이 계속 증대되었음을 알 수 있다. 이 과정에서 특정 서사 형식과 사회적, 이데올로기적 기능 사이의 연관 고리를 지적할 수 있다.

서사 가운데서도 설화는 정서나 가치를 문화적인 원형으로 습득하게 하는 데에 일정한 역할을 한다. 현대 사회에서 각종 성공적 내러티브 부류는 영웅담 내러티브로서의 구조적인 상동성을 보이면서 현대 사회의 특성에 부합하는 사회적 이데올로기로서 작용하는 면모를 보여 준다. 사람과 제도는 세상을 이해하기 위해 이야기를 만들기 때문에 사회·역사적 사건들도 서사적 담론에 의해서 형성된 것으로 보기도 한다.[9] 그렇기 때문에 사회·문화적 문제나 사건들이 서사적 차원

---

9 필립 스미스는 문학은 전통적으로 서사를 구조시학의 방식으로 연구하는 데 치중하였음을 지적하고, 서사를 사회문화적으로 탐구하는 자리에서는 서사가 보다 폭넓은 사회생활과 어떻게 교차해야 하는지를 살펴야 한다고 역설한다. 그러면서 서사와 해석학의 관련이 서사의 사회·문화적 기능을 살피는 통로가 될 수 있음을 말한다(필립 스미스 : 308-315).

에서 어떤 의미를 형성하며, 어떤 해석 코드를 만나는 지가 매우 중요하다.

국어교과는 '문학서사 아닌 서사'들을 중요한 제재로 동원하고 또 이를 다양하게 해석하는 과정을 학습의 과정으로 제공한다. 생활서사나 체험서사는 리터러시 차원에서 문학서사보다 훨씬 더 중요한 대접을 받는 양상이 나타날지도 모른다. 문학교육이 이루어지는 현장에서도 생활서사의 중요성은 증대될 것이다. 이는 미래의 문학교육 생태에서 학습 주체들의 자기주도성을 돕는 기제나 경험요소들이 다양한 생활서사로 구현되어 때로는 문학의 정전 텍스트와 동등하게, 또는 그 이상으로 중시되는 양상을 보일 수 있음을 암시한다. 국어교과의 문화론적 가능성이 그런 예측을 선도한다.

4.2 국어교과와 '미디어 층위'의 문화

국어교과는 실제의 미디어 현상에서 나타나는 '미디어 언어/텍스트' 등을 자신의 교육내용으로 이미 포함시키고 있다.[10] '미디어 언어/텍스트' 교육은 텍스트의 존재보다는 텍스트의 방식을 익히고 배우게 한다는 데 있다고 보아야 한다. 그리고 그 방식이란 것은 결국 미디어 환경이 보여 주는 소통의 다양성과 기술적 특징 등을 우리의 삶과 자라

---

10 2007 국어과 교육과정 개정에서 국어과교육내용 하위 영역에 듣기, 말하기, 읽기, 쓰기, 문법, 문학 등과 함께 '매체언어' 영역이 교육과정 혁신 차원에서 기획되었다. 교과부 최종심의에서 '매체언어' 영역의 교육과정 제도 차원의 설정은 유보되었으나, 애초 '매체언어' 영역에 구안되었던 교육과정 내용(2007 국어과 교육과정 용어로는 '성취기준')들은 다른 기존 6개 영역에 삼투되도록 하였다.

협응시키는 것으로 수렴된다. 그리고 이런 내용이 현실 교육과정의 구체적 교육 내용으로 편성되어 있다.

이렇듯 미디어를 강하게 포함하려는 노력을 통하여 국어교과는 미디어 층위의 문화와 상당한 상호성을 가지게 되었다. 국어교육과의 공식 전임교수진에 미디어교육 전공 학자를 임용하여 가까운 미래에 맞이하게 될 미디어 교육의 국어과 교육 상관성을 대비하고 있는 경우도 있다.[11] 또 이전에 국어교육 전공을 하였으면서도 미디어교육 관련 논문을 생산하는 국어교육학자들은 급속도로 늘어나고 있다.

미디어가 문화의 층위를 형성할 수 있는 것은 현대사회에서 소통의 현상을 거머쥐는 힘의 모멘트가 미디어를 중심으로 작동하기 때문이다. 문화를 정의하거나 문화의 속성을 밝히려면 '공동체'라는 요건과 '공유하는'의 요건은 절대적으로 필요하다. 문화가 사회를 배경으로 형성되고, 사회의 산물이라는 점, 그리고 문화는 그 사회가 공유하는 방식으로 나타난다는 점 등을 확인할 수 잇기 때문이다. 가령 어떤 가치나 이데올로기가 문화와 동격의 것이라고 규정하려면, 그 가치나 이데올로기가 어떤 공동체의 시공에서 두드러지게 공유되는 현상을 먼저 증명해야 한다. 그러므로 어떤 특출한 사상가의 관념 속에서 기술되는 이데올로기는 문화의 차원을 확보한 것이라고 할 수 없는 것이다.

그런데 '공동체'와 '공유'는 소통의 과정에서 형성되고, 소통의 결과로 완성된다. 그리고 소통을 이루게 하는, 즉 메시지를 운반하는 기제가 바로 미디어이다. 소통의 양상과 기술이 복합적으로 발달해 가는 현대 미디어 사회에서 미디어는 소통의 수단, 즉 메시지의 운반 기제

---

11 2004년 9월 경인교육대학교 국어교육과는 미디어교육 전공자를 전임교수로 임용하였다.

로만 역할하지는 않는다. 운반하는 콘텐츠는 운반 수단인 미디어에 의해서 질적인 변환을 겪고 있는 것이 작금의 현실이다. 미디어와 메시지가 분리되지 아니하는 융합적 단일체로 드러나는 것이다. 멀티미디어의 양상은 복합 문식성을 요구하고 복합문식성에 의거한 콘텐츠들은 그 존재 방식과 형성 양태가 참으로 다양하다. 그만큼 소통의 방식이 다채롭고 미디어의 기능과 작용이 다면적이 되었다. 현대사회에서 미디어는 권력 작용을 하는 중심이 되었다.

언어는 기호가 작용하는 것이다. 그런 점에서 '언어 자체가 일종의 상징이다.'는 공리 차원의 언급을 앞에서 했다. 마찬가지로 언어를 순전히 기호 차원에서 보면, 언어는 의미를 전달하는 일종의 미디어(매체)이다. 물론 기술적으로 융합 진화된 현대의 디지털 미디어와는 궤를 달리하는 매체이긴 하지만, 언어는 매체의 속성을 가장 원초적으로 지닌다 할 수 있다. 미디어의 기술적 양태가 아무리 진화한다 하여도, 메시지를 실어 나르는 핵심 층위의 미디어는 언어이다.

국어교과는 언어사용의 기능(技能, skill)을 길러주는 교과이다. 그런데 그 '언어사용'이란 사회·문화적 차원에서 설명하면 기능(機能)을 키우기 위한 기능(技能)인 것이다. 언어의 사회·문화적 기능(機能)을 가장 잘 집약해서 말한다면, 그것은 '소통하는 기능(機能)'이다. 듣고, 말하고, 읽고, 쓰고 등등의 기능(技能)은 그것 자체가 목적이 될 수는 없다. 그들 기능(技能)에 디지털 미디어 기술에 의한 것들이 아무리 융합되어도 그것은 기능(技能)일 뿐이다. 그것은 사회적으로 문화적으로 소통하는 기능(機能)에 기여하고 봉사하는 것이 되어야 한다. 소통의 작용(機能)에 가 닿아야 비로소 언어사용의 진경에 이르는 것이 된다.

국어교과가 교육목표로 강조하는 '언(국)어사용'은 소통 기능(機能)의 온전한 수행에 있다. '언어사용'의 큰 얼개는 그러하다. 그러므로 국어교과는 미디어 층위의 문화와 갈수록 높은 상관성을 구축할 것으로 보인다. 미디어 소비는 날로 증가하고 있고, 미디어의 사회적 침투는 현대인 일상의 생태 환경처럼 되어 가고 있기 때문이다. 바꾸어 말하면 국어교과의 가장 중요한 생태환경으로 미디어가 빚어내는 사회 문화의 현상들을 국어교과는 주목하지 않을 수 없는 것이다. 따라서 국어교과가 미디어 리터러시를 강조하며 지향하는 다음과 같은 인식에 유의해야 할 것이다.

미디어 리터러시는 21세기 교육적 접근법으로, 미디어의 사회적 역할을 이해함과 동시에 민주시민으로서 필요한 탐구와 자기표현의 기술을 습득하는 교육이다(Empowerment through Education, www.medialit.org, '미디어의 활용', p.12에서 재인용). 미디어 리터러시는 새로운 미디어를 사용하는 법을 배워 무언가를 만들어내는 능력만을 의미하는 것은 아니다. 엄밀한 의미의 미디어 리터러시 능력이란 우리 주변의 미디어가 표현하는 메시지와 이미지가 어떤 문맥에서 어떤 의도나 방법으로 구성되고 편집되었는지를 비판적으로 읽고, 그것을 통해 <u>새로운 공공적 커뮤니케이션을 만들어 가는 능력</u>을 말한다(Yoshimi, '미디어의 활용', p.12에서 재인용).

위의 인용에서 밑줄 친 부분의 '새로운 공공의 커뮤니케이션을 만들어 가는 능력'은 문화 형성에 주체로 참여하는, 일종의 문화적 능력으로 볼 수 있다. 그것은 물론 소통의 기능(機能)을 온전하게 발휘하는 장면에서 기대할 수 있을 것이다. 국어교과가 미디어 층위의 문화를 안고 있는 모습이 매우 잘 드러나는 대목이기도 하다.

4.3 국어교과와 '생활 층위'의 문화

일상에서 겪는 임의의 생활 모두를 고스란히 문화라고 말할 수는 없다. 그것이 생활 문화의 층위로 전이되려면, 생활의 방식에 어떤 의미 있는 패턴이 나타나고, 그 패턴을 공유하는 현상이 있어야 한다. 그런 요소를 갖추었을 때, '생활 층위의 문화'라고 할 수 있을 것이다.

그런데 소통의 양적 확장이 급속하게 발전하고, 무엇보다도 소통의 형질 변이가 기술 공학에 의해서 참으로 다채롭고 변이되는 현대 사회에서는 생활 층위의 문화라는 것의 내적 역동성은 그 총체의 모습이 포착될 수 없을 정도로 다양하고 그 함의 또한 문제적이라 할 수 있다. 무엇보다 이들 문화는 그 형성과 전이가 미디어의 작동과 밀접한 관련을 맺음으로써, 문화적 패턴 자체가 부단히 변이된다. 결국 생활 문화 전반이 빠른 템포의 대중문화의 호흡을 반영하는 쪽으로 나타난다.

국어교과가 문제 삼을 만한 생활 층위의 문화, 즉 '공유된 생활의 방식'은 주로 언어생활의 장면에서 나타난다. 언어생활이 이루어지는 과정에서 모종의 생활문화 자질이 묻어나는 것들을 국어교과의 내용으로 주목해야 할 것이다. 가장 전형적인 것으로는 윗사람에게 경어를 쓰는 현상을 들 수 있다. 한국 사람의 친교 방식을 드러내는 언어 예절이나 특히 인사의 언어는 생활 문화의 자질이 두드러진 것이다. 이 과정에서는 관용어의 용법이 우리 언어문화의 여러 형질을 구체적으로 발현한다. 또 한국인의 감정과 정서를 나타내는 한국인만의 관용 어법들은 일상의 생활문화를 드러내는 언어들이다. 감정 자체를 문화라고 할 수는 없겠지만, 그 감정을 한국인들이 특별한 언어 유비(類比) 방식으로 표현한다면, 그리고 그것이 관용의 수준에 도달해 있다면 일상의 생활문화를 잘 담보하는 사례라 할 수 있다. 관용어 사용에 대한 메타인지는 국어교과가 접근할 수 있는 문화교육의 핵심을 이룬다고 할 수 있다. 이는 한국어를 모국어로 쓰는 화자에게도 마찬가지 효과를 드러낸다. 관용어 사용 기능이 그대로 언어문화에 대한 상위 인지를 담보하는 것은 아니기 때문이다. 외국인에게 있어서는 이런 현상이 역으로 적용될 수도 있다. 한국어에 대한 언어문화 상위 인지가 곧 그들의 한국어 관용어 사용 기능을 담보하는 것으로 볼 수는 없다고 할 수 있다.

미래 국어교과의 생태학적 환경을 고려한다면, 국어교과가 '생활 층위의 문화' 가운데 좀 더 관심 있게 주목해야 할 대상으로 다음 몇 가지를 제기해 보고자 한다.

첫째는 미래 한국인의 일상 생활에서 나타나는 감정 현상을 언어문화의 차원에서 주목할 필요가 있다. 감정은 일상성 속에서 개인의 내면을 지배하고, 사회적으로는 소통의 심리적 맥락을 결정하는 요소이다. 순언어주의(logocenterism)에 바탕을 둔 전통적 국어교육은 언어의 논리적 속성을 중시하고 문어언어의 법칙성을 익히는 데는 많은 관심을 보였지만, 감정언어 부류를 국어교과의 중핵 요소로 다루어 오지 않았다(박인기 2010.6. : 16-19). 감성작용을 인간정신 활동의 중요한 영역으로 재인식하고, 주관성 간의 소통(inter-subjectivity)에 의해서 공동체 문화를 해석하고 순환시키는 경향이 늘어날 것이다. 이러한 탈근대

의 언어생태가 우리들 인지 환경으로 와 있음을 고려한다면, 국어교과
가 생활문화의 현상을 반영할 때 감정언어의 문화적 의미를 새롭게 인
식해야 할 것이다.

둘째는 생활 속의 크고 작은 의식(儀式)[12]에 들어 있는, 특히 새롭게
생겨나는 의식들에 어떤 문화적 형질이 반영되고 있는지를 살펴보아
야 할 것이다. 생활 속의 여러 가지 비형식적인 의식들은 이것을 반영
하는 언어형식의 차원에서 보면 새로운 일상 언어의 장르들이 생겨나
고 확장되고 변이되는 것으로 나타난다. 그러니까 이때의 장르란 것도
앞에서 말한 의식에 그대로 비례 유추되는 것이다.

'의식'이 비공식성을 띠면 띨수록 여기서 말하는 '장르'도 비형식성
이 강해진다. 즉 장르의 제도적 자질이 약화되는 것이다. 그러나 미래
의 국어교과는 '생활 층위의 문화'에 대해서 더 많은 관심과 교육적 접
변을 추동해야 할 것이다. 이는 국어교과가 실제로 교육과정 실천으로
서의 타당성을 높이고 국어교과에 대한 사회문화적 수요에 부응하려
는 노력에 상통하는 것이 될 수 있기 때문이다. 이는 언중의 언어사용
현실을 고려하는 교육적 기획과 부응하는 것이기도 하다. 이는 언어사
용을 가르치는 것과 언어문화를 가르치는 것이 모순 없이 근접하는 상
태라 할 수 있다.

셋째는 놀이의 양태와 놀이의 문화를 주목하는 노력이 필요하다. 현

---

12 이것을 의식(儀式)이라고 일반화 하는 것은 논란의 여지가 있다. 현재 우리가 사용
하는 '의식'의 개념에 비춘다면 훨씬 더 비공식적(informal)인 양태의, 덜 제도화 된
일상생활에서의 크고 작은 통과 제의적 경험들, 그 중에는 다분히 일시적 유행의
범주에 들 수 있는 것까지도 포함한다. 개념 논란이 예견됨에도 불구하고 이런 것
들을 '의식' 범주에 포함하는 것은 '문화의 일상성'이라는 점에서 언어문화의 변화
상을 이들이 어느 정도 담보할 수 있기 때문이고, 이런 것을 국어교과가 주목함으
로써 국어교과의 리얼리티가 강화될 수 있다는 인식을 하기 때문이다.

대 사회에서 놀이는 일과 양면적 쌍관의 구조를 이루면서 생활 문화의 기저로 놓이기도 하고, 생활문화를 전복적으로 표상하는 위치에 서기도 한다. 현대의 놀이성을 파악하고 거기에서 문화적 함의를 읽어내는 과정이 필요할 것이다. 기본적으로 놀이는 사회성을 동반한 대동성(大同性)의 의미를 가진다. 그런데 현대의 놀이는 개인성이 강하다. 개인성이 놀이화되기 위해서는 가성성과 환상성이라는 영역을 적극적으로 활용하게 되는데(표정옥 : 18-19), 이러한 과정은 놀이와 서사가 만나는 내적 과정에 해당하기도 하고, 놀이의 형식이 생활문화의 내적 특성을 반영하기도 한다.

국어교과가 놀이의 이런 측면을 자신의 내용 정체성과 결부짓는 이유는 무엇인가. 놀이는 대체로 언어의 상호작용으로 영위된다. 동시에 모든 놀이에는 '행위의 주체'가 '표현(대화)의 주체'로 드러나기도 하고, 표현의 주체들이 놀이의 주체로 서로 자리를 넘나들기도 한다. 그렇기 때문에 일상의 자연스러운 시공 속에서 말하고 듣고 읽고 쓰는 행위(리터러시)가 실현되고 학습되는 자리이다. 미래의 국어교과는 어떤 표준화 된 말하기 듣기 읽기 쓰기 능력으로 리터러시를 설정하고 익히게 하기보다는 언어 주체들의 생활공간에서 자기주도성의 기제로 실현되는 모든 언어 양상들을, 즉 그들 양상들 사이의 상대성을 모두 중요하게 고려하는 방향으로 나아가게 될 것이다. 기능이면서 문화로 현현하는 리터러시라 할 수 있을 것인데, 기능의 문화성을 국어교과의 본령으로 살피자는 것이다.

4.4 국어교과와 '예술 층위'의 문화

국어교과는 예술 교과는 아니다. 그러나 언어가 문학예술의 매재(媒材)인 한에는, 그리고 예술 일반이 문화의 영역인 한에는, 국어교과가 '예술로서의 문화'에 관여되는 정도는 상당하다. 국어교과에서 예술로서의 문학을 가르치는 것은 문화를 가르치는 역할의 전부를 감당하는 것은 아니다. 예술로서의 문학은 ① 실존하는 텍스트 실체라는 점에서, ② 그것이 인간의 정신 활동의 소산이라는 점에서, ③ 또 일상적 메시지와는 다른 독특한 소통 현상을 수반한다는 점에서 문화재로서의 문화에 가까운 모습을 보인다. 그러면서도 언어로 형상화 된 문학은 문화재 작용으로 국한되지 아니하는 문화적 울림을 만들어 내고 전파한다. 다음의 예를 보자.

신부는 초록 저고리 다홍치마로 겨우 귀밑머리만 풀리운 채

신랑하고 첫날밤을 아직 앉아 있었는데

신랑이 그만 오줌이 급해져서 냉큼 일어나 달려가는 바람에

옷자락이 문 돌쩌귀에 걸렸습니다.

그것을 신랑은 생각이 또 급해서 제 신부가 음탕해서

그 새를 못참아서 뒤에서 손으로 잡아 다리는 거라고,

그렇게만 알곤 뒤도 안 돌아보고 나가 버렸습니다.

문 돌쩌귀에 걸린 옷자락이 찢어진 채로

오줌 누곤 못 쓰겠다며 달아나 버렸습니다.

그리고 나서 사십년인가 오십년이 지나간뒤에

뜻밖에 딴 볼일이 생겨 이 신부네 집 옆을 지나가다가

그래도 잠시 궁금해서 신부방 문을 열고 들여다보니

신부는 귀밑머리만 풀린 첫날밤 모양 그대로

초록 저고리 다홍치마로 아직도 고스란히 앉아 있었습니다.

안스러운 생각이 들어 그 어깨를 가서 어루만지니

그때서야 매운 재가 되어 폭삭 내려 앉아 버렸습니다.

초록 재와 다홍 재로 내려앉아 버렸습니다.

〈서정주 '신부'〉

국어교과가 문학영역을 포함함으로써 얼마나 깊숙이 '예술 층위의 문화'를 교과의 내용 정체로 수렴하고 있는지를 보자. 위의 시는 서정주가 쓴 〈신부〉이다. 이 텍스트는 국어교과에서 다룸직한 대표적인 문학예술 텍스트이다. 이 텍스트는 문화적 자질 면에서는 높은 밀도의 자질을 구유하고 있다. 이 텍스트는 문화의 산물이며 문화적인 작용을 한다. 더 자세히 부연하면, 이 텍스트는 정신적 노작의 산물이므로 문화이고, 예술 미학적 효과를 빚어내고 있으므로 가장 고전적인 의미의 문화이다. 또 문학예술 세계가 구축한 장르, 즉 예술적 형식(제도)에 의존하고 있으므로 그런 뜻에서도 문화이다.

그런데 이 텍스트는 문화적 작용력을 지속적으로 파생시키는 매개적 역할을 할 수 있다. 이는 문화재와 같은 결과적 유산으로서의 문화와는 다른 의미를 가진다. 문화의 위상을 지니면서 다른 한편으로 한국 전통 문화의 숨어 있는 형질을 상상력의 차원으로 전달하는 것이다. 많은 상상력을 수반하는 한국문화의 신화적 원형을 자신의 콘텐츠로 보여 주는 것이다. 그뿐이 아니다 이 텍스트를 통해서 한국문화의

여러 원형적 형질을 감수(感受)하게 한다. 이를테면 정서 차원, 무의식적 원형, 차원, 집단 공유의 감정, 사회적 감정 차원 등등의 차원에서 문화적 의미를 파생시킨다. 요컨대 한국의 전통 정서와 결부된 문화를 학습하려 할 때 이 시 텍스트는 어떤 다른 언어자료보다도 유효하고 유익한 학습 효과를 기대할 수 있다. 국어교과의 문화적 작용을 문학 작품 영역에서 들여다 볼 수 있는 대표적 사례이다. 그러나 전통적으로 국어교과는 이 텍스트를 텍스트 구조나 문학의 고유 이론으로만 분석하여 가르치는 방식에 의존했었다. 이를 문화교육의 차원에서 재편성하는 교육과정 이론상의 시도는 거의 없었다.

국어교과는 문학 이외의 영역에서는 '예술 층위의 문화'와 접속하는 것을 기대하지 못하는가. 그렇지 않다. 국어교과의 수많은 설명(설명문)과 논증(논설문)의 마당에서 빚어지는 ①사고 / ②리터러시 / ③텍스트 / ④실천 / ⑤전이 / ⑥파생 등의 국어교육 실현 과정들은 예술문화에 거의 무제한으로 접속될 수 있는 통로를 가지고 있다. 그것은 물론 말과 글로 행해지고, 그리고 이해와 표현으로 소통의 방향을 가진다. 국어교과가 수행할 수 있는 말의 작용, 글의 작용, 이해의 작용, 표현의 작용 등을 통해서 어떤 예술 영역도 다 접속될 수 있다. 어떤 예술 장르의 작품들도 인간의 감각기관들이 일차적으로 수용을 하면, 그 뒤에 일어나는 모든 예술적 사고와 해석은 언어 없이는 불가능하다. 심지어는 말 수행 없이 마음으로만 수행하는 경우에도 물리적 소리로 실현되지는 않지만 마음 안의 내적인 언어기제가 작동하는 것이다.

요약하면 예술을 수용하는 인간의 능력은 감각적 수용에서 그치는 것이 아니라, 그 예술을 해석하고, 소통하고, 그 예술의 의미와 가치를 일반화 하는 모든 과정에 언어의 개입과 결합을 불러 들인다는 것이다. 현재의 국어교과 역시 이러한 내용 조직을 도처에서 보여 준다. 기능주의자들은 설명의 방법과 논증의 방법을 배우게 하는 것이 국어교육이므로 내용 대상이 된 예술은 국어교과적 의미가 없다고 한다. 그러나 한 개체가 경험하고 발달시키는 해석과 소통의 전체성 속에서는 기능과 예술 문화가 조화로운 상생을 하면서 학습자의 발달 전 국면에 관여한다. 적어도 문화론의 입장에서는 국어교과가 '예술 층위의 문화'들과 접변하면서 발휘하는 문화교육적 역할은 굉장히 폭 넓은 리터러시의 작동을 요청한다. 미시적·분절적 학습에서 설정해 왔던 기능과 내용의 분리를 구분하기가 쉽지 않다. 문화교육으로서의 국어교육은 국어교육이 다루어왔던 여러 하위 교육내용 요소들 사이의 총체적 상호성을 보다 극명하게 촉구한다.

참고문헌

김광억(1988). 문화에 대한 인류학적 개념과 연구 방법. 〈문화의 다학문적 접근〉, 서울대출판부.
김남시(2009). '문화학', 현대의 예술과 미학. 서울대학교 출판부.
박인기·박창균(2010). 한국인의 말 한국인의 문화. 학지사.
박인기(2010.6.). 화법교수의 유효성과 미래적 가치 모색. 화법연구16호, 한국화법학회.
박인기(2009). 교과의 생태와 교과의 진화. 국어교육학연구 34집, 국어교육학회.
서정주(1975). 질마재 신화. 일지사.
우한용(2009). 한국근대문학교육사연구. 서울대학교출판부.
조용환(1988). 교육학에서의 문화연구. 〈문화의 다학문적 접근〉, 서울대학교출판부.
표정옥(2009). 놀이와 축제의 신화성. 서강대학교출판부.
일상문화연구회 편(1996). 한국인의 일상문화. 한울.
한국문화상징사전편찬위원회(1995). 한국문화상징사전2. 동아출판사.
한국언론학회 미디어교육위원회(2007). 미디어의 활용. 방송위원회

Linton, Ralph(1945). The Cultural Background of Personality. 전경수 역(1984), 문화와 인성, 현음사.
Smith, Philip(2001). Cultural Theory: An Introduction. 한국문화사회학회(2008), 문화이론— 사회학적 접근, 이학사.

Kroeber, A.L. and Kluckhohn, Clyde(1952). *Culture: A Critical Review of C, Conception and Definition.* Cambridge, MA : Pedagogy Museum.

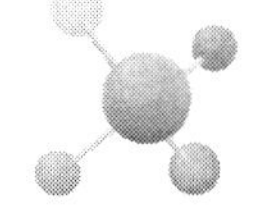

문화간 의사소통과
영어교육의 전망

The perspectives of ELT for the intercultural communication

영어교육과 박약우 교수

교과교육과 문화,
어떻게 소통할 것인가?

우리가 사는 21세기는 다문화 사회이다. 다문화 사회의 구성원은 서로 다른 문화를 가지고 의사소통하게 된다. 문화간 의사소통에서 서로 다른 차이는 의사소통의 방해요소가 되어 사회발전을 저해할 수도 있지만, 효과적이고 적절하게 상호작용해 갈 수 있으면 보다 풍부하고 다채로운 사회를 만들 수도 있다.

본 연구에서는 다문화 사회에서 문화간 의사소통을 보다 효율적으로 해 나가기 위해서 우리의 영어교육이 어떤 방향으로 실시되어야 하는가를 살펴보고자 한다. 이를 위해 먼저 문화간 의사소통이 일어나고 있는 다문화 사회의 여러 측면을 살펴본다. 2절에서 문화와 문화의 만남이 부정적으로 나타날 수 있는 여러 문제점을 사례 중심으로 살피고, 3절에서는 이를 긍정적이고 생산적인 결실을 가져올 수 있는 문화간 의사소통 능력이 어떻게 구성되어 있는지를 살펴본다. 끝으로 문화간 의사소통을 전제로 우리나라의 영어교육은 어떻게 작용하게 되는지를 전망해보고자 한다.

1. 다문화 사회의 문화간 의사소통

1.1 문화간 의사소통의 정의

의사소통이란 대화자 간에 생각, 의견, 정보나 느낌을 말이나 글을 통해서 전하고 받고 교환하는 사회적 행위이다. 말과 글 즉 언어는 의사소통의 1차적인 수단이며, 비언어적인 제스추어, 몸짓, 표정, 대화

거리 등도 부차적인 수단이 된다. 또한 언어적 비언어적인 행위는 문화와 불가분의 관계가 있기 때문에 문화가 의사소통에 커다란 영향을 미친다.

문화는 한 사회 공동체의 구성원이 공유하는 복합체로 지식, 태도, 믿음, 도덕, 규범, 관습과 생활양식 등을 포함한다. 따라서 문화는 우리가 생각하고, 느끼고, 행동하는 방식을 결정하는 청사진이다(Gollnick & Chinn, 1990). 문화는 공동체 내의 구성원을 공통점으로 묶어 결속시키고 동화시켜 정체성을 갖게 함으로써 의사소통을 원활하게 한다. 반면에 문화는 공동체 밖과는 단절되고 이질적이고 구별되게 함으로써 의사소통을 어렵게 한다. 따라서 언어가 같고, 문화가 같을수록 의사소통은 보다 용이하지만 이들이 다를 때에는 그만큼 의사소통이 어렵게 된다.

문화간 의사소통이란 문화가 서로 다른 공동체 구성원 간의 의사소통이라고 할 수 있다. 그러나 어떤 개인도 동시에 여러 공동체의 구성원이 될 수 있으며, 또한 어느 누구와도 다른 고유의 문화적 정체성을 가지고 있기 때문에 다른 사람과 똑같은 문화적 공동체를 가지고 있다고 할 수 없다. 이런 관점에서 보면 모든 의사소통이 문화간 의사소통이라고 할 수 있다. 이를테면 영희와 철수는 성별에 따른 문화적 공동체가 다르며, 아버지와 아들은 연령에 따른 문화적 공동체가 다르기 때문에 이들 간의 의사소통도 문화간 의사소통이라고 할 수 있다.

문화간 의사소통은 인류학, 심리학, 언어학, 사회학, 의사소통학, 경영학, 지리학, 역사학 등의 여러 학문과 관련된 간학문적인(interdisciplinary) 분야이다(Gibson, 2002). 그러나 학문에 따라서 연구의 관심이 조금씩 다르게 나타날 수 있다. 예를 들면, Hall과 같은 인류학자는 의사소통에서 맥락이 크게 작용하는 문화와 적게 작용하는 문화의 차이에 관심이 많았고, Hofstede 같은 사회심리학자는 개인주의와 집산주의 문화가 의사소통에 어떻게 나타나는가에 관심이 많았다.

본 연구는 외국어교육학의 관점에서 문화간 의사소통을 Knapp(1995)의 정의를 따라 문화뿐만 아니라 언어도 다른 공동체 구성원 간의 의사소통이라고 정의한다. 일반적으로 언어가 다르면 문화도 다르지만, 문화가 다르다고 반드시 언어가 다른 것은 아니다. 따라서 문화간 의사소통은 문화가 다르고 언어도 다른 사람과의 의사소통이라고 하겠다. 언어와 문화가 다른 의사소통에서는 원활한 소통보다도 오해(misunderstanding)나 소통의 단절이 더 일반적인 현상이다(Banks et al, 1991). 의사소통은 문화의 차이보다 언어의 차이에서 오는 문제가 더욱 심각하다. 외국어교육에서 문화간 의사소통에 대한 관심은 이런 오해를 바로잡고 단절된 소통을 원활한 소통으로 전환하는 데 있다.

1.2 문화간 의사소통의 증가

우리가 사는 21세기는 세계화의 흐름 속에서 개인과 국가적인 이동이 커지면서 문화가 다른 다양한 만남이 일어나기 때문에 문화간 의사소통이 증가하게 된다. 문화간 의사소통은 사람의 직접적인 만남에서뿐만 아니라 과학기술의 발달로 거리의 장벽이 무너지면서 인터넷이나 스마트폰 등의 전기 전자 매체를 통하여 급격히 증가하고 있다.

UN의 통계에 의하면 1990년대에 3,000여개이던 다국적 기업이 오늘날은 60,000여개로 증가하였다고 한다. 서로 다른 문화가 새롭고 다양한 아이디어를 제공하며, 사태에 대한 다각적인 관점으로 문제를 파악하고 해결책을 모색하는 장점을 갖게 된다는 것이다. 앞으로도 다국적 기업은 규모는 작아지면서 그 수는 증가하게 될 것으로 예측하고 있다. 또한 환경과 기후와 같은 글로벌 이슈는 한 국가만이 혹은 국가별로 대처할 수 있는 문제가 아니고 지구상의 모든 국가가 공조하여 대책을 마련하고 실천에 옮겨야 하는 문제이기 때문에 문화간 의사소통을 가속화시킨다.

문화간 의사소통이 더 자주 일어나는 이유는 이 밖에도 여러 가지가 있다. 교통수단의 발달로 더 많은 여행과 더 빠른 여행이 가능해졌으며, 경쟁과 협조 속에서 교역이 더욱 증가되고, 국제적인 노동 조직과 노동력이 다양화 되면서 인적 자원도 물적 자원과 함께 이동이 활성화되고 있다. 국제결혼과 개인적 국가적인 이민과 정치 망명이 증가하고, 해외 유학자가 증가하고, 외교 및 국가 간의 갈등을 중재하는 군대가 파견되는 것도 문화간 의사소통을 증가시키고 있다. 특히 영화와 연극, 음악과 무용 등의 연예와 스포츠 관련 조직과 산업은 많은 문화간 의사소통을 낳고 있다.

위와 같은 다양한 만남은 기존의 문화에 영향을 미치고 변화시킬 뿐만 아니라 부지불식간에 우리 문화의 일부로 들어와 있기도 하다. 따라서 다양한 문화에 노출되어 그들을 수용하지 못하고 자기의 문화 속에만 안주하면 문화간 의사소통은 물론 같은 문화권에서도 의사소통에 문제가 생길 수도 있다.

1.3 우리 사회 속의 다문화

지난 세기까지만 하여도 우리나라는 반만년의 장구한 역사에서 백의민족이라는 단일 민족과 문화를 가지고 있다는 자긍심을 구가하면서 이를 국가발전의 원동력과 우리의 정체성으로 미화하여 왔다. 우리 민족이 얼마만큼 순수한 단일 민족인가에 대한 의문은 차지하고라도 21세기를 살아가는 오늘날의 시점에서는 단일 민족과 단일 문화라는 말은 우리의 사회와 국제 사회 발전에 긍정적으로 보다는 부정적으로 인식[1]이 될 정도로 우리의 사회와 국가는 국제 사회와 연결된 다문화 사회로 이행해가고 있다.

외교, 무역, 학술, 방송이나 관광과 같은 전문 영역에 속하는 사람은 말할 것도 없이 일상에서 누구나 외국인을 보고 만나는 것이 특별한 일이 아니다. 거리나 대중교통 속에서 외국인을 볼 수 있으며, 각 학교에서도 원어민 강사가 있고, 지역에 따라 차이는 있지만 다문화 가정과 자녀가 우리 사회의 관심으로 떠오르고 있다.

그러나 이처럼 우리가 구축한 사회에 외국인들이 유입되어 와서 형성되는 다문화 사회에 제대로 적응하느냐 못하느냐가 그들만의 문제는 아니다. 다문화 사회에서 우리가 효과적인 삶을 영위하고 적응해가는 데는 개인적이고 근시안적으로는 큰 어려움이 없을 수도 있겠지만 국가적으로나 장기적으로 볼 때에는 여러 가지 문제점이 잉태되고 드러날 수 있다. 더욱이 입장을 바꾸어서 실제로 우리가 다른 문화권이

---

1 2007년 8월 유엔 인종차별철폐위원회(CERD)는 단일민족, 순수혈통을 중시하는 의식과 정책은 차별과 편견으로 외국인 및 혼혈인에 대한 배타심을 조장한다고 한국을 '인종차별국가'로 지정하고 이를 시정하라고 권고함.

나 제3의 문화권에 갔다고 생각하면 우리 사회의 외국인이 겪는 문제점과 어려움이 곧바로 우리 자신의 문제점과 어려움이 될 것이다.

여기서는 우리 사회 속의 다문화 현상을 가늠하기 위하여 통계에 나타난 국제결혼, 외국인 근로자 고용 현황, 국제 인구 이동, 해외 출국자, 그리고 인터넷 이용률을 살펴보고자 한다.

1.3.1 국제결혼 현황

〈표 1〉은 통계청의 인구동태통계 연보에 의한 2001년도 이후의 국제결혼 현황을 나타낸 표이다. 국제결혼이 2001년만 하여도 1만 5천건 이하였다. 근년에 약간 줄기는 하였지만 2005년 한 해에 4만 쌍이 넘게 국제결혼을 하여 급격한 증가를 보였음을 말해주고 있다.

〈표 1〉 국제결혼 현황

	2001	2002	2003	2004	2005	2006	2007	2008	2009
한국남자와 외국여자	9,684	10,698	18,751	25,105	30,719	29,665	28,580	28,163	25,142
한국여자와 외국남자	4,839	4,504	6,025	9,535	11,637	9,094	8,980	8,041	8,158
합계	14,523	15,202	24,776	34,640	42,356	38,759	37,560	36,204	33,300

출처: 통계청(인구동태통계연보)

1.3.2 외국인 근로자 고용 동향

우리나라에도 중국이나 동남아를 비롯한 여러 나라로부터 해마다 많은 근로자들이 합법적으로나 비합법적으로 들어와 생활하면서 다문화 사회를 가속화시키고 있다. 〈표 2〉는 외국인 근로자 고용 동향을 나타낸 표이다.

〈표 2〉 외국인 근로자 고용 동향

		2004	2005	2006	2007	2008	2009	2010 8월현재
일반고용 허가제	누계	3,167	34,826	63,802	97,489	172,513	235,836	254,192
	소계	3,167	31,659	28,976	33,687	75,024	63,323	18,356
특례고용 허가제	누계	3,928	32,742	82,965	193,844	319,798	354,143	360,667
	소계	3,928	28,814	50,223	110,879	125,954	37,345	6,524
취업자수 누계		7,095	67,568	146,767	291,333	492,311	589,979	614,859
취업자수 총계		7,095	60,473	79,199	144,566	200,978	100,968	24,880

출처 : 한국고용정보원 (EPS:외국인고용관리시스템)

일반고용은 MOU체결 국가에서 비전문취업비자(E-9)로 입국하여 합법적으로 취업한 인원이고, 특례고용은 재외동포가 방문취업비자(H-2)로 입국하여 취업한 인원이다. 표의 소계 난에서 보듯이 외국인 근로자는 계속적으로 증가하여 2008년도에는 취업자 수가 20만 명이 넘었으며, 2010년 8월말 현재로 누적된 외국인 근로자 고용자 수는 총 60여만 명이 넘었음을 알 수 있다.

위의 표에 나타난 숫자는 합법적으로 고용된 외국인 수이지만 비합법적으로 취업하고 있는 사람을 포함하면 외국인 근로자는 이보다 훨씬 많은 것이 현실이다. 또한 근로자뿐만 아니라 현재 우리나라에 공기업은 물론 공무원에까지 외국인을 임용할 수 있는 법적인 길을 터놓고 있어 앞으로 우리 사회는 더욱 다문화 사회로 나아가게 될 것이다.

1.3.3 국제 인구 이동

국제 인구란 여행과 같이 잠시 체류하는 것이 아니라 체류기간이 90일을 초과한 출입국자에 대한 통계이다. 그들은 장기간은 아니지만 그 사회에서 생활을 하는 사람들이기에 문화간 의사소통이 일어나게 한다. 〈표 3〉에서 보듯이 내외국인의 이동자가 거의 해마다 증가하여 2008년에는 130여만 명이 넘었다. 해마다 많은 내국인이 출국하고 외국인이 입국하면서 우리 사회는 다문화 사회로 나아가고 있다고 하겠다.

〈표 3〉 국제인구이동

단위: 명

		2002	2003	2004	2005	2006	2007	2008	2009
내국인	순이동	-69,991	-69,890	-79,600	-80,271	-87,988	-77,463	-36,115	17,049
	입국자	224,138	235,557	254,806	295,664	324,303	352,003	374,826	373,820
	출국자	294,129	305,447	334,406	375,935	412,291	429,466	410,941	356,771
	이동자	518,267	541,004	589,212	671,599	736,594	781,469	785,767	730,591
외국인	순이동	56,898	25,929	40,057	-398	131,715	154,007	95,937	6,420
	입국자	170,873	178,251	188,840	266,280	314,677	317,559	311,652	242,824
	출국자	113,975	152,322	148,783	266,678	182,962	163,552	215,715	236,404
	이동자	284,848	330,573	337,623	532,958	497,639	481,111	527,367	479,248
계	순이동	-13,093	-43,961	-39,543	-80,669	43,727	76,544	59,822	23,469
	입국자	395,011	413,808	443,646	561,944	638,980	669,562	686,478	616,644
	출국자	408,104	457,769	483,189	642,613	595,253	593,018	626,656	593,175
	이동자	803,115	871,577	926,835	1,204,557	1,234,233	1,262,580	1,313,134	1,209,819

출처: 통계청「국제인구이동통계」

많은 외국인이 입국하고 또 출국하지만 국내에 체류하는 외국인이 2007년에 100만 명을 넘었다. 전체 인구 대비로는 2%를 겨우 넘고 있지만 1997년 38만 명의 3배 정도인 점을 감안하면 다문화 사회로의 전환이 급속하게 이루어지고 있음을 알 수 있다. 2010년에는 118만 명이 체류하고 이런 추세라면 2020년쯤에는 300만 명에 달할 것으로 예측된다(법무부 출입국 관리현황 자료).

1.3.4 인터넷 이용률

인터넷의 사용이 반드시 문화간 의사소통을 가져오는 것은 아니지만 이는 국경과 문화를 넘어서 문화간 의사소통을 가능하게 하는 세계적인 망이다. 국제전기통신연합(ITU)에 의하면 2009년 현재 우리나라는 세계에서 9번째로 인터넷 이용률이 높은 나라로서 2000년도 이후 우리나라의 인터넷 이용률은 〈표 4〉와 같다.

〈표 4〉 우리나라 인터넷 이용률

2000	2001	2002	2003	2004	2005	2006	2007	2008	2009	2010
44.7	56.6	59.4	65.5	70.2	72.8	74.1	75.5	76.5	77.2	77.8

출처:『인터넷이용실태조사(방송통신위원회,한국인터넷진흥원)』

여기서 인터넷 이용률은 만3세 이상의 인구 중에서 최근 1개월 이내에 1회 이상 인터넷을 이용한 사람의 비율이다. 해마다 이용률이 증가하면서 2010년 5월 현재 만3세 이상의 인구는 4,755만 명으로 이들 중의 77.8%인 3,701만 명이 인터넷을 사용하고 있으며, 성장기를 지나 성숙/안정기에 접어들었다. 인터넷은 일상생활의 필수 요소가 되었으며, 특히 의사소통, 경제생활과 정치 참여와 여론 형성에 적극적으로 사용되고 있다.

2. 문화간 의사소통의 제현상

다문화 사회 즉 언어와 문화가 서로 다른 사람들이 모이는 곳에서 가장 중요한 것 중에 하나가 의사소통이다. 같은 문화 속에서도 의사소통에 문제가 없는 것은 아니지만 언어와 문화가 서로 다른 사람 사이에는 원활한 의사소통을 방해하는 여러 요인들이 개재하게 된다. 문화간 의사소통의 문제점을 구체적인 사례를 통해서 살펴보자.

2.1 언어적 문제(language problems)

사용하는 언어가 달라서 의사소통이 되지 않은 경우는 도처에서 수없이 많이 경험할 수 있다. 다음은 미국의 병원에서 미국인 환자가 목격한 사례를 기술한 내용이다.

큰 수술을 받은 다음날 밤에 옆방에서 누군가 계속해서 비명을 지르는 것을 들었다. 담당 간호사가 달려갔으나 환자가 하는 말이 무슨 의미인지 이해할 수 없었다. 그녀는 다른 간호사와 마찬가지로 필리핀 출신으로 Tagalog어를 하고 약간의 영어만을 이해할 수 있었다. 환자는 일본인이었다. 아무도 환자의 단순한 말을 이해하지 못했다. 계속되는 환자의 고함에 다른 환자들이 불평을 하였지만 그는 계속해서 비명을 지르다 기절하곤 하였다. 이런 행태가 며칠간 계속되자 마침내 간호사는 그를 한쪽이 트인 복도로 옮겨 놓았다. 환자는 여전히 같은 비명을 질렀지만 더 이상 그의 소리에 어느 누구도 신경을 쓰지 않았다. 어느 날 아침 나의 부인이 문병을 왔다. 그녀는 일본어를 잘 했는데 환자의 말이 "아이 추워!"라는 의미라고 하였다. 담당 의사에게 말하자 여분의 담요를 더 가져다 몸을 싸주었다. 그러나 불행히도 그는 폐렴에 감염되어 다음날 아침에 죽고 말았다.

– Klopf & McCroskey, 2007: 8

병원에는 미국인 의사와 필리핀 출신의 간호원들이 있는데 일본인 환자가 입원하여 춥다고 일본어로 비명을 질렀다. 그러나 어느 누구도 그의 말을 이해하지 못하고 다른 환자들의 불평 때문에 그들과 떨어진 복도 쪽으로 옮겨서 마침내 폐렴에 감염되어 죽게 되었다는 것이다. 이는 아주 극단적인 경우이지만 의사소통에서 대화자의 언어를 이해하지 못하면 의사소통이 가능하지 못하다는 것은 명백한 사실이다. 따라서 문화간 의사소통에서는 서로가 공유할 수 있는 언어를 이해할 수 있어야 한다.

2.2 화자의 의도

다음의 사례에서는 서로가 상대방의 하는 말을 이해하고 있다고 생각하지만 의사소통이 제대로 되지 않고 있음을 보여준다.

> 일본의 한 비즈니스맨이 노르웨이 사람과 영어로 사업 협상을 하던 중에
> 일본인: 이 거래는 매우 어렵겠습니다.
> 노르웨이인: 저희 회사가 문제해결을 위해 어떻게 도울 수 있을까요?
> 일본인: (매우 난감해하는 표정)
>
> — Adler, 1997: 70

두 사람은 영어로 하는 의사소통에서 서로의 말을 이해하고 있다고 생각하는데 무엇이 문제일까요? 의사소통에서는 이해가능성(intelligibility)에 대한 연구들이 있다. Smith와 Nelson(1985)은 이해 수준을 단어와 발화의 인지 정도, 단어와 발화의 의미 이해 정도, 단어와 발화에 대한 화자의 의도 파악 정도로 구분하고 있다. 발화의 인지는 이해의 기초단계이며, 의미 이해는 언어 체계에 따른 외연적인(denotative)인 이해 단계이고, 화자의 의도 파악은 문화와 맥락에 따른 내포적인(connotative) 이해 단계이다.

위의 사례에서는 외연적인 이해는 하고 있지만 내포적인 이해 즉 그런 말을 하는 화자의 의도를 파악하지 못하고 있는 것이다. 일본 사업가는 노르웨이 사업가가 하는 말을 잘 듣고서 계약을 할 수 없다고 판단하였다. 그러나 상대방의 체면을 위해서 직접적인 거절을 하지 못하고 간접적으로 어렵다는 말로 표현하였지만 노르웨이 인은 일본인의

그런 의도를 이해하지 못한 것이다. 따라서 일본인은 노르웨이 인의 질문에 무슨 말을 해야 할지 몰라 당황해 하는 것이다.

의사소통에서는 상대방의 의도를 제대로 파악하는 것이 중요하다. Gudykunst(1994)는 이를 위해 우리는 자기가 받아들인 것을 기술하면서 제대로 파악하고 있는지를 점검하고, 상대방의 말을 들으면서 가끔씩 맞장구를 치는 등의 대화에 적극적으로 참여하며, 언어적 비언어적인 피드백을 주어야 한다고 한다.

2.3 비언어적 행위

다음 사례는 우리나라 대학에 있는 영국인 원어민 교수와 한국 학생 사이의 일화이다. 두 대화자는 영어로 하는 상대방의 언어를 이해하지만 무엇인가 석연찮은 문제점이 노정되고 있다.

민수는 영어의 중요성을 실감하고 영어 회화시간에 매우 열심이다. 그는 시간 중에 많은 질문을 하고 가끔은 시간이 끝난 후에도 남아서 영국인 교수(Jim Ford)에게 질문을 하기도 했다. 그런데 그가 질문을 하려다가가면 Ford 교수는 당황해 하며 뒤로 물러서곤 하는 것이다. 그럴 때마다 민수는 Ford 교수는 자기를 좋아하지 않은가 혹은 질문하는 것을 좋아하지 않는가 하는 생각이 들었다.

Ford 교수는 왜 당황하며 뒤로 물러서는가? 민수는 왜 자기를 좋아하지 않는다고 생각하는가? 민수는 공부를 열심히 하는 사람은 많은 질문을 해야한다는 말을 많이 들으면서 자랐다. 그래서 시간 중에도 질문을 하지만 혼자서 많은 질문을 하면 다른 학생들에게 방해를 준다고 생각하여 못다한 질문은 쉬는 시간에 개인적으로 교수에게 질문을 함으로써 궁금한 것도 해결하지만 열심히 한다라는 것을 보이고도 싶었다. 반면에 Ford는 강의 시간과 쉬는 시간을 구분하고 강의 시간에 질문을 하는 것은 좋다고 생각하지만 쉬는 시간은 자기 개인의 시간이라고 생각하고 있는 것이다.

또한 대화를 할 때에 유지하는 거리가 문화에 따라 다르다. 영미 문화에서는 '안전지대'라고 하여 팔길이 정도의 거리를 유지하는 데서 자연스럽고 편안함을 느끼지만, 그보다 더 가까이 오는 것에는 불편함을 느낀다. 우리나 남미권의 문화에서는 대화의 거리가 가까울수록 더욱 친밀함과 적극성을 나타낸다고 볼 수 있다. 이렇게 볼 때 민수와 Ford 교수는 상대방의 문화를 모르고 자기의 문화에 따라 행동함으로써 서로 어색함을 느꼈다고 볼 수 있다. 따라서 문화간 의사소통에서는 언어뿐만 아니라 제스처나, 표정, 눈맞춤, 접촉과 거리 유지 등의 비언어적인 문화도 알아야 효과적인 의사소통을 할 수 있다.

2.4 자문화 중심주의(ethnocentrism)

문화는 우리가 생각하고 느끼고 행동하는데 절대적인 영향을 미친다. 우리를 둘러싸고 있는 세계를 인식하고 판단하는 잣대가 문화에서 나오기 때문이다. 다음 사례에서처럼 우리의 문화는 모든 것의 중심이 되며 그 자체로서 자연스럽고 옳고 다른 것에 우월하다고 생각된다.

반면에 우리의 문화와 다른 것은 이상하고 그릇되고 열등한 것으로 생각된다.

　　우리는 장소를 여럿 나열할 때에 큰 것부터 먼저 말하고 작은 것을 말한다. 그래서 편지 봉투에 주소를 쓸 때에도 도나 시 이름을 먼저 쓰고 다음에 군이나 구 이름, 면이나 동 이름, 거리나 번지를 쓰고, 마지막에 사람의 이름을 쓴다. 그런데 미국인들은 편지에 사람 이름을 먼저 쓰고 다음에 번지나 거리 명을 쓰고, 다음에 도시 명의 순서로 쓰고 있다. 이름에서도 그들은 우리와 달리 이름을 먼저 쓰고 성을 나중에 쓰는데 이런 방식은 이상하고 혼란을 가져온다.

어떤 것을 나열할 때는 내림차순, 오름차순 어느 것이나 가능하지만 우리에게는 내림차순이 더 자연스럽게 생각된다. 이처럼 우리 주변의 모든 세상사를 자기 문화적 관점에서 바라보는 것을 자문화 중심주의라고 한다. 다시 말해, 자문화 중심주의란 다른 문화는 세계를 꾸려갈 수 있는 대안이 될 수 없다고 보는 시각이다(Sumner, 1906). 자신의 집단이 모든 것의 중심이며, 다른 모든 것은 자신의 문화와 관련하여 등급이 매겨진다고 생각하는 관점이다.

이런 자문화 중심주의는 집단 내부의 결속과 통일성을 유지할 수는 있지만 집단 밖에 대한 배타성으로 갈등과 문제를 야기하게 된다. 자문화 중심주의가 극단적으로 나간 쇼비니즘(chauvinism)은 자기 민족이 우월하다고 생각하고 아무런 죄의식 없이 다른 민족을 대량 학살한 일이 역사적으로 더러 행해져왔다(Klopf와 McCroskey, 2007).

따라서 다문화 사회에서는 이런 자문화 중심주의에서 벗어나야 할 것이다. 사람은 누구나 다르게 사고하고 행동할 수 있다는 문화 상대주의(cultural relativity)를 인식하고 받아들여야 한다. 우리의 문화가 우리에게 적절하고 오른 것으로 인식되듯이 우리와 다른 그들의 문화가 그들에게 적절하고 옳을 수 있다는 것을 인식하는 것이다. 문화 상대주의에서는 목표를 향해가는 데는 많은 길이 있으며, 그 길들은 그들이 생활해온 문화에 따라 똑 같이 유용한 것이다(Kearney와 Plax, 1996).

2.5 고정관념(stereotyping)

우리는 사물이나 사람들을 우리가 지각한 특징들을 근거로 범주화하기를 좋아한다. 인종, 성별, 국적, 외모나 다른 특징에 따라 사람들을 분류하고 범주화한다. 이렇게 범주화함으로써 각 개체들의 공통점을 찾아낼 수 있으며, 또한 그런 공통점을 통해서 많은 무리들을 개략적으로 쉽게 다른 무리와 구별할 수 있다. 즉 범주 구성원들이 공통적으로 가지고 있는 특정한 자질을 끌어내어 압축하여 우리의 머리속에 축적시킨다. 이 "머리속의 그림"을 Walter Lippman이 고정관념(stereotypes)이라고 처음 사용하였다(Klopf와 McCronskey, 2007: 114).

고정관념에 대한 정의는 학자들에 따라서 다음과 같이 여러 가지로 나타나고 있다:

- 실제적인 합의가 있는 어떤 사회적 범주를 규정짓는 속성에 대한 일반 사람들의 믿음이다(Mackie, 1973).

- 어떤 집단이나 집단의 범주와 관련이 있는 것으로 지각되는 특성이다 (Schneider, 2004).
- 사람들을 범주화하고, 어떤 속성으로 합의하며, 실제적인 특성과 차이가 있다 (Secord와 Backman, 1964).
- 어떤 집단에 대한 과도한 단순화나 일반화한 개념으로, 사실적인 면이 있을지라도 정확하지 못하다 (Jones, 1997; Pennington, 1986).

위의 여러 정의에서 볼 때 고정관념이란 집단의 구성원이 가지고 있는 속성에 대한 믿음이다. 이는 또한 단순화되고 일반화 되어 받아들여진 개념이다. 따라서 고정관념은 구성원 개인의 실체를 제대로 이해하지 못하며, 시간과 더불어 변화하는 실체를 정확하게 파악하지 못한다. 다음은 제대로 수정되지 않은 이전의 책이나 자료들이 고정관념으로 나타난 사례이다.

고등학교를 졸업하고 해외여행을 많이 하였다. 네덜란드를 여행하면서는 나무로 된 신을 신고 하루 종일 튤립을 따고 겨울에는 얼음을 지치는 아이들을 볼 것을 기대했다. 또한 아프리카에서는 다이아몬드와 코끼리 상아, 그리고 숲 속에 뛰어다니는 고릴라 사진, 웃통을 벗은 소녀들과 맨 말로 뛰어 다니는 사람들의 많은 사진을 가지고 오기를 바랬다. 그것들이 내가 학교에 다닐 때 책에서 본 것이다. 그러나 중국에서도 변발한 머리도 보지 못했다. 내가 여행에서 본 것은 집에서 늘상 보는 것들이었다.

— Klopf & McCroskey, 2007: 116

위의 여행자가 네덜란드, 아프리카, 중국에 대해 가지고 있는 그릇된 생각들이 많은 경우에 학교에서 배운 책이나 동화책에서 온 것임을 알 수 있다.

고정관념은 사실을 왜곡할 수 있을 뿐만 아니라 특정 대상에 부정적인 태도를 보이는 편견을 심어준다. Schneider(2004)는 고정관념이 인지적인 현상이라면 편견은 정의적인 현상이고 이것이 행동적으로 나타나는 것이 차별(discrimination)이라고 하였다. 예를 들어, 집단 X의 구성원들은 게으르고 책임감이 없다는 부정적인 생각이 하나의 고정관념이라면, 그 집단에 속하는 사람을 정서적으로 좋아하지 않는다는 것이 편견이고, 그래서 행동적으로 조별활동을 하는데도 그런 사람과 함께 하지 않는다면 그것이 차별이다. 이 고정관념과 편견에 사로잡히면 의사소통에서 많은 문제를 야기시킬 수 있다. 이런 문제를 방지하기 위해서는 상대방을 충분히 이해하기 전에는 단정적인 판단을 유보하는 것이 무엇보다 중요하다.

3. 문화간 의사소통 능력의 구성

3.1 용어의 정의

문화간 의사소통을 효과적으로 수행해 가는데 필요한 능력을 의미하는 용어로는 아래에서 보듯이 여러 가지가 사용되고 있다. 이들 용어들이 관심의 초점에 따라 약간의 의미 차이는 있지만 대체로 학문의 분야와 학자들에 따라 큰 차이 없이 다양하게 사용되고 있다(Fantini, 2006).

- 문화간 능력(intercultural competence)
- 문화간 민감성(intercultural sensitivity)
- 문화간 협동능력(intercultural cooperation competence)
- 문화간 상호작용 능력(intercultural interaction competence)
- 문화간 의사소통 능력

    (intercultural communicative/communication competence)
- 문화교차적 의사소통 능력(cross-cultural communication competence)
- 교차문화적 의사소통 능력(transcultural communication competence)
- 민족간 의사소통 능력(interethnic communication competence)
- 국가간 의사소통 능력(international communication competence)
- 민족상대주의 능력(ethnorelativity competence)
- 세계 경쟁 지능(global competitive intelligence)

문화간 능력이 대개의 경우 문화간 의사소통 능력과 같은 의미로 사용되지만, Byram(1997)에서와 같이 문화간 의사소통 능력의 하위 개념으로 사용되기도 한다. 또한 문화간 능력이 문화간 의사소통에서 적절한 방법으로 생각하고 행동하는 능력을 강조하는데 비해 문화간 민감성은 문화적 차이를 어떻게 적절히 감지하고 경험할 수 있는가에 초점을 맞춘다.

문화간 협동능력과 문화간 상호작용 능력의 용어는 문화가 다른 사람간의 의사소통을 성공적으로 수행해 가는데 무엇이 중요한가에 따라 전자는 협동심을 강조하고 후자는 상호작용을 강조하고 있다고 볼 수 있다. 특히 Spencer-Oatey와 Franklin(2009: 51)은 문화간 의사소통에서 상호작용을 강조하여 포괄적인 용어로 문화간 상호작용 능력(intercultural interaction competence=ICIC)을 사용하고 있다.

문화교차적 의사소통 능력(cross-cultural communication competence)이 문화간 의사소통 능력과 같은 의미로 사용되지만 차이를 둔다면 전자는 문화에 나타나는 여러 가지 현상을 비교하는 경우에 더 적절히 사용될 수 있다(Klopf와 McCroskey2007: 64). 또한 교차문화적 의사소통 능력(transcultural communication competence)도 같은 의미로 사용되지만 이론과 실제를 통합하여 문화간 지식을 능숙하게 실행시키는 변화 과정을 강조하고 있다(Ting-Toomey, 1999: 261).

민족간 의사소통 능력과 국가간 의사소통 능력이라는 용어도 문화간 의사소통 능력과 같이 사용될 수 있으나, 전자는 민족이 다른 경우이고 후자는 국가가 다른 경우라고 하겠다. 특히 국가간 의사소통 능력 즉 국제적 의사소통 능력(international communication competence)은 대화자가 국가의 공식적인 대표자의 자격으로 외교와 정치 등에 관한 사항과 관련하여 대화해 가는 능력에 더 적절하다.

그 밖에 민족상대주의 능력(ethnorelativity competence)은 인류학 분야에서 자주 사용되는 용어로 자기문화 중심에서 벗어나 상대방과 상대방의 문화적 관점에서 객관적이면서도 호의적으로 의사소통을 수행하는 능력이다. 세계 경쟁 지능(global competitive intelligence)은 국제적 비즈니스와 경영 일선에서 자주 사용되는 용어로 국가와 문화의 경계를 초월하여 세계 무대에서 생존하는데 필요한 능력을 강조한다.

위와 같이 문화간 의사소통을 성공적으로 수행하는 능력을 나타내는 용어가 다양하게 사용되고 있지만 여기서는 이들을 포괄하는 용어로 문화간 의사소통 능력(intercultural communicative competence=ICC)을 사용한다. 왜냐하면 문화간 의사소통 능력이란 용어는 의사소통적 접근법의 토대가 된 의사소통 능력(communicative competence)의 개념과 대비할 수 있어 응용언어학과 외국어 교육학 분야에서 많이 사용되고 있기 때문이다.

3.2 문화간 의사소통 능력(ICC)

문화간 의사소통 능력은 단적으로 말해서 문화가 서로 다른 사람과 의사소통을 효과적으로 수행해갈 수 있는 능력이다. 그렇다면 어떻게 하는 것이 문화가 서로 다른 사람과 효과적인 의사소통인가? 학문과 학자들에 따라서 여러 가지 말로 정의되고 있다.

Spitzberg(1988)은 상호작용을 강조하여 효과적인 의사소통이란 어떤 바람직한 목표를 성취하는데 효과적일 뿐만 아니라 상호작용이 일어나는 맥락도 적절해야 한다고 하였다. 그리하여 문화간 의사소통 능력은 문화간 의사소통에서 목표를 성취하는데 효과적이고 맥락에 적절하게 상호작용하는 능력이라고 하였다(Spencer-Oatey와 Franklin, 2009).

Chen과 Strarosta(1996)은 ICC를 특정 환경에서 대화자의 다중적인 정체성을 인식하면서 문화적인 의미들을 협의하여 효과적인 의사소통 행위를 적절하게 수행해가는 능력이라고 하였다. 다시 말해, 대화자와 환경에 따라서 상호작용을 효과적이고도 적절하게 수행하는 능력뿐만 아니라 대화자가 가지고 있는 여러 겹의 문화적 정체성을 존중하고 수

궁하면서 의사소통의 목적을 수행할 수 있는 능력이라고 하였다.

문화간 의사소통 능력은 대화자의 문화가 어떤 문화이든 상관없이 주어진 다양한 상황 맥락에 적절하게 대처하는 적절성(appropriateness)과 복잡한 맥락 속에서 성공적인 의미협상을 통하여 목표를 달성하고 우호적인 관계를 가져오는 효과성(effectiveness)을 중시하고 있다. 여기에 Ting-Toomey와 Chung(2005)은 적응성(adaptability)과 창의성(creativity)을 추가하고 있다. 적응성은 상황에 따른 특정한 요구를 충족시키기 위하여 의사소통에서 우리의 상호작용 행위와 목적을 적절히 변화시킬 수 있는 능력이고, 창의성은 상상의 렌즈와 융통성을 통하여 무엇인가 새로운 것을 창출하는 능력이다. 이렇게 볼 때, 문화간 의사소통 능력은 문화간 의사소통에서 적절성, 효과성, 적응성, 창의성을 발휘하는 능력이라고 하겠다.

또한 Thomas(2003)는 문화간 의사소통 능력을 상호적응하고, 양립하기 어려운 것을 수용하고, 협동력을 더욱 발전시키면서 세상을 함께 만들어 가기 위하여, 우리가 지각하고 판단하고 느끼고 행동하는데 미치는 문화적 조건과 결정요인들을 인식하고 존중하고 가치화하고 생산적으로 사용하는 능력이라고 하였다. 그는 문화간 의사소통 능력에 적응성, 수용성, 협동성, 공존성, 참여성 등의 여러 요소를 포함시키고 있다.

이렇게 볼 때 문화간 의사소통 능력은 어떤 하나의 의미로 정의를 내리기보다 문화간 의사소통에서 효과적으로 소통하기 위해서는 어떠 어떠한 능력이 요구되는 가에 관심이 연구되고 있다. 이에 따라 문화간 의사소통 능력이 무엇으로 구성되어 있는지를 살펴보고자 한다.

3.3 문화간 의사소통 능력의 구성

앞에서 언급하였듯이 문화간 의사소통은 간학문적인(interdisciplinary) 영역이다. 따라서 문화간 의사소통 능력도 학문에 따라서 강조하는 구성 요소가 다르게 나타날 수 있을 것이다. 여기서는 심리학과 의사소통학, 응용언어학과 외국어교육학, 그리고 국제 비즈니스와 경영의 연구에 나타난 구성 요소를 살펴보고 공통 요소를 추출해보고자 한다.

3.3.1 심리학과 의사소통학

심리학자와 의사소통학자들은 주로 소규모의 경험적 연구를 많이 수행하여, 문화간 의사소통 능력의 본질을 찾아내는데 관심을 두고 문화간 의사소통의 효과를 가져오는 요인을 추출하고자 하였다(Abe와 Wiseman, 1983; Dinges와 Baldwin, 1996; Hammer, 1989; Spitzberg, 1988).

Hammer 등(1978)은 문화간 의사소통의 효과를 높이기 위해서는 3측면 즉 심리적 스트레스를 처리하는 능력, 효과적으로 의사소통하는 능력과 대인적인 관계를 정립하는 능력이 중요하다고 하였다. Abe와 Wiseman(1983)의 연구에서는 5측면 즉 대인적으로 의사소통하는 능력, 다른 문화에 적응하는 능력, 상이한 사회적 체제를 다루는 능력, 대인적인 관계를 정립하는 능력, 그리고 서로를 이해하는 능력을 제시하고 있다. 또한 Gelbrich(2004)는 해외 거주를 성공적으로 하는데 필요한 요소라고 하여 감정이입, 열린 마음, 현실적인 기대, 의사소통 기술, 자신감을 들고 있다. 이 밖에도 다른 연구들에 나타나면서 직관적으로도 그럴듯해 보이는 요소로 판단 유보성, 모호함의 수용성, 사고와 행동의 융통성, 자아인식, 자신과 다른 문화에 대한 지식, 스트레스 대처능력 등이 있다.

그러나 위와같이 특성들을 단순히 나열식으로 제시하기보다 이들을 통합하여 비슷한 것은 묶고 다른 것은 나누어 개념들을 체계화함으로써 문화간 의사소통 능력의 구성 요인을 나타낸 연구들이 있다. 이 가운데 Gudykunst(2004)는 문화간 의사소통 능력은 크게 동기, 지식과 기술이라는 세 요소로 구성되어 있다고 하였다. 동기(motivation)는 적절하고 효과적으로 의사소통 하고자 하는 욕구라는 정의적인 요인으로 예측성, 불안 관리, 자아 개념 유지, 접근-회피 성향을 가져야 한다는 것이다. 지식(knowledge)은 적절하고 효과적인 의사소통을 위해 무엇이 행해져야 할 필요가 있는가를 의식하고 이해하는 것으로 정보 수집력, 집단의 차이점, 개인적 유사성, 대안적 해석에 대한 지식들이다. 기술(skill)은 적절하고 효과적인 의사소통 행위를 수행하는 능력으로 마음속에서 의식하는 유념성, 모호함의 수용성, 불안 관리, 감정 이입, 의사소통 조정력, 정확한 예측과 설명하는 능력으로 되어 있다. 이에 비해 Chen과 Starosta(2005)는 분야별로 나누어 크게 개인적 속성, 의사소통 기술, 심리적 적응, 그리고 문화적 의식이라는 넷으로 [그림 1]과 같이 제시하고 있다.

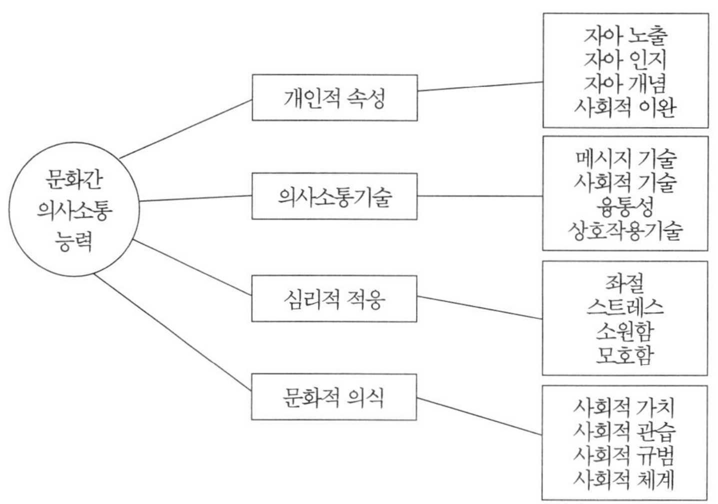

[그림 1] Chen과 Starosta(2005)의 ICC 개념 모형

개인적인 속성 즉 성격에는 자아를 드러내고 의식하고 자아 개념을 확고히 하면서 조급하지 않고 느긋해야 한다. 의사소통 기술에는 메시지를 전하고 대화를 나누고 상호작용하면서 융통성 있는 행위를 하는 기술이 필요하다. 심리적으로 적응하기 위해서는 익숙하지 않은 상황에서 오는 좌절, 스트레스, 소원함과 모호함을 잘 처리할 수 있어야 한다. 그리고 문화적 의식에서 자신과 상대자의 사회적 가치, 관습, 규범과 체계를 인지하고 이해해야 한다는 것이다. 여기서는 심리적 적응에 더하여 개인적 속성도 크게는 심리적인 요소에 속한다고 볼 수 있어 문화간 의사소통 능력은 심리적인 것이 많이 작용하는 것으로 보고 있다. 또한 개인적인 속성은 후천적으로 습득되기보다는 선천적으로 타고나는 것이 강하다고 본다면 문화간 의사소통 능력은 누구에게나 가능한 것이 아니라 어느 정도 선천적으로 정해진다고 하겠다. 실제로 그런 면이 있다고 하더라도 교육모형으로는 바람직하지 않다.

3.3.2 응용언어학과 외국어 교육

언어학과 외국어 교육은 의사소통과 직결되면서도 문화간 의사소통 능력에 대한 연구가 많이 실시되지 못하였다. 아마도 의사소통적 접근법이 외국어교육의 주류를 이루면서 그것의 바탕이 된 의사소통 능력(communicative competence)이란 개념이 강조되어 왔기 때문일 것이다. 그러나 의사소통 능력의 개념이 원어민의 입장과 그들의 사회와 문화를 중심으로 하고 있어 외국어 교육의 현실에서는 실현 가능성도 적지만 가능하다고 하여도 바람직하지 않다는 비판이 제기되고 있다 (Alptekin, 2002; Brumfit, 2001; Byram, 1997).

Byram(1997)은 외국어 교육은 자신과 자신의 문화적 믿음, 행위, 의미와 대화 상대자와 그들의 문화적 믿음, 행위, 의미 사이의 관계를 알고 관리할 수 있는 능력을 길러주어야 한다고 하였다. 그의 문화간 의사소통 능력의 개념틀은 Van Ek(1986)의 의사소통 능력의 개념틀을 활용하여 제시하였다. 즉 문화간 의사소통 능력은 언어적 능력, 사회언어적 능력, 담화적 능력 그리고 문화간 능력으로 구성되어 있고, 문화간 능력은 태도, 지식, 기술(해석하고 관련시키는 기술과 발견하고 상호작용하는 기술), 비판적 문화의식 교육으로 구성되어 있다는 것이다. Sercu(2002)는 Byram의 모형을 따라 문화간 능력을 여섯 가지 지식(6 savoirs)으로 구성되어 있음을 [그림 2]와 같이 시각적으로 명료하게 나타내고 있다.

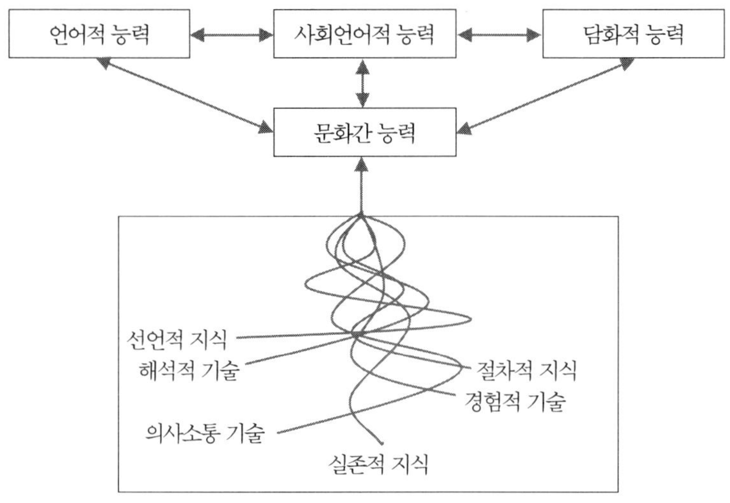

[그림 2] 문화간 의사소통 능력의 구성 요소(Sercu, 2002)

　　문화간 의사소통 능력은 언어적 능력, 사회언어적 능력, 담화적 능력과 문화간 능력으로 구성되어 있고, 문화간 능력은 선언적 지식, 절차적 지식, 해석적 기술, 경험적 기술, 의사소통적 기술과 실존적 지식으로 되어 있다. 의사소통 능력에서 전략적 능력이 문화간 의사소통 능력에서는 문화간 능력으로 대체되었는데, 문화간 능력이라는 것이 언어적 능력, 사회언어적 능력, 담화적 능력들과 많은 부분에서 중첩이 되기도 한다. 문화간 능력과 문화간 의사소통 능력을 혼용해서 사용하는 것도 이런 이유 때문일 것이다. 앞에서 제시된 모형과 비교할 때, 문화간 능력에서 선언적 지식과 절차적 지식은 지식으로, 해석적 기술과 경험적 기술은 기술로, 실존적 지식은 태도에 해당한다고 볼 수 있어 결국은 문화간 능력이나 문화간 의사소통 능력이나 같은 것으로 보고 있음을 알 수 있다.

Byram(1997)의 모형은 장기간의 교수·학습을 전제하는 교육적 맥락에 적용하는 것을 목적으로 하여 유럽회의(the Council of Europe)가 개발한 아래 [그림 3]의 유럽공동 모형에 큰 영향을 미쳤다. 유럽 공통 모형에서는 문화간 능력의 요소를 크게 일반적 능력과 의사소통적 언어능력으로 나누어 제시하였다. 일반적 능력에는 지식과 태도와 학습 능력을 묶었고, 의사소통적 언어능력에는 언어능력에 사회적언어 능력과 화용적 능력까지 묶어서 제시하였다.

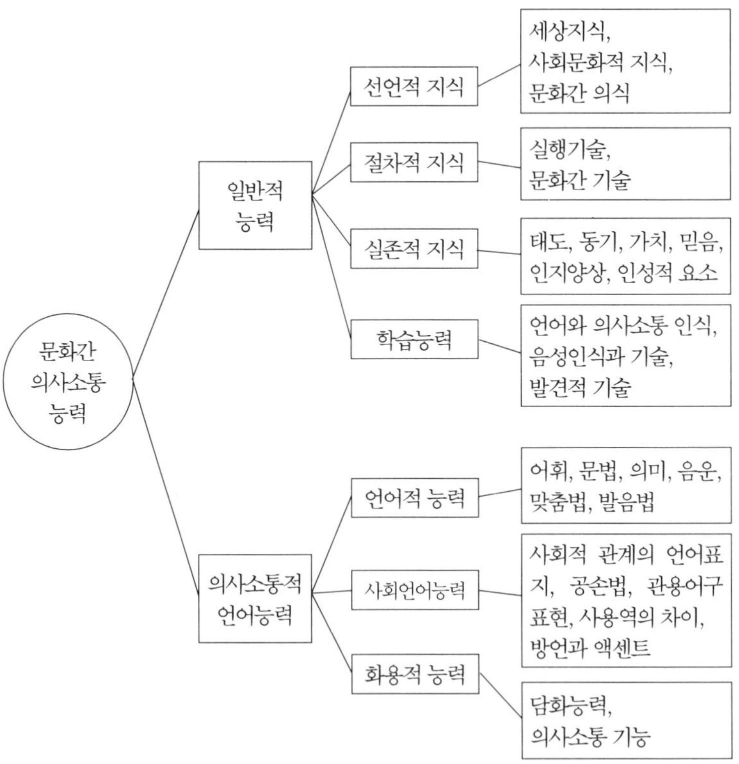

[그림 3] 유럽 공통 모형(Council of Europe, 2001)

Byram(1997)의 모형은 또한 산업 현장에서 문화간 능력을 개발하는 〈표 5〉의 INCA 프로젝트의 모형[2]을 개발하는 데도 영향을 미쳤다.

〈표 5〉 INCA project (Prechtl & Lund, 2007: 472)

	동기	지식/기술	행위
모호성의 수용성	모호성을 끌어안고 작업할 수 있는 준비	모호성으로 인한 스트레스 처리 능력	모호한 상황의 관리
행위의 융통성	다양한 행위목록을 충분히 활용하고 증가시킬 있는 준비	풍부한 행위목록과 그에 관한 지식	특정 상황에 맞게 행위를 적응시킴
의사소통 의식	의사소통 관습 조절 의향	의사소통 관습, 목표언어 수준, 문화간 소통에 미치는 영향을 알아내는 능력	문화간 소통에서 적절한 의사소통 관습을 협의하고 목표 언어 기술
지식 발견	보다 나은 상호작용을 위해서 타문화에의 호기심	문화간 의사소통 상황과 관련된 문화적 지식을 발견하는 기술	문화관련 지식을 발견하는 정보 추구
다른 것에 대한 존경심	다양성과 행위, 가치 믿음 체계의 일관성을 존중하려는 의향	그런 체계에 대한 비판적 지식	다른 행위, 가치와 관습 체계를 동등하게 처리
감정이입	다른 관점을 취하려는 의향	자기중심에서 벗어나 다른 관점에서 지각하는 기술	문화에 따른 관점을 서로 간에 명시화하고 관련을 지음

INCA 프로젝트에서는 문화간 의사소통 능력으로 모호성의 수용, 행위의 융통성, 의사소통 의식, 지식 발견, 다른 것에의 존경심, 감정이입이라는 6개의 요소를 제시하고, 이들이 효과적으로 작용하기 위해

---

2 Byram 자신이 이 프로젝트 팀의 한 구성원이다.

서 어떤 동기로 어떤 지식과 기술을 준비하여 어떤 행위로 처리해야 하는지를 보여주고 있다. 이를 테면 모호성을 수용하기 위해서는 모호성을 끌어안고 작업할 수 있는 마음의 준비를 갖고, 모호성으로 인한 스트레스를 처리할 수 있는 지식과 기술을 갖추어, 모호한 상황을 관리해 나가야 한다는 것이다. INCA 프로젝트는 이렇게 문화간 능력의 요소를 현장에 적용될 수 있게 동기, 지식/기술, 행위로 나누어 제시함으로써 실용성이 강하다고 하겠다. 다음에는 국제 비즈니스와 경영에 나타난 ICC 모형을 살펴본다.

3.3.3 국제 비즈니스와 경영

70~80년대 해외에 거주하는 경영자들의 실패에 대한 보고서가 자주 나오면서 경영학에서 문화간 의사소통 능력에 대한 관심을 가지고 연구하게 되었다. 해외 거주자들의 실패에는 새로운 환경에 적응하지 못하거나 가족 문제 등을 포함한 많은 이유들이 제시되었다. Marx(1999)는 설문을 통하여 독일에 있는 83개 회사의 인사 관리자가 바람직한 특성이라고 생각하는 ICC 요소를 우선순위에 따라 13 요소를 제시하였다. 첫 5요소는 ① 사회적 능력,② 열린 사고, ③ 전문적 업무 능력, ④ 언어 기술, ⑤ 융통성으로 나타났다. 또한 Barham과 Devine(1991)은 미국, 영국, 일본에 있는 회사 50여개를 대상으로 바람직한 특성을 조사하여 13요소를 우선순위에 따라 제시하였다. 이들의 조사에서 첫 5요소는 ① 전략 인식, ② 문화적 민감성, ③ 국제팀에서의 업무처리 능력, ④ 언어 기술, ⑤ 국제마켓팅 이해력이다. 이들 연구는 회사의 대표자들에게 물어서 성공적인 국제 경영자의 특성을 목록화한 것으

로 적절성을 고려하지 못하고 효과성에 치중되어 문화간 능력을 반영하는지는 확실치 않았다. 그럼에도 불구하고 이렇게 나온 목록은 심리학과 의사소통학에서 중시하는 특성과 많은 유사점을 가지고 있다(Spencer-Oatey와 Franklin, 2009).

Schneider와 Barsoux(2003)은 국제 비즈니스와 경영과 관련된 신문에 나타난 조사와 일화, 경험적 증거를 토대로 특성들을 뽑아내었다. 그들이 중요한 능력으로 제시한 9요소 중에서 첫 5요소는 ① 대인 관계 기술, ② 언어능력, ③ 해외 근무 동기, ④ 불안과 모호성을 수용하고 대처하는 능력, ⑤ 융통성이다. 이들 역시 앞에서 제시한 ICC 요소와 유사점을 가지고 있다.

Kuhlmann과 Stahl(1998)은 위의 연구들이 개념적으로나 방법론적으로 문제가 있다고 비판하였다. 그는 해외 업무를 막 끝내고 돌아온 300여명의 독일 관리자들의 경험을 토대로 성공적인 해외 근무자의 특성을 추출하였다. 그가 제시한 특성은 모호성의 수용력, 행동의 융통성, 목표 지향성, 사회성, 감정이입, 다원주의, 상위 의사소통력 순이다.

Worldwork 주식회사는 그들의 웹사이트에 국제 비즈니스와 경영과 관련하여 ICC의 개념적 틀을 제시하고 있다. 사람들이 익숙하지 않는 문화적 맥락에서 효과적으로 대처하게 하는 22개의 요소를 10개로 묶어서 제시하였다. 여기에 새로운 요소도 나타나지만 이전의 다른 연구에서 나타났던 공통적인 요인도 볼 수 있다. 이들을 앞의 연구와 공통점을 찾기 위해서 함께 묶어 제시하면 〈표 6〉과 같다.

〈표 6〉 국제 비스니스와 경영학에 나타난 ICC 요소의 구성

Marx (1999), 13	Barham & Devine (1991), 13	Schneider & Barsoux (2003), 9	Kuhlmann & Stahl (1998), 7	Worldwork's framework, 10
사회적 능력	우호적 관계 기술	대인관계 기술	사교성	사교적 영향력
개방적 사고	개방적 판단유보적 인성		다원주의 (판단 유보성)	개방성
언어기술	언어기술	언어능력		소통의 투명성
융통성		융통성	행동의 융통성	융통성
자기의존성 독립성	자기 의존성	강한 자아력		자율성
민감성	타문화에의 민감성			지각력
문화 적응력	새 상황에 적응력			
		문화적 감정이입	감정이입	
스트레스 대처력				감정해소와 모험
인내심		인내심과 존경심		
	높은 과제지향성		목표 지향성	
		불안과 모호성의 수용과 대처 능력	모호성의 수용력	
	전략인식		상위 의사소통력	
수행능력	국제팀에서 수행능력			

〈표 6〉에서 연구물 다음에 있는 수자는 해당 연구에서 제시하고 있는 ICC 요소의 수이다. 비슷한 개념의 요소를 같은 줄에 제시하고자 하였기 때문에 각 연구들이 중요도의 순위에 따라 제시한 원래의 순서는 반영하지 못 하였다. 보다 많은 연구에서 공통적으로 나타난 요소

가 ICC에 중요한 것으로 보고 비교·검토하였다. 모든 연구에 공통으로 나타난 요소는 사회적 능력 즉 대인관계 기술 하나이다. 네 연구에 공통적으로 나타난 요소는 넷으로 개방성, 언어기술, 융통성, 자기 의존성이다. 세 연구에 나타난 것이 문화에 대한 민감성이다. 두 연구에 나타난 요소로는 감정이입, 스트레스 대처력, 인내심, 목표 지향성, 모호성의 수용력, 전략의식, 국제 업무 수행 능력이다. 따라서 위의 표에 제시된 요소들은 국제적 비즈니스와 경영의 현장에서 중시되고 있다고 하겠다. 다음에는 심리학과 의사소통학, 응용언어학과 외국어교육 그리고 국제 비즈니스와 경영학에 나타난 ICC 요소를 통합하고자 한다.

3.3.4 ABC 모형

지금까지 학문 분야에 따라서 문화간 의사소통 능력에 대한 관심의 초점에 차이가 있으며 이를 구성하고 있는 요소에도 차이가 있음을 보았다. 심리학에서는 심리적 요소의 상대적인 비중이 크고, 응용언어학에서는 언어적인 요소가 비중이 컸으며, 국제 비즈니스와 경영에서는 사회적인 대인관계 기술이 보다 중시되었다고 하겠다.

Spencer-Oatey와 Franklin(2009)는 ICC를 개발하는 관점에서 학습자가 이전에는 알지도, 행하지도, 느끼지도 못했던 어떤 것을 알고, 행하고, 느끼게 해야 한다고 하였다. 즉 새로운 지식이 있어야 알게 되고, 기술이 있어야 행하게 되며, 태도와 동기가 있어야 느끼게 된다는 것이다. 여기서 태도와 동기는 익숙하지 않은 새로운 것을 받아들이는 성향으로 정의적인(Affective) 요소이며, 기술은 정의적인 요소를 현실에서 구현할 수 있는 행동적인(Behavioral) 요소이고, 지식은 행동적인 요소가 구체적으로 실현되기 위해 요구되는 인지적인(Cognitive) 요소이다. 이에 따라 ICC의 구성 요소는 이들의 첫 자를 따서 ABC 모형이라 하여 도식화하면 다음과 같다.

　[그림 4]에서 ICC는 A(정의적인 요소), B(행동적인 요소)과 C(인지적인 요소)로 구성되어 있고, 이 세 요소는 서로 서로 영향을 미치고 있음을 양화살표로 나타내고 있다. A에 해당하는 정의적인 요소는 태도와 동기 등의 인성적, 심리적인 요인들과 관련된 것으로 이를 개발하는 데는 장기간이 요구된다. B 즉 행동적인 요소는 잠재적 가능적인 요소인 A를 구체적 현실에서 실행시키는 기술을 나타내며, 이를 개발하는 데는 중·장기간의 시간이 소요된다. 인지적인 요소 C는 잠재가능적인 A를 구체적 현실적인 B로 실현시키기 위해서 준비하고 갖추어야 하는 지식과 정보로서, 이를 개발하는 데는 비교적 짧은 시간이 필요하다.

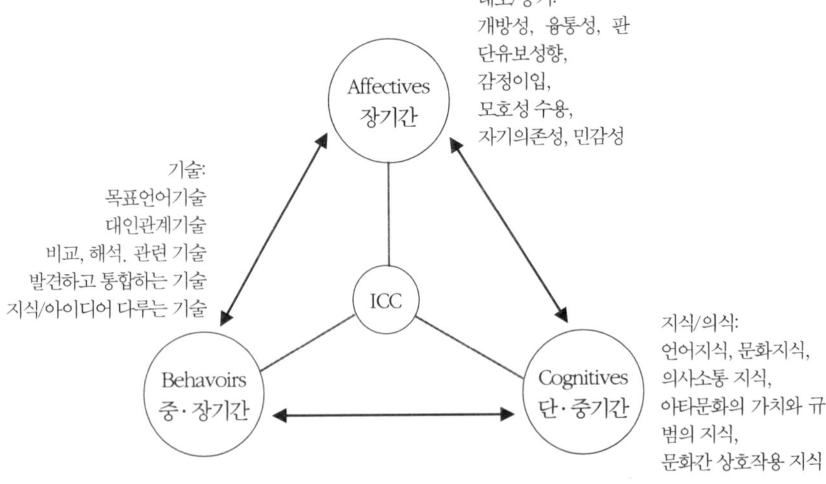

[그림 4] ICC 요소 구성의 ABC 모형

ABC 모형은 Gudykunst(2004)의 동기, 기술, 지식, Byram(1997)의 문화간 능력으로 제시한 태도, 기술, 지식과도 일맥상통한다. 행위라는 용어는 표현 방식은 다르지만 INCA 프로젝트에서도 나타났다. 또한 ABC란 무슨 특별한 것이라기보다 가장 기본적이고 기초적인 것을 의미한다. 따라서 ABC 모형도 ICC란 특별한 것이라기보다도 교육이 언제나 추구하는 인지적 정의적인 것과 이를 실현시킬 수 있는 행동적인 요소로 구성되어 있다는 것을 시사해준다고 할 수 있다.

4. 문화간 의사소통에서의 영어 교육

4.1 영어교육의 방향

오늘날 영어는 학습의 대상일 뿐만 아니라 새로운 지식과 정보를 접하고 획득하는 기본적인 기술이다(Graddol, 2006). 문맹인 사람이 단순히 글을 모르는 데 그치지 않고 글이 제공해주는 문명을 누리지 못하듯이, 영어라는 기술을 갖추지 못한 사람은 영어를 모르는데 그치지 않고 새로운 정보와 지식이 가져다주는 사회적 경제적 혜택을 누리지 못하게 된다. 따라서 영어는 여러 언어 중에 선택되는 하나의 단순한 외국어가 아니다. 영어는 국제 사회를 살아가기 위해 반드시 갖추어야 하는 필수적인 도구이다.

영어는 누가 어디에서 사용되는가? Kachru(1985)는 영어 사용자를 내부권역, 외부권역, 확장권역이라는 세 권역으로 나누었지만, 개인의 이동과 국가들의 언어 정책으로 그 구분이 모호해져 가고 있다. 그러면서도 영어를 사용하는 사람은 비원어민이 원어민보다 많다는 사실은 분명하다. 영어만을 사용하는 사람보다 다른 언어를 사용하면서 필요에 따라 영어를 사용하는 사람이 더 많다. 그들은 각자의 언어를 가지고 있지만 자신이 가지고 있는 언어로 의사소통이 어려운 상황에서 영어를 사용하게 된다. 다시 말해 영어는 문화간 의사소통 상황에서 사용된다.

문화간 의사소통 상황에서 사용하는 언어는 무엇보다도 적은 투자로 실행 가능해야 할 것이다. 그러기 위해서는 지구상에서 많은 사람들에게 사용되면서도 특정 국가나 지역에 유리하게 작용하지 않고 민주주의 원리에 따라 보다 많은 사람들에게 공평하게 적용될 수 있는 언어, 나아가 특정한 국가의 문화나 이념과 연결되지 않고 순수하게 의사소통의 도구로서만 기능하는 언어가 되어야 할 것이다. 이런 관점에서의 언어는 원어민이 사용하는 영어가 아니라 지구어(EGL)[3] 내지는 국제어(EIL), 중재어(English as Lingua Franca=ELF)로서의 영어이어야 한다(Crystal, 1997; Graddol, 1997; Jenkins, 2000; 2007; Kachru, 2009; McKay, 2002).

지구어로서의 영어교육은 외국어로서의 영어교육과는 달라야 할 것이다. 원어민을 모방하여 그들과 같은 방식으로 익히는(acquire) 영어

---

3 지구어, 국제어, 중재어 혹은 세계어 등의 다양한 용어가 큰 의미적인 차이 없이 학자들에 따라 사용되고 있다. 이 중에서 국제어는 국제적인 일을 공평하게 처리하는 언어로 A의 언어도 아니고 B의 언어도 아닌 제3의 언어라는 성격이 있는 반면에 지구어는 그들의 언어이면서 나의 언어 즉 지구에 사는 우리 모두가 사용하는 언어라는 성격이 강하다고 본다. 따라서 본 연구에서는 영어가 어느 누구의 언어도 아닌 언어라는 부정적인 의미보다는 우리 모두의 언어라는 긍정적인 의미에서 지구어라는 용어를 사용한다.

가 아니라 문화간 의사소통 상황에서 실제적이고 적절한 사용(use)이 되어야 한다. 원어민 사회의 문화적 규범을 따라가는 영어가 아니라 화자의 정체성을 나타내는 언어 수행이 되어야 한다. 그러기 위해서 대화자는 어느 한쪽이 다른 쪽을 일방적으로 따라가기보다 쌍방이 대등한 위치에서 서로의 문화적 특성의 차이를 인정하고 자기문화와의 객관적인 비교와 의사소통 과정에서의 의미협상(meaning negotiation)을 통하여 그 갈등을 해소하거나 줄이면서 영어로 성공적인 의사소통을 수행할 수 있어야 할 것이다. 이를 위한 영어사용의 목표 수준은 원어민이기보다는 문화간 화자(intercultural speaker)의 수준이 될 것이다 (박약우, 2004; Byram, 1997; Graddol, 2006; Jenkins, 2007; McKay, 2002). 다시 말해 우리의 영어교육은 원어민의 수준을 목표로 하는 외국어로서의 영어교육에서 문화간 화자를 기르는 지구어로서의 영어교육으로 전환되어야 할 것이다.

4.2 지구어로서의 영어교육의 모형

지구어로서의 영어를 사용하는 상황은 문화간 의사소통이다. 문화가 서로 다른 사람이 영어를 매개로 하여 의사소통을 하는 것이다. 문화간 의사소통을 효과적으로 수행하는데 요구되는 것이 문화간 의사소통 능력이다. 문화간 의사소통 능력은 앞에서 살폈듯이 매우 복합적인 능력이다. 언어와 문화에 관련된 지식을 익혀야 하는 인지적인 능력뿐만 아니라 자기중심에서 벗어나 차이점을 다양성으로 보고 상대방을 수용할 수 있는 태도와 같은 정의적인 성향, 그리고 이들을 문화간 의사소통 상황에서 실행에 옮길 수 있는 행동적인 기술들을 포괄한다. 이러한 복합적인 능력 중에서 어떤 능력은 비교적 단기간에 습득될 수도 있지만 다른 능력은 중·장기간이 요구되기도 하고, 또 다른 능력은 평생 동안 축적해 가야한다. 그래서 문화간 의사소통 능력을 평생 동안 축적해 가는 사회화 과정이라고도 한다(Risager, 2000). 이와 같은 복합적인 능력을 갖추고 문화간 의사소통을 효과적으로 수행할 수 있는 사람이 문화간 화자(intercultural speaker)이다.

지구어로서의 영어교육은 문화간 화자를 기르는 것을 목표로 한다(박약우, 2009; Fantini, 2000; Kramsch, 1998). 문화간 화자는 영어를 원어민과 같은 수준으로 구사하는 사람이 아니다. 문화간 화자는 문화간 능력을 갖추고 문화간 의사소통에서 자기의 정체성을 나타내면서 상대방이 이해할 수 있는 영어를 구사할 수 있는 사람이다. 지구상에 영어가 확산되어 정착하기 위해서는 해당 지역의 언어와 문화의 영향을 받게 되어 다양한 형태의 영어(Englishes)가 생기게 된다(Brutt-Griffler, 2002; Jenkins, 2009; Kachru, 2005; Kirkpatrick, 2007). 그런 영어 속에는 화자의 정체성(identity)이 배어있게 된다. 그러나 정체성이 지나치게 반영되면 의사소통 도구로서의 역할을 하지 못할 수가 있다. 즉 이해되지 않는 영어는 이미 지구어라고 할 수 없다. 지구어는 정체성과 함께 이해가능성(intelligibility)이 요구된다. 이에 따라 문화간 화자를 목표로 하고 있는 지구어로서의 영어교육의 모형을 [그림 5]과 같이 도식화할 수 있다.

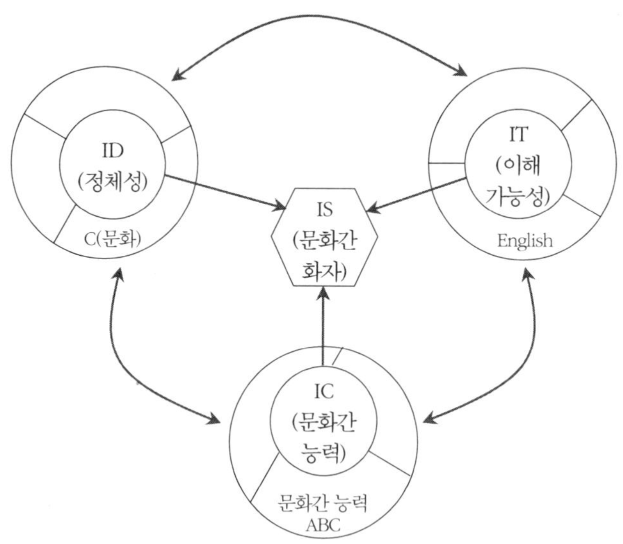

[그림 5] 지구어로서의 영어교육 모형

[그림 5]은 박약우(2009: 155)를 수정한 것으로 지구어에서 목표로 하고 있는 중간의 문화간 화자(intercultural speaker: IS)는 3I 즉 ID(정체성: identity), IT(이해가능성: intelligibility)과 IC(문화간 능력: intercultural competence)를 갖추어야 함을 나타내고 있다. 문화간 화자는 서로 다른 언어와 문화를 가진 사람과 의사소통을 하는 상황에서 영어를 사용할 때 자신의 문화적 영향에 따른 정체성을 갖게 된다. 화자의 정체성은 접근 방법에 따라 의사소통에 부정적으로 작용하기도 하고 긍정적으로 작용할 수 있다. 상향식 접근에서는 대화자의 정체성을 나타내는 발음과 어투가 대화를 이해하는데 어려움을 줄 것이다. 그러나 하향식 접근으로 대화자가 어떤 문화와 어떤 언어를 사용하고 그런 문화와 언어의 특성을 미리 파악하고 의사소통에 임한다면 화자의 의도를 파악

하는데 도움이 될 수도 있다.

정체성이 화자를 우선적으로 고려한다면 이해가능성은 청자를 우선적으로 고려한다고 하겠다. 두 번째 I인 이해가능성은 청자가 이해할 수 있게 화자가 하는 말이라고 하지만 그 책임이 전적으로 화자에게만 있는 것은 아니다(박약우, 2009; Bambose, 1998). 다양한 형태의 영어 가운데 청자가 이해하기 쉬운 말은 가능한 한 표준화된 형태에 가까운 영어일 것이다. 그러나 화자가 수용(accommodation)전략에 따라 가능한 한 표준화된 형태의 영어를 사용하려고 노력할지라도 정체성의 자연스런 발로로 표준화된 형태를 벗어나게 된다. 이런 경우에 책임을 화자에게 지우기가 어렵다. 청자가 사전에 화자에 대한 정보를 모으고 준비하면 화자를 보다 쉽게 이해할 수 있을 것이다. 따라서 의사소통에서 생기는 오해나 불통은 결코 어느 한쪽만의 책임이 아니고 쌍방의 공동 책임이다.

세 번째 I는 문화간 능력이다. 앞의 [그림 3.4]에서 살펴보았듯이 문화간 능력은 복합적인 능력이며 언어학습에만 필요한 것이 아니라 범교과적으로 필요한 능력이다. 문화간 능력에서는 자기중심에서 벗어나서 열린 마음으로 차이점을 다양성으로 수용할 수 있는 태도와 같은 정의적(affectives) 성향을 계발시켜야 한다. 자신과 대화자의 문화와 영어라는 언어 체계와 의사소통에 대한 지식, 그리고 이들이 문화간 상호작용에 어떻게 영향을 미치는가에 대한 의식 등의 인지적(cognitives) 능력을 습득해야 한다. 또한 이 인지적인 능력을 문화간 의사소통 상황에서 실행에 옮길 수 있는 행동적(behaviors) 기술을 연마해야 한다. 이와 같은 정의적인 성향과 행동적인 기술과 인지적인 능력은 특별한 것이 아니라 지구촌에서 살아가기 위해서는 누구나 갖추어야 하는 기본적인(ABC)인 능력이라고 하겠다. 이 문화간 능력을 향상시키는 데는 개별적인 요소에 따라 장, 중, 단기간의 시간이 소요될 것이다.

참고 문헌

박얀우(2004). 문화간 의사소통 능력과 지구어로서의 영어교육. *외국어교육*, 11(1), 45-66.

박얀우(2009). 지구어로서의 영어교육 방안에 관한 연구. *기전문화연구 35집*, 129-163.

Abe, H. & Wiseman, R. L.(1983) A cross-cultural confirmation of the dimension of intercultural effectiveness. *International Journal of Intercultural Relations*, 7, 53-67.

Adler, N.(1997). *International dimensions of organizational behavior.* Cincinnati: ITP.

Alptekin, C.(2002). Towards intercultural communicative competence in ELT. *ELT Journal*, 56(1) January, 57-64.

Bamgbose, A.(1998). Torn between the norms: Innovations in world Englishes. *World Englishes*, 17(1), 1-14.

Banks, S. P., Ge, G. & Baker, J.(1991). Intercultural Encounters and Miscommunication. In N. Coupland, J. M. Wiemann & H. Giles (eds.) *Miscommunication and Problematic Talk.* pp. 103-120, London: Sage.

Barham, K. & Devine, M.(1991). *The quest for the international manager: A survey of global human resource strategies.* London: Ashridge Management Guide/ Economist Intelligence Unit.

Brumfit, C. (2001). *Individual freedom in language teaching.* Oxford: Oxford University Press.

Brutt-Griffler, J. (2002). *World English: A study of its development.* Clevedon: Multilingual Matters.

Byram, M.(1997). *Teaching and assessing intercultural communicative competence.* Clevedon: Multilingual Matters.

Chen, G. M. & Strarosta, W. J.(1996). Intercultural communication competence: A synthesis. *Communication Yearbook*, 19, 353-84.

Council of Europe(2001). *Common European framework of reference for languages: Learning, teaching, assessment.* Cambridge: Cambridge University

Press.

Crystal, D.(1997). *English as a global language.* Cambridge: Cambridge University Press.

Dinges, N. G. & Baldwin, K. D.(1996). Intercultural competence. A research perspective. In D. Landis and R. S. Bhagat (eds.), *Handbook of intercultural training,* 2nd ed, (pp. 106-26). Thousands Oaks, CA: Sage.

Fantini, A. E.(2000). A central concern: Developing intercultural competence. Retrieved on July 20, 2005 from http://www.sit.edu /publications/ docs /competence.pdf.

Fantini, A. E.(2006). Exploring and assessing intercultural competence. Retrieved March 15, 2010 from http://www.sit.edu/publications/docs/feil _research_ report.pdf.

Gelbrich, K.(2004). The relationship between intercultural competence and expatriate success: A structural equation model. *Die Unternehmung,* 58(3-4), 261-77.

Gibson, R.(2002). *Intercultural business communication.* Oxford handbooks for language teachers. Oxford University Press.

Gollnick, D. M. & Chinn, P. C.(1990). *Multicultural education in a pluralistic society.* 3rd ed. New York: Merrill.

Graddol, D.(1997). *The future of English.* London: The British Council.

Graddol, D.(2006). *English next.* British Council.

Gudykunst, W. B.(1994). *Bridging differences: Effective intergroup communication.* Thousand Oaks: Sage.

Hammer, R. M.(1989). Intercultural communication competence. In M. R. Asante, W. B. Gudykunst and E. Newmark (eds.), *Handbook of international and intercultural communication* (pp. 247-60). Newbury Park: Sage.

Hammer, M. R., Gudykunst, W. B. and Wiseman, R. L. (1978). Dimensions of intercultural effectiveness: An exploratory study. *International Journal of Intercultural Relations 2,* 382-93.

Jenkins, J.(2000). *The phonology of English as an international language: New models, new norms, new goals.* Oxford: Oxford University Press.

Jenkins, J.(2007). *English as a lingua franca: Attitude and identity.* Oxford: Oxford University Press.

Jones, M.(1997). *Prejudice and racism*, 2nd ed. London: Routledge.

Kachru, B. B.(1985). Standards, codification and sociolinguistic realism: The English language in the outer circle. In R. Quirk & H. G. Widdowson (eds.), *English in the world: Teaching and learning the language and literatures* (pp. 11-30). Cambridge: Cambridge University Press.

Kachru, B. B.(2005). *Asian Englishes: Beyond the canon.* Hong Kong: Hong Kong University Press.

Kachru, B. B.(2009). Asian Englishes in the Asian age: Contexts and challenges. In K. Murata and J. Jenkins (eds.), *Global Englishes in Asian contexts.* (pp. 175-93). New York, NY: Palgrave Macmillan.

Kearney, P. & Plax, T. G.(1996). *Public speaking in a diverse society.* Mountain View, CA: Mayfield.

Kirkpatrick, A.(2007). *World Englishes.* Cambridge: Cambridge University Press.

Klopf, D. W. & McCroskey, J. C.(2007). *Intercultural communication encounters.* Boston, MA: Pearson Education, Inc.

Knapp, K.(1995). Interkulturelle Kommunikationsfahigkeit als Qualifikationsmerkmal fur die Wirtschaft. In J. Bolten (ed.), *Cross Culture: Interkulturelles Handeln in der Wirtschaft,* (pp. 8-23). Berlin: Wissenschaft und Praxi.

Kramsch, C.(1998). The privilege of the intercultural speaker. In M. Byram & M. Fleming (eds.): *Language learning in intercultural perspective. approaches through drama and ethnography,* (pp. 16-31). Cambridge: Cambridge University Press.

Kuhlmann, T. & Stahl, G.(1998). Diagnose interkultureller Kompetenz: Entwicklung und Evaluierung eines Assessment-Centers. In C. Barmeyer and J. Bolten (eds.), I*nterkulturelle Personalorganisation,* (pp. 213-24). Sternenfels: Verlag fur Wissenschaft und Praxis.

Lave, J. & Wenger, E.(1990). Practice, person, social world. In J. Lave & E. Wenger (eds.). *Situated learning: Legitimate Peripheral Participation.* Cambridge: Cambridge University Press.

Mackie, M.(1973). Arriving at 'truth' by definition: The case of stereotype inaccuracy. *Social Problems*, 20, 431-47.

Marx, E.(1999). *Breaking through culture shock*. London: Nicholas Brealey.

McKay, S. L.(2002). *Teaching English as an international language*. Oxford: Oxford University Press.

Pennington, D. C.(1986). *Essential social psychology*. London: Edward Arnold.

Prechtl, E. & Davidson-Lund, A.(2007). Intercultural competence and assessment: Perspectives from the INCA project. In H. Kotthoff and H. Spencer-Oatey (eds.), *Handbook of intercultural communication*, (pp. 467-90). Berlin: Mouton de Gruyter.

Risager, K.(2000). The teacher's intercultural competence. *Sprogforum*, 18(6), 14-20.

Robyns, C.(1994). Translation and discursive identity. In C. Robyns (ed.), *Translation and the reproduction of culture*. Leuven: Cetra. Also in Poetics Today 15(3), 405-428.

Schneider, D. J.(2004). *The psychology of stereotyping*. London: Guilford Press.

Schneider, S. C. & Barsoux, J. L.(2003). *Managing across cultures*, 2nd ed. London: Prentice Hall.

Secord, P. F. & Backman, C. W.(1964). *Social psychology*. New York: McGraw Hill.

Sercu, L.(2002) Autonomous learning and the acquisition of intercultural communicative competence. Implications for course development. *Language culture and curriculum* 15(1), 61-74.

Sfard, A. & Prusak, A.(2005). Telling identities: in search of an analytic tool for investigating learning as a culturally shaped activity. *Educational Researcher*, 34 (4), 14-22.

Smith, L. E. & Nelson, C.(1985). International intelligibility of English: Directions and resources. *World Englishes* 4(3), 371-380.

Spencer-Oatey, H. & Franklin, P.(2009). *Intercultural interaction: A multidisciplinary approach to intercultural communication*. New York, NY: Palgrave Macmillan.

Spitzberg, B. H.(1988). Communication competence: Measures of perceived effectiveness. In C. Tardy (ed.), *A handbook for the study of human communication*, (pp. 67-105). Norwood: Ablex.

Sumner, W.(1906). *Folkways*. New York: New American Library.

Thomas, A.(2003). Interkulturelle Kompetenz: Grundlagen, Probleme, Konzepte.

Erwagen, Wissen, Ethik, 14(1), 137-50.

Ting-Toomey, S.(1999). *Communicating across cultures*. New York: The Guilford Press.

Ting-Toomey, S. & Chung, L. C.(2005). *Understanding intercultural communication*. Los Angeles: Roxbury.

Van Ek, J. A.(1986). Objectives for foreign language learning. Vol. I: *Scope* ; Vol. II: *Levels*. Strasburg: Council of Europe.

한국인의 문화와
도덕성

윤리교육과 김항인 교수

교과교육과 문화,
어떻게 소통할 것인가?

1. 문화와 도덕성

한국인이 가지고 있는 도덕성의 특징은 어떠할까? 외국 사람들에 비해 도덕적일까? 이러한 질문에 답하기 위해서는 우선 도덕성이 무엇을 뜻하는 지를 정의할 필요가 있다. 일반적으로 도덕을 보편 도덕과 특수 도덕으로 구분한다. 보편 도덕은 시공을 초월하여 세계 어느 나라에서나 도덕적으로 받아들여지는 의미하며, 특수 도덕이란 문화적 혹은 존재 구속적으로 제한된 장소와 시기에서 도덕적으로 불리는 것을 의미한다. 보편 도덕원리는 윤리학자인 칸트의 이론에 근거해 볼 때 어느 시대 어느 시기 누구에게나 적용되는 도덕이며, 예외가 인정되지 않는다. 예를 들어 정의, 평등, 자유, 인간의 존엄성과 같은 가치는 어느 시대 어느 사회에서나 일반적으로 선한 것으로 받아들여진다. 이는 도덕 원리이기도 하면서 도덕적 가치이기도 하다. 인간의 도덕성 발달을 연구한 콜버그는 정의 가치 발달 개념을 그림 1과 같이 3수준 6단계 이론으로 나누어 제시하였다. 그의 이론에 따르면 정의는 낮은 수준에서 높은 수준으로 일정한 계열성을 가지며 발달한다는 것이다. 그는 경험적 연구들을 통해 서구 사회뿐만 아니라 동양 사회에서도 정의 가치 발달의 계열성을 보여주는 증명해 내면서 어느 사회에 국한된 발달이 아닌 문화를 초월한 보편적인 발달임을 주장하였다. 그렇다면 그의 이론에 따른 다면 우리 한국인들의 도덕성 발달 수준은 어느 수준일까? 콜버그는 서구 시민사회에서는 많은 사람들이 법과 사회 질서를 정의의 개념으로 여기는 4단계에 머물러 있다고 주장한다. 이에 반해 농경 사회에 기반을 둔 동양에서는 서구 사회와는 다른 집단의 공동체 의식을 중시하고 유대 관계를 강조하는 3단계에 머물러 있음이 보고되었다. 즉 민주화된 서구 사회에서는 시민의 역할이 중요시되고, 농경 사회이면서 닫힌 문화를 유지해온 우리나라에서는 3단계에 속하는 사람들이 많이 발견되는 점이다.

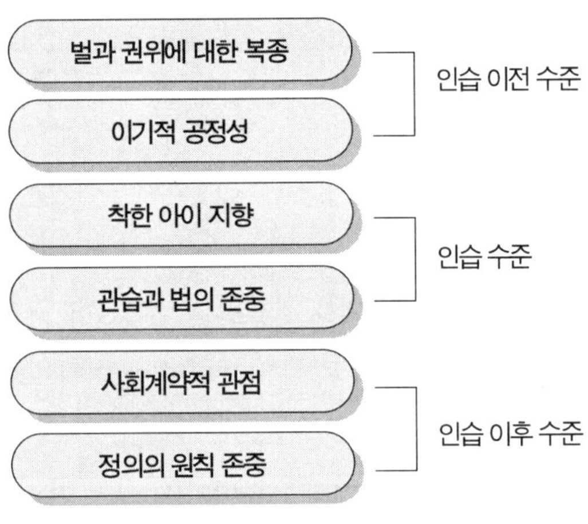

[그림 1] 콜버그의 도덕판단 발달 단계

이와 반하여 특수 도덕은 우리 문화와 매우 결부되어있음을 주지할 필요가 있다. 예를 들어 효도를 살펴보면, 유교 문화에 기초를 둔 우리나라에서 충과 효는 백행의 근본이며 이는 천륜으로 받아들여 왔다. 그러나 미국의 경우에 인격교육 혹은 가치교육에서 효도를 근본가치로 포함하는 경우는 찾아보기 어렵다. 물론 성경의 십계명에서는 제5계명인 네 부모를 공경하라는 내용이 있기는 하나 실제 교육과정에서 효도를 다루고 있지는 않다. 효와 충을 강조하는, 특히 효도를 강조하는 전통 문화 사회에서는 많은 사람들이 부모에 대한 보은, 가족 관계를 최우선시하는 콜버그의 3단계에 머물 가능성이 높다. 이러한 예를 살펴보면, 가족을 돌보지 않고 사회를 위한다는 논리는 우리 사회에서 특히 유교에서 받아들여지지 않는다. 동양 윤리의 근간이 되고 있는 유교에서는 '가화 만사성', '수신제가 치국평천하'라는 말과 같은 어구에서 드러나듯이 먼저 가정의 평화와 윤리가 성립된 뒤에야 국가의 안위를 논할 수 있다고 주장한다. 이러한 효의 원리는 가장 가까운 가족 관계에서부터 시작된다. 형제자매를 위하고, 친족 간의 예절을 지키는 것 모두에 효 개념 확대가 적용된다. 서양에서는 부부 사이가 가장 가까운 관계로 알려져 있는데 반해, 우리나라에서는 부모와 자식의 관계가 그 어떤 관계보다 강조된다.

우리나라에 존재하는 특수적 도덕 가치 중 효도 이외에 또 다른 중요 가치는 경애(敬愛)이다. 과거 한국사회는 농경 사회였으며 이러한 농경 사회에서는 씨족을 중심으로 한 강한 공동체적 연대감이 공동체 유지의 근간이 되어왔다. 마을에 모여 사는 사람들은 모두 가까운 친척부터 먼 친척에 이르기까지 서로의 사정들을 잘 아는 친숙한 사람들이었다. 이러한 사회를 유지하는 가장 좋은 방식은 나이에 따라 그 경험과 지식을 인정하는 순위 구조였다. 그러므로 한국인은 사회적으로 연공서열에 있어서 나이를 가장 중요시한다. 예컨대 한국인들은 서로 처음 만났을 때 상대방에게 가장 궁금해 하는 것이 상대방의 직업이 아닌 나이이다. 먼저 상대방의 나이를 알아야 그 다음에 자신이 처신할 수 있는 자신의 위치와 상대방의 위치를 가늠할 수 있게 되고 그래야 마음이 놓인다. 이와 같이 연장자에 대한 공경은 효도의 원리로부터 파생되었다고 해도 무방하다. 나이에 따른 순위 즉 수직적 계열성 속에서 동등한 관계에 기초한 개인의 요구와 사고를 보장하기는 쉽지 않다. 콜버그는 이를 주위 사람들의 기대에 부응하고, 사람들의 관계를 중요시하는 단계인 3단계로 정의한다. 그렇다면 효도를 강조하는 우리의 전통적 도덕성은 3단계에 머문다는 말인가?

'정의'를 보편적 도덕성의 하나로 보고 '효도'를 특수적 도덕성의 예로 본다면, 이러한 두 가지 가치가 충돌할 경우, 도덕판단 4단계 이상의 사고를 하는 사람들의 경우 정의의 개념을 취할 가능성이 많다. 이와 반대로 3단계 이하의 사람들은 정의와 효도가 충돌할 경우 효도를 우선적으로 취할 가능성이 많다. 이러한 주장은 초등학생들과의 도덕 딜레마 인터뷰에서 극명하게 나타난다. 아래의 대화 면담 내용은 초등학생들을 대상으로 콜버그의 도덕딜레마를 들려준 후, 그 응답들을 정리한 내용이다.

면담자 B

연구자: 네가 암에 걸렸어. 너의 아내가 너를 위해서 약을 훔쳐야해, 훔치지 말아야해?

학생(초3 남): 훔치지 말아야 해요.

연구자: 그건 왜?

학생(초3 남): 아내는 우리 가문이 아니니까?

연구자: 아내는 우리 가문이 아니니까?

학생(초3 남): 네, 원래 다른 사람이었으니까

면담자 D

연구자: 그러면 만약에 너의 경우라면 남편을 위해 약을 훔칠 거야? 네

가 부인이고 너의 남편이 아픈 거야. 그러면은 어떻게?

연구자: 그래도 안 훔칠 것 같아?

연구자: 이유가 뭔데?

학생(초5 여): 세상에 많은 게 남자래요

연구자: 남편이 아니라 엄마라면? 엄마를 위해 약을 훔칠 의향은 없어?

학생(초5 여): 약 훔치는 것이 잘못된 행동이긴 한데요. 모든 수단을 써도 정말 방법이 없고, 어머니가 위독할 때는 약을 훔쳐야 해요.

연구자: 만약 남편이 위독하다면?

학생(초5 여): 그러니깐 남편의 경우에는 이제까지 모르던 사람이었는데 만나서 빠졌고 결혼을 하게 된 거잖아요. 근데 부모님은 자기가 클 때까지 계속 애정으로 사랑으로 보살펴 주시고 길러 주셨으니깐 평생을 다 바쳐서 효도를 해야 되요.[1]

— 김항인, 2010:312-313

위의 면담에서 면담자가 하인츠가 아내를 위해 약을 훔쳐야 하는가라고 질문한다면 훔치지 말아야 한다는 답변이 많다. 왜냐하면 벌을받기 때문이라는 이유뿐만 아니라 아내는 혈연간계가 아님을 강조한다. 아내는 원래 타인이었으므로 남편이 아내를 위해 약을 훔칠 이유가 없다는 것이다. 만약 주인공의 아내가 아닌 자신의 어머니가 아플경우에는 '당연히 훔쳐야 한다'고 주장하는 학생들이 꽤 많았다. 이러한 결과는 한국 학생들의 개념상 아내보다는 부모와의 관계가 더욱 중요하며, '보은' 혹은 '효도'를 가장 중요한 가치로 설정하고 있음을 알

---

1 김항인 (2010). "콜버그식 도덕딜레마 면접에 대한 예비교사들의 이해". 『윤리연구』79. 299-322.

수 있다. 이렇게 '효도'를 최우선시하는 가치체계 속에서 정의의 발달을 구현하기란 쉽지 않다.

2. 개인주의와 집단주의 문화

필자가 중국에서 어학연수 시 공부한 어느 책자에 의하면 각 나라 사람들의 문화 혹은 사고방식의 특징이 다음과 같이 풍자되고 있다. 만약 온 세상이 멸망하여 각 나라 별로 두 사람씩 살아남는다면 브라질, 독일, 중국, 영국 사람들은 각각 무슨 일을 할까라는 질문이 먼저 주어진다. 브라질인 두 사람이 살아남는다면 먼저 다른 일을 제쳐놓고 춤과 음악을 즐길 것이라고 한다. 브라질 사람들은 평소 축제와 가무를 즐기기 때문이다. 독일인 두 사람이 살아남는다면 공장을 지을 것이라고 한다. 왜냐하면 이들은 일하기를 즐겨하고 부지런한 민족성을 가졌기 때문이다. 중국인 두 사람이 살아남는다면 중국음식점을 차려 돈을 벌 것이라고 한다. 세계 어디에서든지 중국 음식점이 없는 곳은 없기 때문이다. 만약 영국인 두 사람이 살아남는다면 두 사람 사이에 어떤 일도 일어나지 않는다고 한다. 제3자가 개입해 서로를 소개시키지 않는다면 서로의 사생활을 침해하거나 침해받고 싶지 않아 아무 일도 일어나지 않는다고 한다. 철저히 개인주의적 문화를 가지고 있기 때문이다. 이때 중국인 교수는 한국인인 나에게 질문하였다. 만약 한국인 두 사람이 살아남는다면 무슨 일이 일어나겠는지 상상해보란다. 이에 필자는 한국인의 자존심을 생각해서 우리는 '학교'를 세워 교육을 준비할 것이라고 말했다. 한국인들은 세계적으로 2세들에 대한 교육을 가장 중요시하는 것으로 알려졌기 때문이다. 그러나 내심 또 다른 생각이 들었다. 한국인 두 사람 살아남는다면 제3자에 대해 좋은 이야기든 나쁜 이야기든 할 것이라고 보았다. 한국인은 영국인과 정반대로 인간관계를 중요시하며 타인의 일에 간섭하기를 좋아하는 특성이 있기 때문이다.

위와 같은 주장들은 사실에 근거한 것도 아니며, 어떤 경험적 자료를 기반으로 한 내용도 아닌 단지 상상해 본 이야기들이다. 그러나 많은 사람들이 이야기하길 서구 특히 미국인 혹은 영국인들은 나이와 성별에 관계없이 개인주의를 우선으로 하며 개인과 개인관의 관계를 동등하게 받아들인다. 이에 반해 한국인들은 과거부터 중요시해온 공동체의식과 인간관계를 매우 중요시한다. 그러나 이러한 인간관계를 중요시하는 의식이 한국인에게만 나타나는 것은 아니다. 중국은 문화 혁명 이후 40여 년간 공산주의 체제의 속성을 지니고 있었지만, 중국 사람들의 기본 사고 혹은 문화 속에서는 유교사상을 근간으로 하는 관계적 사고가 깊이 뿌리내려오고 있다. '조화로운 사회 건설'은 중국인 오늘날까지 표방하는 국시이기도 한다. 일본 역시 철저한 인간관계를 중시하며, 사람과 사람간의 신뢰 속에서 사회가 움직여진다. 자신의 생각을 쉽게 표현하지 않고, 상대방의 기분과 사고를 엿보는데 총력을 기울이며, 쉽게 거절하지 못하는 문화 또한 이러한 속성을 잘 드러내고 있다. 남을 의식하는 문화, 이는 곧 콜버그가 주장하는 3단계 타인의 기대에 부응하고 관계를 중요시하는 단계로 정의될 수 있는 것이다.

3. 토론과 한국 문화

　왜 한국인들은 토론 문화에 적응하지 못하는 것일까? 가끔 신문이나 TV에서 방송하는 국회의사당 내의 싸움 장면을 보면 안타까움을 금치 못한다. 이는 우리 사회의 자화상이기도 하다. 타인의 말을 들어주는 일부터 자신의 주장을 간결하고 정확하게 표현하고, 타협에 도달하는 능력에 이르기까지 토론능력의 부재를 우리는 어디에서나 목격할 수 있다. 학교 현장에서도 토론문화의 부재를 목격할 수 있다. 새로 초등학교에 부임한 교사가 교육대학에서 배운 토론 수업을 적용한다면 학생들은 이를 반기기는 하지만 어떻게 토론해야할지 몰라 쉽게 토론을 진행하지 못한다. 학교 현장에서 토론 수업의 어려움은 학생들에게 그 원인이 있는 것만은 아니다. 교사 역시 토론 수업 모형에 대해서는 배웠지만 이를 현장에 실제로 적용한 경험이 매우 부족하다. 이러한 현상들의 가장 중요한 원인은 교사 자신이 초, 중, 고등학교 시절 토론수업을 제대로 받아본 경험이 없다는 점이다. 이론으로만 교수 학습 방법을 터득하고 이를 수업에 적용하기란 여간 어려운 일이 아니다.

　토론수업을 어렵게 하는 또 다른 중요한 요인이 있다. 이는 언어 구조상의 문제점이다. 한글은 영어에 비해 어법상 혹은 문장 구조상 토론 문화에 적합하지 않다. 우리의 말 습관은 먼저 여러 가지 이유들을 제시하고 맨 마지막에 자신의 주장을 이야기한다. 예를 들어 '하인츠는 아내를 사랑하고, 남편으로서 아내를 지켜야 하는 의무도 있으므로 약을 훔쳐야 한다'고 주장한다. 먼저 주장에 대한 이유들을 나열한 후,

마지막에 주장을 말한다. 그러므로 이야기를 잘 듣지 않는다면 주인공이 무엇을 말하고 있는지 파악하기 어렵고, 끝가지 이야기를 들어야 주장하는 사람의 의견을 파악할 수 있다. 예컨대, '하인츠는 아내를 사랑하고, 남편으로서 아내를 지켜야 하는 의무가 있지만, 법을 지켜야 하는 의무도 있으므로 약을 훔쳐서는 안 된다고 생각한다'로 주장한다면, 처음에 제시한 근거와는 다른 주장으로 끝을 맺게 된다. 즉 끝까지 들어봐야 화자의 주장을 파악할 수 있다. 미괄식이다.

이에 반해 영어는 두괄식으로서 top sentence가 먼저 나오고 이후 supporting sentence가 뒤따라 나온다. 'I would steal the drug, because I love her and she is my wife. I also have the responsibility to save her life.' 처음에 화자의 입장을 표명하고, 이러한 입장을 갖는 근거를 뒤따라 제시한다. 그러므로 청자들은 화자의 입장을 처음에 파악할 수 있다. 토론은 서양에서 들여온 서양식 화법이므로, 문화적으로 이를 우리 문화에 적용하기 위해서는 상당한 노력이 요구된다. 그렇다면 왜 이렇게 이야기 방식이 다를까? 물론 많은 언어학자들 간에 이견이 존재할 수 있지만, 필자의 견해로는 상이한 언어 방식이 서로 다른 상이한 가치와 사고방식을 드러내고 있다고 본다. 동양, 특히 한국과 일본의 경우, 자신의 주장을 강하게 표현하는 일은 예의에 벗어나는 일로 여겨진다. 자신의 주장을 펴기 전에 먼저 주변에 고려할 사항들을 언급함으로써 독단적으로 보이기를 피하고, 주변 사람들과 상황을 배려하고 있음을 보여준 후, 자신의 주장을 표현하는 것으로 끝맺는다. 즉 눈치를 많이 본다는 점을 지적할 수 있다. 위에서 제시한 농경문화, 공동체 문화의 특징은 자신만을 생각하지 않고 주변 인물들을 생각하는 것이 친절, 배려, 효도, 경애, 순종과 같은 덕목으로 나타나게 된다.

교실 내에서 토론을 할 경우, 한 학생이 다른 학생들의 주장에 대해 '저는 동의하지 않습니다. 왜냐하면 ....이기 때문입니다'라고 주장했다고 하자. 상대 학생들은 이러한 의사표현에 이성적이기보다는 감정적으로 받아들이게 될 가능성이 높다. 왜냐하면 토론에 익숙하지 않은 분위기에서 자신들의 의견에 반대를 표시한 것은 자신들의 의견 자체에 대한 반대뿐만 아니라 본인들의 인격에 대한 반박, 더 나아가 공격의 의미로 확대 해석될 가능성이 높기 때문이다. 그러므로 주장을 먼저 이야기 하지 않고, 여러 안전장치를 한 후, 간접적으로 의견을 표현하는 방식을 취하게 된다.

영어의 경우에는 논리적·합리적 사고를 강조하는 언어구조를 가진다. 자신의 주장을 펴고, 이에 대한 경험적 근거 혹은 도덕 원리들을 제시함으로써 정당화하는 과정을 거친다. 상대방과 의견이 전적으로 다를 경우에는 "I don't agree with him because I think he misunderstood the situation."라고 표현한다. 부분적으로 상대방의 의견에 동의할 경우에는 'I partly agree with her. She was right to say the citizen's responsibilities but was wrong in the perspective of individual rights'라고 말할 수 있다. 이는 대학원생이 학위 논문이나 전문가들이 학술 논문을 작성할 때의 논리적 언어 구조와 동일하다. 이것저것 상황들을 고려해 언급한 후, 자신의 주장을 펼 경우에는 학문 글쓰기가 될 수 없다. 필자의 강한 주장을 언급한 후, 이를 뒷받침하는 근거 지움이 있을 때, 논리적 학문적 글쓰기가 될 수 있다.

언어 구조상 혹은 언어 표현상 한국인이 토론을 하기 어려운 점의 또 다른 원인은 계층 간 언어 사용의 불공평성에 있다. 우리말에는 상당히 많은 경어체가 존재한다. 평상시 말하는 것과 공적으로 말하는 언어 표현은 상당히 다르다. 예컨대, 친구에게 '너 생각도 옳지만 이런 점도 고려해야해'라고 말하는 것과 "나는 누구누구의 생각에 대해 부분적으로 동의하지만 이런 점에서 다르게 생각합니다"라고 말하는 것은 많은 차이를 보인다. 즉 반말과 경어를 사용하는 말에는 어감의 차이가 존재한다. 편한 반말을 할 경우 상대방과 친밀한 관계를 유지할 수 있다. 그러나 공식적인 경어를 사용할 경우에는 반말을 할 경우보다 거리감을 느끼게 된다. 소위 어떤 누군가를 사귈 때 처음에는 경어를 사용하지만 친한 관계를 맺고 싶을 경우에 '우리 이제부터 말을 편하게 하자'라고 말한 후 반말을 사용하게 된다. 토론 시 경어를 사용하면 상대방과 멀리 떨어져 있는 느낌을 가지게 되고, 토론 도중 강한 반감을 유발할 가능성이 많다. 반말과 경어의 차이는 이렇게 한국인이 토론하는 데 어려움을 제공한다.

또한 경어는 위 사람과 토론할 경우 동등한 관계를 가질 수 없게 만든다. 예를 들어 '선생님, 저는 선생님의 의견에 동의하지 않습니다. 선배님, 저는 선배님의 의견에 반대합니다. 아버지, 저는 아버지의 의견에 동의할 수 없습니다.' 이러한 말을 일상적으로 사용하는 것이 가능한가? 언어 표현상 경어가 발달한 우리나라와 일본의 경우 평등한 토론을 실현하기 매우 어렵다. 토론이란 서로 다른 입장을 가진 사람들이 동등하고 공평한 관계에서 가능해진다. 토론 수업을 활용할 경우, 토론은 학생들 간에만 이루어지는 것이 아니라 교사와 학생 간에도 이루어진다. 교사와 동등한 입장에서 교사의 의견에 대한 학생들의 반박을 허용할 수 있어야 진정한 토론 수업이 이루어질 수 있다. 그러나 한국의 토론 수업에서 학생들은 교사에게 경어를 사용한다. '저는 선생님의 의견에 동의하지 않습니다'라는 말을 감히 제시할 학생이 몇 명이나 될까?

한국과 미국의 대학원생 수업 장면을 상상해 보자. 한국의 대학원 수업에서는 대부분 교수가 맨 앞자리에서 모든 학생들 주시하는 위치에 앉아 수업을 진행하는 경우가 대부분이다. 이에 비해 미국의 대학원 세미나는 원형탁자에 둘러 앉아 모든 사람이 동등한 입장이 되어 토론식으로 수업을 진행하는 경우가 많다. 한국 교수는 텍스트를 과제로 내주고, 이를 요약하거나 책 내용에 대한 프리젠테이션을 학생들로 담당하게 한다. 학생의 발표가 끝나면, 이러한 주장에 대한 다른 학생들의 질문 시간을 갖고, 교수는 맨 마지막으로 전체 내용을 평가하는 수업이 일반적이다. 이러한 수업 장면에서 자리는 서로 얼굴을 마주 대하는 토론 형식을 취하기는 하지만, 진정한 토론이 이루어지기 어렵다. '교수님, 저는 교수님의 의견에 동의하지 않습니다. 왜냐하면…'이라고 감히 말할 대학원생이 몇이나 되며, 이러한 학생의 의견을 동등한 입장에서 수용할 교수가 과연 몇 명이나 있을까? 미국에서는 자연스럽게 대학원생이 교수를 향해 'Professor, I don't think so. I think you're wrong because the situation what you said is different from the reality.'라고 쉽게 표현할 수 있다. 심지어 교수는 이러한 학문적 반박을 즐기기까지 한다. 위 말을 우리말로 바꾸면 경어와 반말 두 종류로 표현할 수 있다. 경어체로는 "교수님, 저는 그렇지 않게 생각합니다. 저는 교수님께서 현실과 다른 말씀을 하셨기 때문에 교수님의 말씀은 틀리다고 생각합니다."이고, 반말은 "교수, 나는 그렇게 생각하지 않아. 당신이 말한 것은 현실과 다르기 때문에 당신이 틀리다고 생각해"이다. 어떤가? 우선 존대어 형식으로 반박을 하는 것이 우리 문화에서 가능한가? 심지어 반말을 한다면?

　요약하면, 토론은 이상적 담화 상황을 전제로 한다. 토론에 참여한 모든 사람이 동등한 입장에서 한 사람 한사람의 의견이 존중 받을 경우, 이상적 담화 상황이 가능하게 된다. 널리 둘러서 말해야 상대방의 기분을 나쁘게 하지 않고, 나보다 위에 있는 사람에게는 존댓말을 사용해야 하며, 토론 시 공식적인 말과 평상시 반말의 구분이 확실한 우리말에는 토론 문화가 정착하기 어렵다. 많은 학자들이 서구의 교육 방법론을 소개하였고, 이를 적용하기위해 부단한 노력을 경주해 왔지만, 우리 학습 문화에 깊이 뿌리내리지 못한 원인 중 하나로 문화의 차이를 언급하였다.

4. 두 네덜란드인 –히딩크와 홉스테드

　축구는 11명이 협력해서 하는 운동이다. 11명간에는 어떤 위계나 권력 관계가 존재할 수 없다. 그럼에도 불구하고 한국의 축구팀은 이러한 모습을 여전히 담고 있었다. 2002년 이전에 말이다. 과거 한국 축구는 아시아에서는 맹주로 인정받았지만, 세계 대회의 문턱을 넘지 못하는 수준이었다. 이에 대해 축구인들을 포함한 많은 사람들은 정신력의 문제로 지적하고 보다 강한 정신력을 소유해야 한다고 강조하곤 하였다. 그래서 축구시합 당일 전반전에서 좋은 성적을 거두지 못하면, 전반전이 끝난 휴식시간동안 라커룸에서는 감독의 훈계를 듣거나 심지어는 폭력을 통해 정신 무장을 하는 사례까지 있었다고 한다. 또한 축구 시합 전에 운동장에서 파이팅을 외치기전에 팀 주장 앞에서 나머지 선수들이 뒷짐을 진 열중쉬어 자세를 하고 열심히 주장의 지시를 듣는 모습을 종종 발견하고 하였다. 2002년 한일월드컵에서 4강 신화를 이룩하는데 결정적인 역할을 담당했던 네덜란드 출신 사령탑 히딩크 감독은 국가대표팀을 처음 맡았을 때 한국 축구팀의 분위기에 먼저 놀랐다고 한다. 상명하복의 문화가 코지진과 선수 간에만 존재하는 것이 아니라 선수들 간에도 매우 중요한 의사소통의 기제로 작동하고 있었기 때문이다. 그래서 그는 대표팀 맏형 격인 선수들을 시범경기에 출전시키지 않고 심지어는 대표팀에서 제외하는 일을 감행하였다. 실력이 문제가 아닌 커뮤니케이션에 있어서 이들이 가지고 있는 권위 의식 때문이었다. 선배 선수들에 대한 후배 선수들의 절대 복종 구조가 고착화되어있었고, 시합 중에 대화를 나눌 때는 후배 선수는 선배선수를 향해 경어를 사용하는 모습을 포착한 히딩크 감독은 대표 팀 고참과 신참 간의 권위 구조를 무너뜨리기 위해 고참 선수들의 기득권을 포기하게끔 하였다. 또한 시합 중에는 상호간에 경어 '형, 이쪽이요.' '여기 막아주세요' 등의 경어가 아닌 '명보, 이쪽', '여기 막어'와 같은 선수의 이름과 반말을 사용하여 의사소통의 시간을 줄임과 동시에 평등한 관계를 형성하도록 이끌었다. 이러한 평등한 관계는 의사소통의 효율성과 민주적 의사결정 분위기를 조성했고, 궁극적으로 월드컵에서 좋은 성적을 거두는데 일조하게 된다. 네덜란드 인 히딩크의 리더쉽과 대표 팀내 개혁은 이후 사회의 많은 영역에 적용되어오고 있다.

1997년 8월 6일 오전 1시 42분, 대한항공 801편은 괌 공항으로 부터 남서쪽으로 4.8킬로미터 떨어진 지점의 언덕을 들이받았고 탑승자 25

4명 중 228명의 사망자가 발생하였다. 추후 블랙박스의 분석을 통해 알려진 사고 원인은 악천후로 인한 조종사들의 판단 실수였다. 놀라운 것은 추락직전 기장, 부기장, 기관사의 대화 내용에서 추락 직전 부기장과 기관사는 기장의 실수를 인지하고 있음에도 즉각적으로 의사표현을 하지 않았다는 사실이다. 이에 대해 한국의 수직적 문화를 지적한 네덜란드인이 또 있었다. 네덜란드 사회학자 기어트 홉스테드(Geert Hofstede)는 개인주의−집단주의 척도를 개발하고, 이 중 '권력간 지수(Power Distance Index, PDI)'를 통해 국가 간 개인주의성향과 집단주의 성향을 측정하였다. 권력 간격 지수란 특정 문화가 위계질서와 권위를 얼마나 존중하는지를 나타내는데, 그가 사용한 질문들의 예를 들면, "나이 많은 사람이 얼마나 존중받고 또한 두려움의 대상이 되는가?", 그리고 "권력층이 특권층으로 받아들여지고 있는가?"와 같은 질문들이었다. 이러한 PDI 지수를 활용해 조종사들의 권력 간 지수를 연구한 결과 PDI의 상위층에 속하는 나라는 '1위 브라질, 2위, 한국, 3위 모로코, 4위 멕시코, 5위 필리핀'이었고, 하위 층에 속하는 나라는 '15위, 미국, 16위 아일랜드, 17. 남아프리카공화국, 18위 오스트레일리아, 19위 뉴질랜드'였다.[2] 우리나라 조종사들은 기장과 부기장의 권력 간 지수가 세계 2위로 나타났다. 이러한 지수는 불평등한 대화채널을 형성하고, 집단주의적인 문화의 속성을 드러내고 있는 것이다.

---

2 R. Helmreich & A. Mary, Culture in the cockpit: Do Hofstede's dimensions replicate?" Journal of Cross-cultural psychology, 31. 3. 283-301. M. Gladwell, Outliers. 노정태 역 (2008).『아웃라이어』. 김영사. 241.

5. 공동체 문화와 인습

다시 문화와 도덕으로 돌아가서 개인과 집단을 중요시하는 문화의 차이와 이를 반영하는 도덕성을 논하고자 한다. 영국인들은 제3자가 나타나 서로를 소개시키지 않는 한 어떤 일도 발생하지 않는 개인주의 문화를 가지고 있다. 이러한 문화에서 개인은 윤리적 사고의 주체가 되며, 타인의 의견은 개인의 의사결정을 내리는데 하나의 참고자료가 될 뿐이다. 그러므로 의사 결정에 있어서 타인의 권위에 의존하려 하지 않으며, 스스로의 깊은 사고를 통해 진리에 도달하기를 꿈꾼다. 타인의 주장이 내 것인 양 주장하는 것에 대해서 꺼려한다. 그러므로 타인의 주장과 자신의 주장을 확실히 구분하며, 스스로 소화시키지 못한 내용을 표현하려 하지 않는다. 이에 반해, 한국인들의 학문적 풍토는 타인의 권위와 자신을 연계시키는데 초점을 둔다. '공자 왈…', '칸트에 의하면….', '아리스토텔레스의 덕론에 비추어볼 때…'와 같이 지적 권위자의 말을 빌려 자신의 입장을 정당화하고자 노력하는 경향이 많다. '저는 이렇게 주장하고 싶습니다'를 자유롭게 표현하기를 꺼려한다. 이러한 표현은 근거가 매우 빈약하고, 자신을 드러내는 표현으로 적절치 않다고 생각한다. 내 주장보다는 타인의 주장에 의지하여 입장을 드러내고자 한다. 그러므로 학문적 글쓰기에 있어 많은 인용과 출처를 제시하지만, 정작 자신의 주장은 일부분에 그치게 되는 것이다.

이러한 학문적 경향은 문화에 따른 도덕적 사고와도 깊은 관련을 맺는다. 콜버그의 도덕판단 단계의 세 번째 수준인 인습 이후 수준의 사고에 과연 동양 사회, 특히 우리나라 사람들이 서양 사람들보다 많이 혹은 동등하게 도달할 가능성이 있는가, 아니면 적은가에 대해 고려해 볼 필요가 있다. 인습 이후 수준의 사고는 기존의 인습 즉, 문화, 관습, 법을 절대적 가치로 여기던 수준을 뛰어 넘어 이러한 인습이 더 높은 가치에 비추어 부적절하다고 판단되면 이를 폐기하거나 변경하는 것을 의미한다. 그러므로 인습 이후 수준은 크게 두 가지 단계로 나뉘는데 콜버그의 도덕 추론 단계 5와 6이 여기에 해당한다. 5단계 사고에서는 집단 보다는 개인적 사고가 우선된다. 왜냐하면 공동체의 행복과 안위는 개개인의 행복과 가치에 기반을 두기 때문이다. 그러므로 공동체의 가치가 개개인의 행복을 저해할 경우에는 최대다수의 최대행복이라는 원리 하에 기존의 법과 관습을 수정할 수 있다.

예컨대, 7,80년대 우리 사회에 존재했던 '통행금지'법을 되돌아보자. 그 당시 정부에서는 각종 범죄예방과 사회 질서 확립의 차원에서 밤 12시 이후 시민들의 통행을 금지하는 법을 실행하였다. 이 법에 대한 찬성과 반대 의견이 있었지만, 국가에서 정한 법을 지켜야 한다는 의견이 우세하였다. 만약 통행금지법이 폐지된다면 사회는 무질서해지고, 궁극적으로 사회 안정을 해칠 가능성이 높이 제기되었다. 그러나 한편에서는 이러한 법규는 인간의 기본적인 이동의 자유를 제한하는 법으로 마땅히 폐지되어야 한다고 주장하는 의견도 있었다. 기존에 있는 법의 중요성을 강조하고 이를 유지함으로써 사회의 안전을 도모하자는 인습 수준의 입장과, 이러한 법규 혹은 관습은 인간의 삶을 행복하게 하는데 불필요하다고 주장하는 인습 이후 수준의 입장으로 나뉘어졌다. 결국 이 법은 폐기되었었고 오늘날 시민들은 자신의 의지에 따라 밤거리를 자유롭게 활보할 수 있는 권리를 갖게 되었다. 그렇다면 공동체주의 사회와 개인주의 사회를 놓고 볼 때, 어느 사회가 인습 이후 수준에 도달할 가능성이 더 높은가? 당연히 개인의 권리와 행복을 중요시하는 서구사회에서 인습이후 수준에 도달할 가능성이 더 많음을 예상할 수 있다. 실제로 콜버그의 간문화적 연구 결과에 의하면 시민사회의 특성을 나타내는 서구 민주시민국가에서 5단계의 인습 이후 수준 사고를 보인 사람들의 숫자가 공동체 사회보다 많음을 증명하고 있다.

6. 우리가 가진 우수한 도덕문화

그렇다면 우리 사회는 공동체적 문화적 속성에 구속되어 항상 서구 사회보다 도덕적으로 열등할 수밖에 없는가? 보편 윤리적 가치로 표방되는 인간의 존엄성, 정의, 자유, 평등의 가치와 더불어 동양적 가치가 보편적 가치로 주장될 수 있는 것은 없을까를 고민해 보아야 할 때다. 합리성과 탈맥락성을 필두로 하는 서구의 가치와 대등할 수 있는 동양의 가치를 찾아보아야 할 시기이다.

필자는 동양적 가치로서 인(仁)의 가치를 내세우고 싶다. 인이란 동양적 사랑을 의미한다. 사람과 사람사이에 지켜야할 근본 도리로서 용서함과 관용을 내세운다. 자신의 것보다는 타인을 존중하고, 타인을 위해 자신을 희생할 수 있는 몰아, 즉 초월적 가치도 포함한다. 이러한 가치가 우리 사회에 어떻게 나타나있는가? 서구사회에서는 드러나지 않은 한국인의 보편적인 가치는 무엇인가? 필자는 중용과 겸손의 가치를 제시하고 싶다. 은근함과 숨김에서 나타나는 중용과 겸손함의 가치야 말로 서구 사회에서 볼 수 없는 동양적 미적 가치이며, 도덕적 가치이다. 왜 한국인들은 자신의 주장을 분명하게 표현하기보다 이를 주위 사람들의 눈치를 살피며 원만하게 제시하는 것일까? 왜 일본 사람들은 예스나 노를 분명하게 제시하지 않고 하이(그래요)로 먼저 대답하는 것일까? 우리 사회에서는 있어도 있는 것을 드러내지 않고, 부족해도 부족함을 상스럽게 그대로 드러내지 않는 체면의 가치를 숭상한다. 이는 타인의 마음을 상하게 하지 않고 그들과의 관계를 원만하게 하기 위한 노력의 결실이다. 물론 이를 다른 관점 즉, 즉 서구적 가치관점으로 볼 때 부정직하다고 할 수 있다 그러나 이는 부정직함이 아닌 겸손함으로 찬양될 수 있다. 공동체의 발전을 위해 개개인의 주장을 참고 인내할 수 있는 희생의 가치를 가지고 있다.

앞서 제시한 인(仁)사상을 바탕으로, 맥락적 사고와 서사적 사고를 통한 도덕적 사고를 발달시키는데 있어 우리는 장점을 지닌다. 타인의 감정을 이해하고, 타인의 감정을 해치지 않으면서, 자신의 주장을 펴는, 즉 부딪치지 않으면서 타인과 조화를 이루는 맥락적인 사고와 서사적 사고가 우리의 장점이다. 자신의 주장을 강하게 표현하지 않고, 상대방의 상황을 최대한으로 고려해 타인과 조화를 이루어나가는 태도는 우리 문화 속에 이미 녹아져 들어 있다. 블룸(Bloom)은 인간의 사고를 명제적 사고와 서사적 사고로 구분하여 설명하였다. 명제적 사고는 논리적이고, 합리적인 주장을 펴는데 필요한 사고로서, 토론을 진행할 때 요구되는 사고이다. 이는 또한 자신의 주장과 이에 대한 근거를 귀납적 혹은 연역적으로 제시하는 능력과 관련된다. 이에 반해 서사적 사고는 이야기식 사고로서 일상적인 시간의 흐름이 포함되고, 맥락적이며, 사실적인 표현들로 구성되는 사고이다. 이러한 서사적 사고는 오늘날 도덕교육에서 내러티브적 사고로 불리며, 콜버그 식의 도덕판단을 통한 명제적 사고의 발달과 대비되어 제시된다. 이야기 속의 등장인물들의 감정을 이해하고, 감정이입을 하며, 이야기 속의 맥락을 고려한 도덕적 사고를 추구한다.

인의 가치는 상대방을 배려하는 일과 매우 깊이 관련되어 잇다. 여성주의 윤리학을 주창한 길리건은 '정의'의 도덕성에 '배려'라는 도덕성의 또다른 목소리를 도입하여 도덕성이 기존의 '정의'의 개념으로만 파악되는 것이 아니라 또다른 배려의 목소리를 반영하고 있다고 주장한다. 인간은 모두 정의의 목소리와 배려의 목소리를 가지고 있으며, 사람에 따라 한 개의 목소리가 다른 한 개의 목소리에 비해 우세하다고 주장한다. 일반적으로 여성이 남성보다 배려의 정향을 더 많이 가지고 있으며, 남성은 여성에 비해 정의의 정향을 더 많이 보인다고 주장하였다. 그러므로 그녀는 콜버그가 주장하는 '정의'의 개념 발달이 도덕성을 포괄할 수는 없으며, '배려'의식의 발달을 통해 보완되어야 함을 주장한다.

타인을 존재를 의식하는 동양적 문화 속에서 우리가 장려할 수 있는 도덕적 사고는 배려의 목소리일 것이다. 내가 먹을 것이 없어도 손님을 위해서는 아낌없이 음식을 준비했던 옛 선조들, 음식 값을 서로 지불하며 상대방을 배려하려는 태도들, 싫어도 싫다고 바로 응답하는 것이 아니라 시간을 두고 방법을 찾아보려는 자세, 감사하다는 말의 표현보다는 이를 정으로 느끼고, 마음 속 깊이 묻어 둔 후, 언젠가는 보은하겠다는 자세, 아이들이 이웃집 아이들과 싸울 경우 잘잘못을 따지지 않고 자기 자식을 먼저 혼내는 풍습, 농경 사회에서 이웃을 돌보며 서로 협동한 두레와 품앗이 풍습 등 이루 헤아릴 수 없을 정도로 우리 사회에는 배려적 사고와 풍습들을 찾아볼 수 있다. 그러나 이러한 모습들은 오늘날 사회의 개인주의 풍토 속에서 잊혀 가고 있다. 서구에서 전래된 탈맥락적, 명제적 사고를 우리가 좇아가기만 하고 우리 문화 속에 있던 배려적 사고를 잃어버린다면, 우리문화는 도덕발달에 있어서 영원히 서양인의 아류로 남게 될 것이다.

이러한 배려는 우리 사회에서 중요시하는 '효도'의 개념과 깊은 관련성을 갖는다. 배려는 상대방의 문제를 공감하고 이를 자신의 문제로 인식하며, 나아가 자신과 타인의 관계를 완성시키는 것을 지향한다. 효도 역시 부모와 자식 간에 관계를 의미하며, 부모의 기대를 인식하고 자식이 이에 따라 부모를 대하고 처신하는 것을 의미한다. 그러나 효도의 개념이 배려의 개념과 연결되기 위해서는 타인과의 관계까지도 확대되어야 할 필요가 있다. 길리건 또한 배려적 관계가 좁은 의미의 아는 사람들과의 관계에서만 머물러서는 안된다고 주장한다. 소위 아는 사람들과의 관계만 고려하는 것이 아니라 나와 직접적으로 관계가 없는 사람들의 문제와 요구를 인식하고 이를 공감하며 배려하고자 하는 데 까지 발달을 요구한다. 배려윤리 역시 가까운 사람들과의 배려적 관계에서 출발한다. 그러나 이러한 관계가 자신과 관계없는 사람에게까지도 확대될 것을 요구한다.

7. 인습의 단계를 넘어서는 도덕 문화
─개인, 공동체, 다시 개인을 위한 문화

우리 사회는 현재 3, 4단계에 머물러 있을 가능성이 높다. 자기 이익만을 추구하는 2단계에 대해서는 비난하며, 자신의 주변 인물들의 기대에 부응하는 인간관계를 중요시하는 3단계와 시민으로서 법을 중요시하고 사회적 안정을 추구하려는 4단계에 머물러 있을 가능성이 높다. 이러한 현상은 우리 문화의 역사적 배경과 매우 관련이 있다. 우리는 농경사회에서 출발하여 공동체 의식이 매우 강한 문화를 가지고 있으며, 현재 교육과 시민 사회의 발달로 인해 법과 사회적 안정의 중요성을 강조하고 있는 수준이다. 그러므로 자기 이익만을 추구하는 단계를 뛰어 넘어 타인 혹은 공동체 전체 구성원을 고려하는 단계에 도달하였다고 본다. 그러나 이 수준으로는 서구 사회에서 추구하는 인습 이후 수준으로 나가가기 어렵다. 인습 이후 수준은 공동체 혹은 국가를 위한 수준에서 다시 개인의 행복을 추구하는 수준으로 나아가는 것이다. 여기서 개인은 자기 자신이 아닌 불특정 개인, 소수의 개인을 의미한다. 집단, 공동체라는 테두리 속에서 개인의 희생과 봉사를 강요하는 사회가 아닌, 개개인의 권익과 인권이 강조되는 사회를 의미한다. 전체를 위해 소수가 희생되는 사회가 아닌, 소수의 권리를 져버리지 않는 사회를 의미한다. 즉 개인을 위해 전체가 존재하는 사회를 의미한다.

그러나 위에서 지적한 문화적 존재구속성, 즉 집단주의 문화에서 어떻게 개인을 존중하는 문화로 나아갈 수 있겠는가, 이러한 일이 가능하겠는가에 대해 고민해 보아야 한다. 전체를 위한 사회에서 다시 개인을 위한 사회로 나아가는 모멘텀을 우리 문화에서 찾을 수 있고 찾아야 한다고 본다. 이기적 자아 중심에서 집단과 국가의 이익을 중요시하는 단계로 나아가오는 데는 한국인의 몰아 정신이 한몫을 단단히 했다. 월드컵 길거리 응원에서 보여준 단합된 집단의식이 이를 여실히 증명한다. 그렇다면 몰아 정신을 넘어선 또 다른 우리 문화는 무엇인가? 여기에는 비판적 의식과 여론이 있다. 민주화와 정보화로 인해 개개인들의 사회 참여가 늘어나고 있어 정치 및 사회적 이슈에 대한 시민의 여론이 중요해지고 있다. 중국과 일본을 한국과 비교했을 때, 우리나라가 가지는 가장 큰 장점은 사회에 대한 강력한 비판의식이다. 초등학생들조차도 인터넷을 통해 사회에 대한 개인의 의사를 직접적으로 표시하고 있는 실정이다. 중국에서는 사회에 대한 비판이 아직 보편화되어 있지 않으며, 일본 역시 현대사에 있어 경제 발전에는 큰 변화를 이루어왔으나 정치 개혁에 있어서는 오히려 한국의 변화를 좇아오지 못하고 있다. 현재 폭발적으로 일어나고 있는 인터넷 민주주의를 제대로 구현해낼 수 있다면, 우리 사회를 인습 이후 수준으로 변화시키는 큰 모멘텀을 가질 수 있겠다.

그러나 이러한 인습 이후 수준으로의 변화에는 조건이 있다. 바로 개개인의 의식 변화를 위한 사회적, 교육적 노력이 뒷받침 되어야 한다. 인터넷 마녀 사냥을 위시로 한 근거 없는 타인 비방에 머문다면, 낮은 수준의 도덕 문화에 머물고 말 것이다. 개인적인 비난이 아닌 도덕적으로 정당화할 수 있는 비판 의식을 형성을 위해 학교 교육에서부터 도덕판단의 교육을 철저히 해나가야 할 것이다.

도덕판단을 위한 교육은 도덕적 이슈 혹은 주제를 놓고 동등한 입장에서 도덕적인 토론을 경험함으로써 발달시킬 수 있다. 왜 도덕교육에서 토론이 중요한가에 대해 생각해 볼 필요가 있다. 기존에 있는 도덕적 관습과 전통을 그대로 유지하기를 바란다면 토론이 필요하지 않다. 그러나 보다 나은 가치에 근거해 사회를 도덕적으로 발전시키기를 원한다면, 기존의 가치를 재점검하고, 이러한 가치들이 실제 생활 속에서 부딪칠 경우에 우리 아이들로 하여금 올바르게 판단을 하도록 하기 위한 최적의 방법은 도덕 토론이다. 자신의 도덕적 입장과 이에 대한 타당한 근거를 제시하고, 타인의 주장이 자신 것 보다 더 훌륭한 경우 과감히 자신의 입장을 변경할 수 있는 기회를 제공하기 위해서는 도덕적 토론이 선결되어야 할 것이다. 그럼에도 불구하고 필자의 견해로는 앞에서 제기한 문화적 속성의 차이로 인해 서양인들에 비해 도덕 토론이나 합리적 의사결정을 더 잘하기 위해서는 배전의 노력이 요구된다고 본다. 앞에서 토론과 우리 문화가 어울리지 못하는 원인들에게 대해 밝혔다. 우리 문화의 특성상 토론에 부적하다고 해서 토론이 불가능함을 의미하는 것은 아니다. 어린 시기부터 토론의 문화에 접하게 한다면, 언어적 불리함을 경험으로 극복할 수 있다.

자신이 가진 이기적 자아를 극복하고, 자신이 속한 공동체의 규율과 법을 중요하게 여기고 이를 준수하는 행위는 자연스럽게 공동체의 일원이 되어가면서 발달할 수 있다. 그러나 공동체를 뛰어넘는, 공동체를 변화시키는 인습 이후 수준의 도덕성을 갖도록 하기 위해서는 개인의 권리와 인습 및 법의 가변성을 인식시키는 노력들이 교육현장에서 이루어져야 할 것이다. 여기에 학교 도덕교육 및 교과교육으로서의 도덕과 교육의 역할이 중요시된다고 본다.

오늘날 우리 시대를 무한 경쟁의 시대로 일컫는다. 무한 경쟁의 시대에는 개인의 지적 능력이 중요시된다. 그러나 이와 동등하게 개인의 공감 혹은 인간관계 능력이 요구된다. 우리 문화가 가진 장점은 우수한 공감 능력이다. 타인의 어려움을 말을 하지 않아도 고려하고, 이를 드러냄 없이 배려하는 겸손과 희생의 미덕은 유교문화의 정수인 '인'의 가치에 고스란히 담겨 오늘날 우리 문화에 흐르고 있다. 공감은 타인을 헤아리는 사랑이요, 낮아짐을 의미한다. 동양인이 지나치게 타인을 의식하고, 정에 약하는 비판을 듣는 동시에, 이러한 정서적 능력은 미래 사회의 윤리적 동력으로 매우 귀중한 사회적 자본이 될 것이라고 확신한다. 다만, 이러한 문화적 특성에 부족한 '정의', '공정'의 가치를 덧붙일 수 있다면, 이성과 정서를 겸비한 인격적 문화를 만들 수 있다고 본다. 쉽게 말하면, '아는 사람뿐만 아니라 모르는 사람도 공정하게 배려하는 사회', 이러한 사회를 꿈꾼다.

참고문헌

김항인(2010). "콜버그식 도덕딜레마 면접에 대한 예비교사들의 이해". 『윤리연구』 79. 299-322.

M. Gladwell, Outliers. 노정태 역(2008). 『아웃라이어』. 김영사.

茶山의 명판결과 조선후기의 법문화

사회교육과 김호 교수

교과교육과 문화,
어떻게 소통할 것인가?

1. 《흠흠신서》 읽기

다산 정약용은 우리에게 너무도 친숙한 조선후기의 실학자이다. 다음 글은 다산이 남긴 조선후기 법 판례집인 《흠흠신서》를 통해 조선후기의 일반적인 법문화 및 법감정과 이에 대한 다산의 비판적 견해를 살펴보려는 것이다.

다산은 '사건 판결은 천하의 저울이다. 죄수를 위하여 죽일 길을 찾아도 형평이 아니며, 죄수를 위하여 살릴 길을 찾아도 형평이 아니다. 그러나 살길을 찾고 죽을 길을 찾지 아니함은 진실로 죽은 자는 다시 살아날 수 없으므로 살려놓고 그 죽일 것을 찾아내더라도 오히려 어긋나지 않기 때문이다. 죽여 놓고 살리기를 찾을 수 있겠는가? 그러므로 형사사건을 다스리는 자는 반드시 죄수를 위하여 살리기를 찾아야 한다.'고 말한 바 있다. 다시 말해 정확하고도 정의로운 법 집행을 강조한 것이다.

다산은 조선후기에 주자학적 도덕주의와 관용의 정신이 관행으로 굳어지면서, 법을 굽혀 도덕교화를 강조하자 이를 악용하여 죄를 저지르고도 처벌받지 않는 자들이 늘어난다고 지적했다. 이에 대해 다산은 '용서만을 일삼는 것은 아녀자의 仁'이라며 엄격한 법 집행만이 정의 구현의 방법임을 분명히 했다.

다산이 엄격한 법률 집행을 주장했다고 해서 그를 법가의 한 사람으로 이해해서는 안 된다. 다산은 용서할 수 있는 경우와 용서할 수 없는 경우들, 또 불가피한 예외 규정과 예외규정의 진의 등에 대해 진지하게 고민하였다. 그리고 궁극적으로는 사회정의의 구현이 매우 어려운 현실임을 토로하고 법 집행시 매우 신중하고도 신중하기를 요청하였다. 그것이 바로 '흠흠(欽欽)'의 진정한 의미였다.

2. 고의 유무의 중요성

다산 정약용은 젊은 나이에 황해도 곡산부사로 재직한 적이 있었다. 그런데 당시 황해도 수안군의 창고지기 최주변이 동료 민성주와 희롱하다가 칼에 찔려 한 달 만에 사망하였다. 그러자 최주변의 아내 안씨가 민성주를 칼로 복수 살해하는 일이 발생하였다.

1차 조사를 담당했던 초검관 수안군수는 민성주가 최주변을 칼로 찔러 죽게 되었고 그로인해 최주변의 아내 안씨가 민성주를 복수 살해하였으니 열녀(烈女)이므로 크게 표창해야 한다고 황해도 관찰사에게 보고하였다. 이에 대하여 다산은 민성주가 최주변을 칼로 살해한 정황이 전연 자세하지 않다고 전제한 후, 최주변이 민성주와 희롱하다가 칼에 다쳤으나 조섭을 잘못하여 죽은 것이지, 민성주가 직접 칼로 최주변을 살해하지 않았다고 결론지었다. 그리고 사건을 정확하게 조사하지 않은 채 살인자 안씨를 열녀로 둔갑시킨 1차 조사를 형편없는 판결이라고 비판하였다.

다산은 살인사건을 조사할 때 일반적인 상식이나 감정에 의거하지 말고, 보다 엄격하고 정확하게 조사해야 하고, 이러한 엄중한 조사는 《무원록(無冤錄)》과 같은 조선의 법의학 지식에 근거해야 한다고 주장했다.

다산은 본 사건에 대해 '싸움과 장난은 선악의 마음가짐이 전연 다르고, 찌름과 구타 역시 상처가 급소인지 아닌지 그 차이가 매우 크다.'고 전제한 후 이를 잘 살핀 후에 비로소 원수를 갚아야 할지 아닌지, 혹은 그 사람이 마땅히 죽을만한지 아닌지를 결정할 수 있다고 주장했다.

즉 민성주가 최주변을 칼로 찌른 행위가 장난—애초에 죽일 마음은 없는—에서 비롯하였다면, 최주변의 아내 안씨가 민성주를 복수 살해할 수 없다고 판단했다. 이 경우 아내 안씨는 열녀가 아니라 살인자가 되어야 한다.

문제 해결의 관건은 민성주가 최주변을 칼로 찌른 행위가 죽일 마음이 없는 경우였음을 증명해야 한다. 이는 어떻게 가능한가? 다산은 조선의 법의학 서적인 《무원록》의 지식을 활용했다. 그리고 이에 의거하여 최주변의 죽음이 민성주의 칼로 찌른 행위와 직접적으로 연관되지 않는다고 판단했다. 다산은 그 첫째 이유를, 최주변을 찌른 민성주의 칼은 떡을 써는 칼로 애초에 날카롭지 않았으며, 칼로 인한 상처도 왼발에 약간 있을 뿐이었다고 보았다. 그리고 둘째, 최주변은 다친 후 한 달 동안 쌀섬을 창고에 져 나를 정도로 건강하게 일을 했다는 사실이다. 셋째, 시체를 검험한 결과, 왼발 복사뼈 아래 부위가 칼로 찔린 부위로 구멍이 생기고 피고름으로 막혀있어 칼로 인한 상처임은 확실하지만, 이외에 정강이, 발목, 발등 부위 등의 상처는 칼로 찔린 부위도 아닌데 모두 구멍과 피고름이 잔뜩 묻어 있었다.

특히 민성주가 최주변을 찌른 행위가 죽이려는 마음을 가졌다면 오른손 잡이였던 그가 칼을 들어 왼쪽 발등을 바로 내리찍었을 터이고 상처의 구멍이 조그맣고 깊이 생겨야 하는데, 최주변의 복사뼈 아래의 상처를 보면 1촌 3푼이나 길게 나 있어 찌르기보다는 옆으로 내려치면서 생긴 상처가 분명하다고 보았다.

다산은 이상의 증거들로 보아, 최주변의 죽음은 애초에 뼈가 다쳐 골수가 드러난 경우가 아니므로 이 때문에 죽게 되었다고 한다면 이치에 맞지 않는다고 판단했다. 다산은 칼에 다친 상처와 종기는 따뜻한 방에서 조섭함이 중요한데 최주변이 바람을 쐬고 찬기운을 맞아 혈관을 더 다쳤고 그럼에도 곡식 섬을 짊어져서 힘줄과 핏줄을 억눌러 종기의 독을 풀어주지 않아 결국 한 달 만에 사망하였다고 결론지었다.

최주변의 죽음은 민성주가 비록 칼로 찌른 행위가 있었지만 이것이 직접적인 원인이었다기보다는 찔린 상처를 후에 제대로 조섭하지 않은 채 일을 하다가 악화된 결과로 보았다. 이에 대해 최주변의 아내 안씨는 칼의 쇳독과 이로 인한 종기 독이 온 몸에 퍼져 사망한 것이라고 주장했다. 그러나 다산은 《무원록》의 칼에 다친 조문을 재차 확인하면서 쇳독으로 야기된 죽음이 아님을 강조하였다.

다산은 마지막에 본 사건을 다음과 같이 총평하였다.

아내가 남편의 원수를 갚음은 삼강오륜의 큰 뜻이니 기특한 일이요 절조가 높은 일이 아닐 수 없다. 또한 민성주의 범행이 반드시 죽이려는 마음에서 나왔고 칼날의 상처가 반드시 죽는 급소에 해당하는 것이라면, 아내 안씨가 칼을 품고 원수를 갚은 사실이 어찌 찬란히 빛날 일이 아니겠는가? 그러나 본 사건은 그렇지 못하다. 본 사건은 장난에서 비롯하였고, 상처는 복사뼈 아래에 불과하다. 또한 상처를 보면 칼을 옆으로 하여 때린 것이지 찌른 것은 아니다. 따라서 최주변의 죽음은 상처를 조섭하지 않고 찬바람을 쏘인 때문이다. 다행이 최주변이 죽지 않았다면 한번 웃고 끝날 일에 지나지 않았으므로 상처로 고생은 했지만 관아에 고발하지 않았던 것인데, 불행히도 죽게 되자 그 아내 안씨가 모진 칼로 목구멍을 찌르고 다듬이 방망이로 머리와 얼굴을 어지럽게 내리쳤으니 그 잔인함과 악독함은 최주변이 다친 것보다 백배나 더하다. 대체로 시골의 어리석은 부인이 다만 남편이 죽으면 원수를 갚는다는 말만 듣고 이 일이 복수할만한 일이 아니란 사실을 헤아리지 않았다. 그런데도 안씨가 함부로 사람을 죽인 사실에 죄가 없다고 판결한다면, 이후 뒤따를 폐단이 끝이 없을 것이다. 윤리를 손상하는 의리를 법으로 허용해서는 안 될 것이다.

다산은 살인사건의 정확한 진상조사를 가장 중요하게 생각했고, 이를 위해 《무원록》의 지식이 필수적이라고 판단했다. 그는 정확한 사건 조사만이 정의로운 판결을 가능케 하고, 그래야만 백성들의 억울함이 사라진다고 주장했다. 다산은 당시 법의학 지식이 부족한 사또들이 사건을 정확하게 조사하지 않은 채 성급하게 상식적으로 판단하거나 범인이나 관련자들의 진술에 의거하여 사건을 결론짓는 행위를 문제삼았다.

다산은 남편의 죽음을 복수한 아내의 행동만을 보고 열녀로 칭송한 수안군수의 판단이 얼마나 부적절한지 꼬집어 비판하였다. 그리고 조선후기 사회에 절실하게 요구되었던 '정의'의 확산이 단지 인정이나 도덕에 호소하는 것만으로는 더 이상 충분치 않다고 판단했다. 그는 도덕과 인정의 중요성만큼이나 《무원록》의 정확한 지식과 이에 근거한 철저한 조사가 '인정(仁政)'의 근본임을 강조하였다.

3. 공무 중 사건사고

1775년(영조 51년)에 전라도 광주에서 사노비 독동이 맞아 죽은 사건이 벌어졌다. 독동을 살해한 자는 이임(里任) 최구첨이었다. 조선시대의 이임은 오늘날의 동장 혹은 이장과 유사한 일을 했다. 당시 최구첨은 동네를 돌아다니며 환자곡을 거두었고, 사노비 독동은 그를 도와 벼를 말질한 후 가마니에 담고 있었다. 그런데 독동의 말질이 균등하지 못한 게 문제였다. 독동이 잔꾀를 부려 자기와 친분이 있는 경우는 말질을 적당히 해서 곡식을 담는 반면, 평소에 불만이 있었던 사람에게는 가능한 됫박 가득 세곡을 담아 가마니를 채웠다. 조선시대에는 말질하는 자의 농간이 많았다. 화가 난 이임 최구첨이 독동을 나무라자, 독동이 이에 응하지 않고 도리어 욕을 하면서 최구첨에게 대들었다. 분노를 참지 못하게 된 최구첨이 갑자기 쌀을 담는 됫박으로 독동의 뒤통수를 때렸고 독동은 이틀 만에 죽고 말았다.

당시 전라도 관찰사는 사건을 대충 조사했다가 정조 임금의 분노를 자아냈다. 전라도 관찰사는 "독동의 뒤통수에 생긴 상처가 오래된 종기 자국이라는 최구첨의 주장은 전연 믿을 수 없으니 최구첨을 살인죄로 처벌하자."고 보고하였다. 그는 본 사건이 공무 중의 사고인지도 모른채 최구첨에게 단순 살인죄를 적용했던 것이다. 정조는 사건을 불성실하게 파악한데다 보고서마저 엉성하게 작성한 당시 관찰사를 즉시 파직하고 새 관찰사를 임명하여 정확한 재조사를 주문하였다.

재조사에서도 공무 중의 사건 여부가 중요한 화두로 떠올랐다. 독동의 죽음을 단순 살인으로 처리해야 할지 아니면 공무 중의 사고로 결정해야 하는지 논쟁이 벌어졌다. 신임 전라감사의 재조사 보고서를 받아든 형조 관리들도 두 의견으로 나뉘어 대립하였다.

먼저 형조정랑 김경채는 "독동의 말질이 균일하지 못했을 뿐만 아니라, 게다가 술에 취해 최구첨에게 욕을 하였으니 망녕된 일이 분명하고, 일이 공무(公務)에 관계되었으므로 상황이 고의로 죽인 것과는 다르다."고 주장하였다. 그는 공무 중의 사건으로 해석하여 가볍게 처벌해야 한다고 주장했다.

반면에 형조참판 이형규는 반대 입장을 고집했다. "최구첨이 됫박으로 독동의 머리를 때린 증거가 분명한데다가, 의원을 찾아가고 무당에게 묻는 등 독동을 살리려고 노력하였으며 상처가 반드시 죽을 부위에 드러났으니, 법조문으로 보아 살려 주기 어렵다."는 주장이었다.

마지막에 정조는 본 사건을 다음과 같이 결정했다. "환곡(還穀)을 나누어 거두는 일은 이미 공무에 관련된 것이 분명하며, 말질이 고르지 못하여 문제가 된다면 실로 다스려야 할 일이다. 그리고 독동의 말이 공손하지 못했다면 이 또한 나무라야 한다. 그러나 분노가 갑자기 일어날 때에 생각이 앞뒤를 가리지 못하고 합법적인 도구인 태(笞)나 장(杖)을 찾을 겨를도 없이 됫박을 들어 그 자리에서 머리를 때렸으니, 행동거지를 보면 매우 어그러진 일이고, 법전으로 보아도 지나친 일이라 아니할 수 없다. 그럼에도 일의 사리를 따져보면 개인적인 감정을 풀려고 한 게 아니니, 그 본심을 살펴보면 한 번 경계를 보이려고 때린데 불과한 것으로 애당초 어찌 죽일 뜻이 있었겠는가. 사건이 일어난 이후에 최구첨이 여러 가지 방법으로 독동을 구료한 것을 보더라도 살리려 했음이 분명하다. 비록 최구첨이 독동을 징벌한 도구가 법전에 있는 태장(笞杖)은 아니지만 일의 진상은 모두 공무로 기인한 것이므로, '면임(面任)이나 이임이 태나 장으로 사람을 때리다가 죽인 조문'을 인용하여 적용해야 한다고 생각한다. 지금까지 최구첨을 10여년이나 가두어 두고 여러 차례 신문하였으니 충분히 징계했다고 할 수 있다. 이후에 최구첨을 한 차례 매질하고 사형을 감하여 변방으로 정배하라."

1784년(正祖 8년) 윤3월 정조는 사형을 감하여 정배하는 형으로 최종 판결하였다. 정조는 공무 중의 사고이며 최구첨이 10년간 감옥에서 고초를 겪은 만큼 사형은 지나치다고 판단하고 유배형을 결정한 것이다.

다산은 법을 집행하는 사또나 관찰사가 전연 법전을 읽지 않아 법리를 모른채 재판에 임하고 그 결과 백성들이 고스란히 그 피해를 입는다고 비판했다.

다산은 공무 중의 사고를 처리하는 법조문은 모두 세 항목뿐임을 지적하였다. 먼저 조선이 주로 참고하였던 중국 명나라의 법률이다. 《대명률》에는 관리가 공무 중의 매질이 지나쳐 사람을 상해하거나 죽인 경우를 처벌하는 조항이 수록되어 있다. "관리가 공무로 말미암아 사람의 급소를 불법으로 때리거나 직접 큰 몽둥이 혹은 칼이나 손발로 사람을 쳐서 골절 이상으로 다치게 된 경우 싸우다 다치게 한 죄에서 2등급을 줄여 처벌하고, 죽게 한 경우 형장 100에 징역 3년에 처하며 장례비 10냥을 추징한다. 만일 궁둥이나 허벅지 등 형벌을 가할 수 있는 신체 부위를 때리다가 우연히 죽거나 혹 자살한 경우는 모두 불문에 붙인다."

또한 다산은 '공무'가 무엇인지를 정확하게 정의해두었는데, "관리가 세금 징수를 재촉하는 일, 공사(公事)로 인해 심문하는 일, 공사(工

事)를 감독하는 일, 군관이 군마를 조련하고 무예를 연습시키거나 군사를 다그쳐 이동하거나 성곽과 해자를 수리하는 일 따위가 모두 공무이다."라고 적시하였다. 국가의 공식적인 일을 수행하는 경우를 공무라 하며, 개인적인 일이나 감정이 개입한 게 아니라면 모두 공무로 인정할 수 있다는 의미이다.

마지막으로 정조가 인용한 《속대전》에도 관리의 공무 중 사고에 대한 규정이 실려 있다. 선초의 《경국대전》을 재정비한 《속대전》은 지방관이나 향리들의 남형(濫刑)을 엄금하였지만 공무 중이라면 감형하였다. "각 고을의 향소(鄕所)나 군관, 면임, 이임 등이 태장(笞杖)으로 사람을 죽인 경우, 사사로운 뜻에서 나왔다면 법에 따라 판단하지만, 공무 중이면 형벌을 제멋대로 했는지 여부를 자세히 조사하고 경중을 헤아려 죄를 결정한다."

다산은 만일 전라도 관찰사가 위 3개 법조문을 정확하게 이해하고 적용했다면, 최구첨이 10 여년의 감옥생활의 고초를 겪지 않았을 것이요, 임금께서 본 사건으로 고심하면서 정신을 소모하지 않았을 것이라고 주장했다.

다산은 됫박으로 사람을 때려 죽인 본 사건은 《대명률》의 큰 몽둥이나 칼을 사용하여 때리다가 사람을 죽인 경우와 합치하므로, 형장 100에 징역 3년을 판결하고 장례비 40냥을 추징하는 게 가장 정확하다고 강조했다. 설사 《속대전》의 조항을 적용한다 해도 최구첨의 행위가 사사로운 감정에서 기인하지 않은 게 분명하므로 감형(減刑)할 수 있다고 보았다.

다산은 "관찰사가 법조문을 숙지하여 처음부터 이러한 조문을 인용하고 장계로 아뢰었다면 오래전에 판결이 끝났을 터인데 어찌하여 10

년이 지나도록 가두고 여러 차례 고문을 했는가? 사대부가 법률서를 읽지 아니하여 백성에게 해독을 끼침이 이와 같으니 시나 지으면서 음풍농월하고 노름하는 일을 어찌 폐지하지 않을 수 있겠는가?"라고 탄식하였다. 좋은 목민관의 자질은 시문이 아니라 법률을 잘 아는데 있다는 다산의 충고는 오래도록 생각해볼 말이다.

4. 예외는 불가피하다.

1684년 숙종대 일이다. 8월 2일자 실록에는 정제선이라는 관료가 평안도에서 사람을 죽인 일 때문에 사간원이 사형을 청하는 상소가 수록되어 있다. "전 지평(持平) 정제선이 작년 중국으로 사신행차시 평안도에 이르렀는데 이곳으로 도망친 자신의 사노비를 찾는다면서 가는 곳마다 술에 취하여 혹독한 매질을 하다가 제멋대로 죽인 자가 무려 5명에 이르렀습니다. 청컨대 잡아다가 추문하여 죄를 주소서."

당시 숙종은 정제선을 사형에 처하라고 명령하였지만 많은 신하들이 그리할 수 없다며 만류하여 결정이 보류되었다. 이에 숙종은 한 차례 더 조사하는 동시에 대신들의 의견을 구했다. 12월 13일 드디어 본 사안에 대한 최종 결정이 내려졌다. "정제선 사건을 관찰사로 하여금 명확하게 조사하도록 하였는데 이제 보고서를 보니 비부(婢夫) 2인과 양민 1인을 반노(叛奴:도망한 노비)와 함께 함부로 죽였으니, 진실로 살인의 율을 면하기 어렵다." 숙종은 최종적으로 사형 집행을 명하였다.

다시 대신들의 반론이 제기되었다. 이들은 임금의 명을 받은 관료가 살인한 경우 사형 대신에 감형하여 귀양 보낸 사실을 거론하며 정제선 역시 유배형이 적당하다고 주장하였다. 숙종은 본 사안의 판결을 이듬해 1685년 1월 말로 미루었다. 그 사이에 의금부 대신들은 관리가 사람을 죽인 경우 사죄에 처하지 않았다는 의논을 반복하였고, 때문에 이를 참작하여 유배형을 결정하는 게 좋다고 주장하였다. 숙종은 "정제선이 비록 왕명을 받든 관료이지만 공무도 아니고 한때의 혈기를 참지 못하여 함부로 사람의 목숨을 죽였으니 왕법에 용서하기 어려울 듯하다. 그런데 대신들이 이번 옥사를 참작할 근거가 있다고 주장하니 이를 수용하지 않을 수 없다. 특별히 감형하여 3천리 유배형을 처하라"고 명하였다.

정제선은 마침내 전라도 강진에 유배되었다. 물론 모든 신하들이 정제선의 감형에 찬성한 것은 아니었다. 예조판서 이민서는 정제선을 사죄에 처하도록 극력 상언하였다. 그는 후일 왕명을 받았다면서 사람을 함부로 죽이는 자들이 속출하고 또 이번 사건을 끌어다가 살아날 방도를 찾는 폐단이 생길 것이라고 주장하였다. 이에 숙종은 일단 정제선은 감형하여 유배형에 처했지만 이후 사사로이 사람을 죽인 관료는 사형에 처한다고 공포함으로써 사건을 마무리하였다.

1685년 4월 15일 우의정 남구만은 정제선을 사죄에 처하지 않은 숙종의 판결을 비판하였다. "신이 의주에서 순안까지 열 고을을 지나오다가 정제선의 사건을 탐문하니 참혹함이 보통이 아니었습니다. 비록 옥사를 의논하고 감형하는 것은 임금이 소중히 여기는 바이나 사람을 죽인 자를 용서해 준다는 법조문은 없습니다. 노쇠한 자에게 형벌을 면제함은 주(周)나라의 아름다운 제도이나 사람을 죽인 경우라면 비록 나이가 칠팔십이 되었다 해도 사면한 적이 없습니다. 또한 고의(故意) 유무를 잘 따지는 게 중요하지만 사람을 죽인 경우라면 과실이나 장난 중의 사고라 해도 용서하지 않았으니 목숨으로 갚지 않고서는 죽은 자의 원통함을 풀어 줄 수 없기 때문이 아니겠습니까. 더욱이 의금부의 논의에 이른바 '왕명을 받든 신하는 일반인과 차이가 있다.'고 하였는데 이 역시 고금의 경전과 법률에 들어보지 못한 말입니다. 고대 법전에 다만 사람을 죽인 자는 목숨으로 갚는다고 했을 뿐이고 신분의 귀천과 존비의 구별이 없었으며 고금에 이를 중요한 원칙으로 지켜왔는데, 관료와 일반인을 차등한다는 의론이 어디에 있단 말입니까. 그런데 지금 왕명을 받든 신하라면서 대신들의 의견을 구하였으니 이것이 과연 천하의 공평한 법이라고 할 수 있겠습니까. 물론 대신들의 논의 중에 '정제선이 공무도 아닌 일로 더욱이 관청 내의 부리는 사람도 아닌 일반 양민을 죽였는데 이를 가볍게 처벌한다면 법을 만든 뜻이 진실로 무언지 모르겠다.'고 주장한 이도 있었으니 참으로 옳은 말입니다. 그럼에도 결국 전하께서는 전례(前例)를 들어 사형을 감하여 유배의 명을 내리고 말았습니다. 위엄을 내리고 복을 내리는 권세가 본래 전하에게 달려 있으니, 사람을 형벌하고 죽이는 것을 임금이 결정하셔야 할 터인데, 어찌 대신들의 말을 기다려 이처럼 처리한단 말입니까. 또한 전하께서 정제선을 용서해 주신 뒤에 또 새로운 법령을 세우시어 '지금 이후로는 왕명을 받든 관료라도 사사로이 사람을 죽인 경우 상명(償命)하라.' 하셨다 하니 신은 이에 더욱 개탄스럽습니다. 만일 전하께서 지금 왕명을 받든 관료가 사람을 죽인경우 사형에 처해야 한다고 여기신다면 정제선이 어찌 죽음을 면할 수 있겠으며, 정제선의 죽음을 만약 감면해도 된다고 여기신다면 후일 어찌 관료를 반드시 사형에 처할 수 있겠습니까. 이처럼 법을 운용한다면 국민들로 하여금 더욱 전하의 마음이 얕고 깊음을 엿보아 경시하고 함부로 대하려는 마음을 열어 놓게 할 것이니, 새로 정한 법령이 반드시 행해지지 못하리란 것을 누구인들 알지 못하겠습니까. 기왕의 잘못은 이제 어쩔 수가 없으나 법대로 처리하자는 청원이 아직 사헌부에 남아 있으니, 삼가 바라건대 밝으신 성상께서는 속히 윤허하여 국법이 바로잡히고 국가의 기강이 다시 진작되게 하신다면 매우 다행이 겠습니다.”

후일 다산은 정제선 사건의 내막을 자세하게 살펴보고 자신의 견해를 밝힌 바 있다. 다산은 남구만의 주장이 잘못되었다고 지적하였다. 남구만이 모든 죄인들을 나이와 상관없이 처벌하거나 혹은 과실 여부와 무관하게 처벌해야 한다고 주장한다면 경전을 전연 잘못알고 있다는 비판이었다.

다산은 노인이 살인한 경우 사형에 처한 것은 오직 한(漢)의 법률일 뿐 고대에는 사면하였다고 주장했다. 또한 과오나 장난 중에 사람을 죽인 이른바 과실에 대해 고대에는 모두 사죄에 처하지 않았는데 어찌 용서하지 않았다고 주장하는지 알 수 없다고도 했다.

특히 다산은 《주례(周禮)》에는 ‘의귀(議貴)’라 하여 왕명을 받든 신하를 특별히 사면할 수 있다는 조항이 있으니 관리들과 보통사람[凡人]이 다르다는 것 또한 가히 알 수 있다고 언급한 후, 정제선을 엄형하려 든다면 공평치 못한 처사로밖에 볼 수 없다고 주장했다.

다산은 남구만이 고대의 법전에 진실로 임금의 명을 받든 자가 보통

사람과 다르다는 조문이 없다면서 관료와 일반인을 다르게 취급할 수 없다고 고집하는데, 그렇다면 과연 임금의 명을 받은 자가 보통사람과 동일하다는 조문은 있다는 말인가라고 반문하기도 했다. 이처럼 다산은 관리와 일반인의 처벌이 같을 수 없다고 극구 주장하였다. 심지어 다산은 모든 이를 똑같이 엄벌함으로써 국가의 기강을 바로잡을 수 있다고 본 남구만이 유학자가 아니라 엄형을 좋아하는 군인 같다고 조롱하기조차 했다.

다산은 입법의 취지가 '살인자를 사형에 처한다.'는 것은 분명하지만 가령 정제선처럼 왕명을 받든 관리들은 '감형'하는 것이야말로 고대 경전의 진정한 정신이라고 주장하였다. 다산은 형벌을 모든 이에게 일률적으로 적용하기 어렵다고 보고 이른바 '예외' 집단을 인정하였다. 다산의 예외 규정은 노약자나 정신병자 등도 있었지만 대부(大夫) 이상의 관리를 포함시킴으로써 매우 특별해졌다. 다산은 관리들이야말로 국가의 동량으로 일반 백성과는 다르다고 보았다. 혹 이들을 보통사람과 똑같이 대우한다면 이들의 사기가 떨어짐은 물론이거니와 상민들이 분수를 모르게 된다고 우려였다. 도대체 다산은 왜 이와 같은 '예외' 규정을 인정했던 것일까?

5. 예외 규정의 진의(眞意)

《맹자》 진심장에는 맹자와 제자 도응(桃應)이 일종의 딜레마 상황을 놓고 토론한 가상 문답이 수록되어 있다. 도응은 만일 순임금이 천자인데 그의 아버지 고수가 사람을 죽였다면, 당시 법관인 고요는 법을 집행할 수 있는 것인지, 만일 살인자를 사형에 처한다는 법을 그대로 따른다면, 아버지가 죽을 터인데 최고의 권력자인 순임금은 아버지를 위하여 무엇을 해야 하는지 등을 물었다.

이는 국가의 엄연한 법과 부자간의 도리가 상충하게 된다면 어떻게 해야 하는지 답변을 요구한 것으로 법과 윤리의 충동이라는 고대 이래 동아시아의 중요한 철학적 난제였다. 만일 순임금이 아버지를 위하여 법을 굽히도록 명한다면 부자지간의 인륜을 지키려다 국가의 공적인 법률을 무시하였다고 비난받을 터이고, 그렇다고 해서 법의 집행을 그대로 내버려둔다면 아버지를 버려둔 순임금은 불효자가 되기 때문이다.

맹자의 답변은 이랬다. 법과 도덕을 모두 경시하지 않기 위한 방법은 단 한 가지, 고요는 공무를 다함으로써 국가의 법을 수호할 뿐이고 순임금은 나라를 버리고 아버지와 함께 도망하여 효를 다해야 한다는 것이다. 국가의 법은 훼손되어서 안 되고 부자간의 인륜 역시 저버릴 수 없기에 내놓은 고육지책이었다.

맹자의 해결책에 대해 후대의 학자들은 이런 저런 비판과 더불어 새롭게 자신들의 의견을 덧붙였다. 가령 중국 송나라의 대정치가이며 역사학자인 사마광은 법관인 고요는 순임금의 아버지를 법대로 집행해야 하며, 만일 순임금이 아버지를 엎고 도주하도록 허용했다면 이는 임금과 신하(법관)가 짜고 백성들을 속인 데 불과하다고 비난했다. 사마광은 임금의 아버지라도 법 적용의 예외가 될 수 없다고 주장하였다.

이에 비해 송나라의 학자 장식은, 법관은 법을 집행하여 순임금의 아버지를 잡아들이고 후일 순임금이 아버지를 엎고 도망하도록 허용함으로써 국가의 공법도 지키고 부자지간의 인륜도 중시하면 된다고 주장했다.

공사를 모두 만족시켜야 한다는 생각은 성리학의 집대성자로 알려진 주희 역시 마찬가지였다. 그는 만일 고요가 단지 법을 집행할 뿐이라면, 그는 법이 있는 줄은 알지만 천자의 아버지가 존귀함을 알지 못한 것이고, 왕이 아버지를 엎고 도주했다면 아버지가 있음을 알뿐 천하가 중요하다는 사실을 알지 못한 것이라고 말했다. 주희는 부자지간의 인륜과 국가의 공법이 모두 존중되어야 한다고 주장했지만 구체적인 방법은 제시하지 않았다.

이후 주자학을 정통으로 삼은 조선의 학자들은 국가의 공(公)과 부자지간의 사(私)를 모두 만족시킬 수 있는 해법이 무엇인지 무수히 고심하고 토론하였다. 공사간의 충돌과 마찰의 이러지도 저러지도 못한 딜레마 상황에서 단순히 국가의 공을 우선한다거나 혹은 사적인 은혜를 앞세우기 어렵기 때문이다.

일찍이 다산은 이러한 난제에 대해 자신의 견해를 피력한 바 있다. 결론적으로 다산은 임금의 아버지는 예외적인 존재임을 강조했다. 다산은 천하에 임금의 아버지보다 높은 이가 없는데 법을 굽히는 일과 임금이 떠나도록 하는 일 가운에 어느 게 나은지 자문하였다. 정답은 고요가 법을 '굽힌다'였다. 이어서 아버지를 옥에 가두는 일과 법을 굽히는 일 중 어느 게 나은지 물었다. 역시 순임금은 법을 굽혀야한다고 답했다. 왜 그런가? 먼저 신하로서 임금의 아버지를 구속한 후 살인자는 마땅히 죽어야 한다고 말한다면 천하에 이런 법은 없기 때문이다. 둘째, 임금이 떠나는데도 붙잡지 않은 채 난 법을 집행할 뿐이라고 주장한다면 천하에 이런 의리는 없기 때문이다. 마지막으로 임금이 되어서 자신의 신하가 아버지를 치죄하려는데 그냥 내버려두면서 어찌하겠는가 법인데라고 한다면 천하에 그런 자식은 없기 때문이다. 다산은 군신간의 의리와 부자간의 인륜을 깊이 생각한다면 법 집행을 할 수 없다고 보았다.

또한 다산은 중국의 장식이 제시한 해결책, 즉 법관은 법을 집행하여 임금의 아버지를 잡아들인 후 뒤로 몰래 도망하도록 허용해 줌으로써 공사의 충돌을 해결할 수 있다는 주장을 비판했다. 만일 그렇다면 첫째, 법관은 애초에 법을 집행할 뜻이 없었으며 결국 죄수를 도주하도록 함으로써 백성들에게 사기를 친 꼴이 된다. 둘째, 법을 엄정히 집행한다고 하고는 사람을 죽인 자를 법대로 처형하지 않았다. 그리고 셋째, 나라에 임금이 없게 되는 최악의 결과를 초래한다. 그럼 어떻게 하는 게 좋은가? 법관은 법을 집행할 따름이고 왕은 아버지를 엎고 도망하면 된다는 맹자의 주장은 전연 말도 안 되며, 설사 그렇게 해도 문제가 해결되지 않는다. 다산의 해법은 분명했다. 법을 굽히면 된다. 다시 말해 '법 적용의 예외'를 인정하여 임금의 아버지를 용서하면 된다는 것이다.

다산의 주장대로라면 결국 왕실은 법 밖의 존재라는 셈인데, 과연 그럴 수 있는가? 사실 다산이 이러한 주장을 한 진의는 따로 있었다. 다산은 노약자, 고의로 살인하지 않은 자, 정의로운 복수, 그리고 정신병자 등의 행위는 일반인과 다르게 정상 참작(예외로 인정)해야 한다고 주장한 바 있다. 그리고 여기에 두 부류를 추가했는데, 바로 전현직 고위관료와 왕실의 오복친 내 종친이었다. 이들 역시 감형의 대상이었다.

왜 이들만이 예외적인 지위를 누려야 하는가? 조선후기에는 너무나 많은 사람들이 스스로 자신들이 감형의 대상이라고 주장하고 있었다. 고의로 사람을 죽이고도 과실이라고 주장하는 사람들, 미치지 않고서도 광중이라고 주장하면서 처벌을 면하는 자, 사람을 죽여 놓고도 정의로움을 주장하는 자들이 그들이었다. 사실 이들은 그리 큰 문제가 아니었다. 가장 심각한 것은 지방의 사족들과 왕실의 외척들이었다. 조선시대 지방 사족들의 횡포는 다산이 보기에 도를 지나친 상태였다. 그는 제자에게 보낸 편지에서 당시 양반들이 상민들에게 저지르는 일상적인 고문과 형벌을 사용하지 말도록 주의시키고 있다. 당시 양반들은 고문과 형벌을 자행하는데다 사람을 죽이고서도 자신의 권세를 이용하여 죽음을 면하고 감형 받았다. 왕실의 외척들 또한 예외가 아니었다. 다산이 진정 전현직 고위관료 몇 명과 왕실의 오복친족만을 감형 대상으로 규정한 것은 이들만을 예외로 인정하고 나머지 모든 사족들과 외척들의 경우 반드시 죄값을 치러야 한다고 주장하고 싶었기 때문이다.

특권을 완전히 배제하기 어렵다면 예외를 적용받을 수 있는 '특권층'을 매우 좁게 규정해야 한다. 아무나 특권을 주장하거나 요구하지 못하도록 하는 게 중요하다. 이것이 다산 주장의 핵심이다.

맹자는 법의 중요성과 공평성을 강조하기 위해 황제의 아버지라도 예외가 될 수 없다고 주장하였다. 물론 근본적으로 맹자가 옳다. 그러나 다산은 맹자의 주장을 너무나 이상적이라 전연 현실성이 없는 생각으로 바라보았다. 다산은 왕실의 가까운 친인척과 몇몇 전, 현직 고급 관료들의 〈예외〉와 특권만을 인정하고, 나머지는 모두 법 앞에 평등할 것을 요구하였다. 〈무조건 법 앞의 평등〉보다는 〈예외를 인정한 후의 평등〉이 더 현실적이라고 생각했기 때문이다.

사실 오늘날 너무나 많은 사람들이 특권을 누리려하고 또 실제로 그렇게 한다. 국회의원이라고, 재벌이라고, 국가에 공로가 많다고, 운동을 잘한다고 등등 그러다보면 예외와 특권의 '기준'이 모호해지기 일쑤다. 너도나도 '예외'의 특권층에 가입하고 싶어진다면, 이를 막을 수 있는 방법이 그리 많지 않다. 오직 예외의 기준을 명확하게 정의하고 엄격하게 적용하는 것 이외에 다른 무슨 현실적인 방법이 있겠는가? 다산의 주장이 적실한 이유가 바로 여기 있다.

6. 가볍게 혹은 무겁게 처벌하기

조선시대 살인사건 판결의 특징 중 한 가지는 주범과 종범을 구별하여 처벌한 사실이다. 살인은 목숨으로 보상한다는 원칙에 근거하여 살인범은 반드시 사형에 처해졌는데, 여러 사람이 구타하거나 혹은 두 사람 이상이 계획 살인한 경우 이들 중 한 사람만 주범으로 지목되어 처벌되었다. 따라서 사건 조사과정에서 주범과 종범을 잘못 판단할 경우 죽어야 할 범인이 살아나고 살아야 할 자가 죽을 수도 있었다.

1783년 10월 황해도 해주의 옥졸 최악재는 새로 들어온 죄수 박해득이 옥지기에게 의례히 지불하는 돈을 내지 않자 갇혀 있던 죄수 이종봉을 시켜 결박하고 때리게 하여 20여일 만에 죽게 하였다. 이종봉은 살인을 저지르고 잡혀온 자로 당시 죄인장무를 맡고 있었다. 죄인장무란 죄수들 가운데 반장이었는데, 감옥의 기강을 바로잡는다는 명분으로 옥졸 최악재가 사사로이 한 사람을 지목하여 다른 죄수들의 돈을 갈취하여 바치도록 한데 불과했다.

황해도 감사는 해당 사건을 조사한 사또들의 검안[살인사건 보고서]을 정리하여 중앙에 올려보냈다.

"처음부터 최악재는 이종봉으로 하여금 박해득을 차꼬에 묶고 새끼줄로 온 몸을 함께 묶도록 시킨 자였다. 곱사등이처럼 몸이 구부러진 박해득은 움직일 수 없게 되어 마침내 담벼락으로 넘어지면서 형틀에 왼쪽 턱을 부딪쳐 살이 터지고 피가 나는 상처를 입었다. 후유증으로 마침내 20여일 만에 사망하였다. 최악재는 밖에서 지시하고, 이종봉은 안에서 시키는 대로 했으니, 새끼로 온 몸을 묶은 자는 비록 이종봉이나 처음부터 지휘한 자는 최악재였다. 이종봉은 죄수의 몸으로 목숨이 옥졸에게 달려있었으므로 옥졸의 뜻을 따르고 감히 어기지 못했을 것이다. 최악재는 억세고 흉악한 놈으로서 앞뒤를 헤아리지 아니하고 오직 돈을 우려낼 일을 능사로 삼았다. 법에 의하면 위협하고 사주하여 사람을 때려 죽거나 다치게 한 경우, 사주한 자를 주범으로 삼고 범행한 자를 종범으로 삼는다고 하였으니, 최악재를 주범으로 기록하고, 이종봉을 종범으로 보고한다."

황해도의 보고서를 받아 본 형조의 관리들은 왕에게 보고하기 전에 일단 본 사건을 어떻게 판단할지 논의하였다. 그리고 황해도 감사의 판단은 악행의 원인을 깊이 따지는데서 나온 의논인 듯 하지만, 법의 의미를 잘 헤아려보면, 정범(주범)은 곧 범죄를 저지른 자에 해당하므로 주모자가 비록 최악재일지라도 박해득이 목숨을 잃게 된 것은 결국 이종봉 때문이라고 주장했다. 이에 따라 형조는 이종봉을 주범으로 최악재를 종범으로 결정하여 왕에게 보고하였다.

조선시대 모든 살인사건은 왕의 최종 결재를 받았다. 왕은 범인을 사형에 처할지 혹은 감형할지 또는 재조사를 시행할지 여부를 결정하는 최종 판단자였다. 당시 사건의 경위를 보고받은 정조는 참담한 심정을 토로했다.

"황해도의 장계는 최악재를 주범으로 삼았고, 형조는 이종봉을 주범이라 했다. 황해도는 위협한 자를 고려하였고, 형조는 범행한 사실을 중시하였다. 모두 예리한 관찰과 법조문을 세밀하게 조사하여 결정하였으나, 양자를 비교해 보았을 때 형조의 판단이 조금 나은 듯하다. 그러나 본 옥사를 보고받고 특히 만번 놀랍고 가슴 아픈 일이 있으니, 주범이니 종범이니 중죄니 가벼운 죄니를 논할 겨를이 없다. 최악재는 옥졸이고 이종봉은 죄수이다. 어찌 감옥의 죄수 신분으로 감히 장무라 일컫고, 옥졸로서 멋대로 지휘권을 행사하여 새로 들어오는 죄수에게 수십 냥의 재물을 뜯어내며, 혹은 감옥의 창살 너머로 공갈하고 혹은 머리에 형틀을 씌우고 결박하여 잡아 묶는 등 오만 가지의 고초와 아픔을 모두 겪게 하는가? 두 죄수 모두에게 사형 죄를 내릴 만하다."

정조는 당시 옥졸들이 죄수들을 협박하고 돈을 갈취하는 일이 비일비재하다고 판단하여 이후 혹시라도 옥졸이 죄수들을 괴롭히거나 돈을 뜯어내다가 발각되면 당사자를 엄중 처벌함은 물론 사또와 관찰사 등 관리들도 모두 다스리겠다고 경고하였다.

"해주 지방이 이 정도라면 서울이나 지방의 죄수들이 폭행과 돈 요구에 시달리고 있음을 익히 알만하다. 단지 죽거나 다치는 일이 없어 드러나지 않았을 뿐이니, 이러한 일을 심상히 지나친다면 훗날의 폐단은 이루 다 말할 수 없을 것이다. 이 뒤로 혹시라도 옛 버릇을 다시 되풀이하는 자가 있으면 옥졸은 물론 해당 관원을 중벌로 다스릴 것이며, 조심시키지 않은 관찰사 역시 별도로 논죄하여 벌할 것이다. 그리고 이러한 뜻으로 공문서를 작성하여 전국에 알리도록 하라. 내가 구중궁궐에 깊숙이 들어앉아 있다고 말하지 말라. 나에게는 암행어사가 있어 다 살필 수가 있다."

후일 다산은 본 사건의 원인을 논리적으로 분석하여 주범과 종범을 구별하였다. "박해득이 몸을 부딪친 것은 차꼬이고, 차꼬에 부딪치게 된 것은 넘어졌기 때문이다. 또 넘어지게 된 것은 차꼬를 몸에 묶었기 때문이며, 차꼬를 몸에 묶은 자는 이종봉이다. 그런데 이종봉이란 자는 최악재의 사주를 받은 경우이므로 그 근본을 따져 심문하고 조사하다 보면 결국 최악재가 주범이고 이종봉이 종범임이 법례로 보아 분명하다. 따라서 이종봉보다는 최악재를 주범으로 결정해야 한다." 그렇다고 해서 이종봉의 죄가 결코 가벼운 것은 아니다. "어찌 높은 지위에 있는 관리나 임금이 감옥 안에서 일어나는 세세한 사건들을 모두 알 수 있겠는가? 감옥 안의 오래된 죄수는 악독한 짓이 옥졸보다 심한 경우가 많다. 따라서 이종봉을 그저 따르기만 한 죄로 판결할 수 없다. 최악재는 문 밖에서 명령했고, 이종봉은 위협을 핑계 삼아 혹독한 짓을 했으니 그 본심의 흉악함을 헤아려 보면 최악재가 더 깊고 이종봉은 앝다고 할 수 없다."

일찍이 다산은 법을 도덕 교화의 중요한 수단으로 생각했다. 죄인을 무겁게 처벌할 수 있다면 가능한 무겁게 처벌하고, 가볍게 처벌할 수 있다면 가능한 가볍게 처벌해야 도덕의 근본이 선다고 주장하였다. 다시 말해 정상참작으로 관용을 베풀 수 있는 경우라면 가능한 가볍게 처벌하지만, 이와 반대로 엄하게 처벌하여 죄 값을 치르도록 해야 한다면 최대한 무겁게 처벌해야 법의 기강이 바로 서고 도덕 교화가 이루어진다고 본 것이다.

이에 다산은 최악재를 주범으로 엄하게 처벌하고, 이종봉은 가능한 무겁게 처벌함으로써 질서를 다 잡는데 기여할 수 있다고 판단하였다. 법의 집행은 정확함을 생명으로 하면서도 궁극적으로는 사회정의를 구현하는 중요한 길이었기 때문이었다.

7. 균형 잡힌 법

다산은 조선시대 사람들이 거짓으로 사건을 꾸며 무고하는 경우들이 많다고 보았다. 사건을 조작하여 남에게 원인을 돌리거나 죄를 덮어씌우는 사례들은 무고죄에 해당했다.

무고에 대한 정확한 처벌 규정은 《대명률》에 자세하다. 여기에는 '허위로 고발한 경우 각각 허위로 고발된 사람이 받은 죄보다 2등급 혹은 3등급을 높여 가중처벌하고 허위 고발당한 사람이 사형에 처해져 이미 죽게 된 경우는 무고한 자 역시 사형에 처하도록 한다. 그리고 판결이 나지 않은 경우 형장 100대를 치고 3천리 유배형을 보낸 후 3년을 더해 노역(勞役)을 하도록 한다.'고 명시되어 있다. 그럼에도 조선시대에 이를 정확하게 집행하지 못하여 남에게 죄를 덮어씌우려는 자들을 제대로 처벌하지 못한 것이다.

다산은 자신이 죄를 저지르고도 남에게 허물을 덮어씌우려는 자들을 악을 쓰는 사람들[用惡者], 즉 '억지'를 부리는 경우로 정의했다. 당시 '생억지'라는 말을 조선 사람들이 많이 사용하였는데 바로 이에 해당하는 용어라는 것이다.

그러나 조선에서는 이러한 허위 고발자를 어떻게 처벌할지 몰라 남에게 죄를 덮어씌우려고 고발장을 제출한 사람을 처벌하지 않은 채 사건을 종결하는 경우가 많았다. 때문에 다산은 허위로 사건을 고발한 경우, 고발한 사람을 반드시 〈무고〉조를 적용하여 처벌해야 한다고 주장했다. 많은 사대부 정치가들이 그저 '재판이 없는 것'만을 선정(善政)의 증거로 생각하고, 사건이 허위로 밝혀지면 단지 고발자를 훈계하고 돌려보내는 경우들이 많았는데, 다산은 재판이 물론 번거로운 일이지만 '징계'가 반드시 뒤따라야 풍속을 교정할 수 있다고 보고 목민관이 법을 정확하게 집행할 것을 요구했다. 이처럼 다산은 오직 관용과 훈계만이 통치의 수단이 될 수 없다고 판단하고, '정확한 법 적용과 처벌'이 질서 수립에 필수적이라고 주장하였다.

숙종대 사건이다. 김후남이란 자가 최남산에게 복수할 작정으로 자기 동생 집안에서 병들어 죽은 남자 아이의 시신을 자기 아들이라고 거짓으로 칭하고 최남산이 짓밟아 죽인 것으로 허위 고발하였다. 자기 아들은 어디론가 보내어 종적을 감추게 한 후 조카 김시정으로 하여금 관가에 소장을 올리도록 한 것이다. 결국 관청에서는 본 사건을 조사하였고 시신을 검안한 후 최남산이 때려 죽인 것으로 결론지었다. 억울하게도 최남산은 곤장을 맞아 죽고 말았다. 물론 후일 본 사건이 김후남의 조작이었음이 밝혀졌고, 김후남의 처벌을 둘러싸고 어떤 법조항을 적용할지 논란이 벌어졌다.

당시 일부 관리들은 〈무고〉죄를 적용하자고 주장하였다. 그러나 무고죄를 적용할 경우, 관가에 직접 고발한 김시정이 정범으로 사형에 처해질 뿐, 뒤에서 일을 꾸민 주모자 김후남은 종범으로 사형을 면하게 되었다. 따라서 정상을 따져 볼 때 문제가 없지 않았다. 이에 살인을 계획한 모살죄를 적용하자는 주장이 대두되었다. 살인을 꾸민 것으로 논할 경우 김후남이 모의를 계획하고 주도했으므로 주범이 될 것이요, 김시정은 관가에 고발하였으므로 종범이 되었다. 그리고 모살은 죄질이 나쁜 경우이므로 두 사람 모두 사형에 처할 수 있다는 주장이었다.

그러나 숙종대 대부분의 형조관리들은 본 사건을 모살률로 처벌하기 보다는 〈무고〉를 적용하는 것이 합리적이라고 판단하였다. 비록 김후남이 사형을 면하게 되는 사실은 문제였지만 법을 정확하게 집행하자면 〈모살〉이 옳다고 생각한 것이다. 그리고 이 사건을 당시 법률에 밝은 약천(藥泉) 남구만(南九萬)에게 물었다. 남구만은 법을 엄격하게 집행하여 가중처벌하기로 유명한 사람이었다. 남구만은 두 사람의 범죄를 생각해보면 모두 사형에 처해도 시원치 않은 자들이니 무고이든 모살이든 상관없다고 보았다. 두 사람 모두 사형에 처할 뿐이라고 강조한 남구만은 첫째 〈무고〉를 적용할 경우, 김시정이 관가에 고발한 사람이므로 사형에 처할 수 있고, 또한 사건을 꾸민 자는 김후남이므로 결코 그를 종범이라 하여 가볍게 처벌할 이치가 없다고 주장했다. 따라서 두 사람 모두 사형에 처할 수 있다는 것이다. 또한 〈모살〉의 경우에도, 단지 몽둥이와 칼로 죽이는 것뿐 아니라 길을 가로막으며 공갈하고 협박하는 따위로 죽게 한 경우도 모두 교수형에 처하니, 그렇다면 이제 사람을 죽였다고 남을 모함하고 시신을 바꾸어 증거를 내세운 자를 모살이라 해도 전연 사죄에 처하는 데 문제가 없을 것이라고 주장했다. 남구만은 정확한 법조문의 적용보다는 인정상 두 사람의 마음이 너무도 흉악하므로 〈무고〉든 〈모살〉이든 상관없이 모두 엄형에 처하면 된다고 주장한 것이다.

다산의 생각은 남구만과 달랐다. 물론 심정으로는 〈무고〉이든 〈모살〉이든 두 사람 모두를 사형에 처하고 싶을 것이다. 그러나 다산은 사형에 처하더라도 정확한 법조문을 적용하는 게 우선이라고 보고 본 사건의 경우 〈무고〉조항을 적용해야 한다고 주장했다. 다산은 무고든 모살이든 관계없이 사형에 처하면 된다는 남구만의 주장이 매우 위험천만하다고 비판했다. 법을 집행하는데 지나친 감정이나 인정이 개입하는 것을 철저히 막아야 하기 때문이다. 따라서 허위로 고발한 경우라면 모살을 적용해서는 안 되고 반드시 〈무고〉죄를 적용하여 처벌함을 원칙으로 삼을 것을 강조했다.

다산은 수령을 위한 지침서인 《목민심서》에서도 허위로 남을 고발하는 자들을 정확하게 처벌할 것을 당부했다. "스스로 빠져 죽고는 타살이라 주장하고, 스스로 목매 죽고는 강제로 목졸려 죽었다고 하며, 자살하고는 남이 찔렀다고 하며, 병사했는데 구타당하여 속이 상했다고 하는 따위는 너무도 많다. 이러한 사건들을 수령이 판결한 후에는 일단 마음이 풀어져서 악을 징계할 것은 생각지 않고 대강 곤장을 치고는 의례히 모두 석방해버리니 백성들이 어디 두려워할 바가 있겠는

가. 무릇 무고를 당한 자가 사형에 처해졌다면 무고한 이 역시 그 죄가 반드시 사형인데, 비록 그렇게 하지는 못한다하더라도 유배조차 면해주니 어찌 소홀하지 않은가. 이것은 악을 미워하는 마음이 절실하지 못하기 때문이다."

다산은 주희의 말을 인용하여 엄격한 법 집행을 다시 한번 강조했다. "옥사는 인명에 관계되는 것이니 힘써 마땅히 마음을 다해야 할 것이다. 근세의 속된 풍습은 음덕을 베푼다는 논의에 미혹되어 다들 죄 있는 자를 풀어 내보내 주는 것으로 능사를 삼고 선량한 자들이 고할 데가 없는 것을 생각지 않는데, 이는 가장 나쁜 일이라 경계하지 않을 수 없다. 물론 불쌍히 여기고 쾌하게 여기지 않는 마음은 없어서 안 될 것이다. 법에서 용서될 수 없는 경우는 마땅히 의(義)로써 결단해야 할 것이다. 악을 보고도 미워할 줄을 모르는 것은 이 또한 아녀자의 사랑[仁]일 뿐이다." 요컨대 다산은 모름지기 법이란 정확하고 또 정확해야 한다고 거듭 강조한 것이다.

8. 용서만이 능사가 아니다.

조선후기에는 산송이 빈번했다. 산송이란 묘자리를 다투는 일로 조상 묘를 잘 써야 후손들이 복을 받는다는 생각에 이런 싸움이 잦았다. 1785년 경기도 고양에서 묘자리를 두고 이경구와 이기종 두 집안이

다투게 되었다. 싸움 중에 이경구는 이기종 가문 사람들에게 둘러싸여 구타를 당했고 이를 피해 도주하다가 밤중이라 산길을 분간하기 어려워 그만 발을 헛디디고 절벽 아래로 떨어져 사망하였다.

이경구의 사망 원인이 누군가에게 맞아서 죽은 것이 아닌데다, 또 절벽 아래로 떠밀려 죽은 것이 아니어서 과연 이를 두고 '타살'이라고 해야 할지가 문제였다. 그렇나고 홀로 도망 중에 낭떠러지에 떨어져 죽은 것을 자살이나 사고사라고만 하기도 어려웠다.

초검[1차조사]과 복검[2차조사]을 시행한 사또들은 한결같이 이기종을 주범으로 인정하고 처벌해야 한다고 주장했다. 특히 복검을 행한 사또는 사망한 이경구의 등과 귀 아래 부분에 다친 자죽이 많지만 직접적인 사망 원인은 아니라고 보았다. 도리어 이경구의 목이 부드럽게 좌우로 흔들리고 뼈가 없는 듯 움직이는 것으로 보아 분명 떨어지면서 목뼈가 부러진 것이 확실하다고 주장했다. 이경구가 남의 묘지에 몰래 장사지내려 하자 이를 저지하려던 이기종이 사람들을 주동하여 구타한 것이니, 주범은 마땅히 싸움을 선동한 이기종으로 정해야 한다는 것이었다. 이외에 싸움에 가담한 이대성, 이진영 등 12명의 이씨 문중 사람들은 구타의 경중에서 차이가 있지만 모두 이기종을 따랐으므로 종범으로 처리하였다.

초검과 복검 보고서를 받아든 경기도관찰사는 초검과 복검에서 이기종이 이경구를 살해했다는 직접적인 증거도 확보하지 않은 채 단지 먼저 싸움을 선동했다는 사실만으로 성급하게 이기종을 범인으로 확정했다고 사또들을 비판했다. 비록 남의 묘지에 몰래 장사를 지내려던 이경구를 앞장서서 두들겨 쫓은 자가 이기종이지만, 단지 앞장섰다는 이유만으로 주범으로 삼을 수 없으며 조금 더 신중할 필요가 있다는 것이 관찰사의 의견이었다. 경기도관찰사는 이경구의 사망 장소를 직접 찾아가 지형을 자세히 살펴보았다. 그 결과 산비탈은 높고 험하여 바위벼랑은 깎아지른 듯했는데 이러한 지형을 고려하고 당시의 광경을 추론해 보면, 이경구는 몽둥이를 피하려고 몸을 빼 달아나다가 낭떠러지를 분별할 겨를도 없이 넘어지면서 목이 부러진 것이요, 낭떠러지의 험한 지세로 보아 당연히 죽을 수밖에 없었다고 결론지었다. 그러나 이경구가 홀로 떨어져 사망한 사건이므로, 이기종을 정범으로 결정하기 어려우며 이처럼 사건 판결에 조금이라도 의심이 있다면, 일단 처리를 미룬다는 신중한 자세가 필요하다고 주장했다. 상급 관청인 형조의 관리들도 경기도 관찰사의 의견에 전적으로 동의하였다. 이에 형조에서는 이경구가 발을 헛디뎌 목이 부러졌는데도 단지 이기종이 선동했다는 이유로 그를 정범으로 확정할 수는 없다는 보고서를 왕에게 올렸다.

정조는 보고서를 읽은 후 경기도 감사와 형조의 견해가 올바르다고 판단했다. 본 사건의 증거가 불분명한데다 사망원인 역시 확실하지 않은 한 밤중의 변고인데 수 많은 사람 중에 이기종 한 사람을 찍어 살인의 책임을 지워서는 안된다는 것이다. 설령 이기종이 모의를 주창하였더라도 여러 사람이 힘을 합쳐서 때린 이상, 당연히 구타의 경중을 가지고 범인을 가려야 할 일이었다. 또한 당시 증인들의 말을 들어보면, 이진영의 매질이 가장 모질었다고 하는데 그렇다면 이진영이 먼저 주창한 이기종과 다를 바가 무엇이라는 말인가?

정조는 이기종이 먼저 주동한 자라 해서 그를 범인으로 확정한다면 그에게 너무 억울한 일이 아닐까 걱정하였다. 그렇다고 해서 한밤중에 작당하여 살인의 변고를 저지른 이기종을 그냥 살려 줄 수도 없었다.

이에 정조는 사형에서 한 등급 낮추어 이기종을 유배하고 나머지 사람들은 모두 석방하도록 명했다.

후일 본 사건의 보고서를 읽게 된 다산은 사건 조사 과정에 의문을 제기했다. 다산은 경기도 관찰사의 주장이 일견 타당한 듯 보이지만, 타살의 흔적이 불분명하다는 사실만으로 이경구의 죽음이 타살이 아님을 주장할 수 없다고 보았다. 도리어 확실한 추락사의 증거를 찾아내서 타살이 아님을 입증해야 한다고 보았다. '미끄러져 떨어졌다.'고 주장하려면, 당연히 시체 검험의 증거를 통해 확증해야 한다는 것이다. 다산은 법의학 지침서인 《증수무원록》의 조항을 제시하면서, 경기도 관찰사와는 다른 해석을 내렸다. "스스로 써러딘 자는 그 힘이 아래 이시니 상흔 바 만히 다리와 발과 플헤 이시딕 (중략) 만일 밀팀을 넘어 써러딘 자는 그 힘이 우회 이시니 상흔 바 만히 얼굴과 두 손목에 잇ᄂ니" 이는 스스로 떨어진 자는 자신을 아끼려 하므로 하체가 먼저 떨어지고, 떼밀린 자는 뜻하지 않은 일이라 상체가 먼저 넘어지기 때문이다.

다산은 "본 사건의 검험서를 보면 다친 부위가 모두 등 뒤와 귀 밑에 있고 목뼈가 부러진 상태로, 《무원록》의 자살항목에서 언급한 다리, 발 및 어깨에는 모두 상처가 없었다. 이를 보면 스스로 떨어진 것이 아니라 밀쳐 떨어진 경우가 분명한데 어찌 의심스럽다고 하면서 이기종을 가볍게 처벌하려 드는가?"라고 비판하였다.

곧이어 다산은 "당시 이경구는 등 뒤에서 함성이 크게 일어나자 발 아래 비탈은 깎아지른 듯 했지만 해를 피하기가 호랑이 만난 것 같아 불이면 불로, 물이면 물로 뛰어들었을 것이다. 캄캄한 밤에 급하게 도망하다 마침내 구렁텅이에 떨어지게 되었으니, 이는 핍박당해 떨어진 것이지 스스로 떨어짐이 아니다. 적병(賊兵)이 핍박당해 골짜기로 떨어졌다면 공은 장수에게 있고, 선량한 백성이 핍박당해 골짜기로 떨어졌다면 그 죄는 가장 먼저 제창한 자에게 있음은 명백한 것이다. 이 날 남의 묘지에 몰래 장사를 지낸 사람을 두들겨 쫓은 무리는 무려 수십 명이요, 깃발과 북을 들고 지휘한 자는 이기종이 아니면 누구인가? 한두 사람이 같이 때렸을 때에는 오히려 구타의 경중을 헤아려 범인을 구별할 수 있지만 이 경우 무리를 동원하여 전투하는 것 같았으니, 무릇 죽거나 다치게 되면 그 책임이 우두머리에 있는 법이다. '의심스러운 죄는 가벼운 형벌로 판결한다[罪疑惟輕]'는 정신에 근거하여 이기종을 논의하려 한다면 절대 잘못이다. 간혹 임금께서 죽이기를 싫어하고 살리기를 좋아하는 마음으로 사형죄를 용서하지만, 실은 법을 집행하는 논의에 있어서는 옳지 않은 것이다."

다산은 조선의 법 집행이 용서와 관용만을 앞세운 채 응당 벌을 받아야 할 자를 처벌하지 않음으로써 도리어 정의 구현에 실패했다고 비판했다. 물론 그렇다고 다산이 엄벌을 능사로 여긴 것은 절대 아니었다. 그는 진정 정의로운 정치란 엄형과 관용을 적절하게 베풀 줄 아는 데서만 가능하다고 힘주어 말하였다.

9. 법과 정의

　18세기 후반 전라도 함평에서 상민 박유재가 양반 안승렴에게 맞아 죽은 사건이 발생했다. 처음 시신을 조사한 함평 사또는 시신의 머리 부위가 깨져 있고, 관자놀이도 구타당한 흔적으로 이미 딱딱했다고 보고하였다. 전신에 상처가 없는 곳이 없을 정도로 여기저기 얻어터진 흔적이 낭자했던 것이다.

　범인은 한 동네 양반인 안승렴이라는 자였다. 술을 잔뜩 먹고 취한 박유재가 온 동네가 떠나갈 듯한 큰소리로 양반이든 상민이든 자신의 마음에 들지 않는 자들을 욕하자, 이에 격분한 양반 안승렴이 구타 살해한 것이었다. 신분간의 차이가 엄격한 세상에 위아래를 들먹이며 욕을 해대는 동안, 200호나 되는 큰 마을의 아무도 그를 말리는 자가 없었다. 오직 양반 안승렴만이 용감하게 나서서 박유재를 타일렀으나 말을 듣지 않자 사립문에 결박한 후 오줌을 먹이고 나막신으로 머리와 온 몸을 세차게 구타한 것이다. 물론 안승렴 홀로 일으킨 사단은 아니었다. 그의 삼촌 안의윤도 박유재를 묶고 오줌을 들이붓는 일을 거들었다. 안승렴은 조사 과정에서 자신은 단지 옷깃을 잡아 넘어뜨렸을 뿐 구타하거나 오줌을 먹인 적은 없었다고 강변했다. 도리어 양반을 능멸하여 인륜을 어지럽힌 박유재를 몸소 응징한 자신이야말로 당연히 해야 할 일을 한 사람이라고 주장하기도 했다. 함평 사또가 재차 심문하고 박유재가 죽기 직전에 자신을 이렇게 만든 자로 안승렴을 지목했다고 하자, 비로소 그는 자신의 범행을 인정하였다.

　전라도 관찰사와 형조의 관리들은 안승렴의 악행을 용서할 수 없다는 뜻으로 왕에게 보고하였다. 사실을 접한 정조는 격분했다. 힘센 양반이 힘없는 상민을 구타 살해한 것이다.

　일찍이 조선왕조는 타고난 도덕성을 회복한 군자들의 다스림을 진정한 통치로 정의한 바 있다. 사실 모두가 소인의 이기심을 버리고 군자로 변신할 수만 있다면 더 이상 바랄 것이 없는 지상천국이 될 것이다. 그러나 모든 사람이 군자가 될 수 없을 뿐 아니라 더욱이 한 번에 군자가 될 수는 없는 일이었다. 이에 조선왕조는 우선 양반들에게 도덕성 회복을 요구하고 군자다운 행동을 유지함으로써 사회질서의 근간을 세운 후, 점차 아래 계층의 백성들에게도 도덕성을 요구하는 단계적 교화를 기획하였다.

　조선시대 양반을 우대한 이유가 여럿이겠지만, 그 밑바닥에는 양반들이 상민들에 비해 도덕성의 유지와 회복에 더 많은 노력을 기울인다는 믿음이 자리잡고 있었다. 당연히 상민들보다 나은 도덕성을 갖춘 양반들이 많았다. 그러나 더 많은 양반들이 실상은 그렇지 못했다는 것 또한 의심의 여지가 없다.

　문제는 이러한 양반들이 상민들을 지배하도록 허용한 조선의 정치문화였다. 양반들은 잘못을 저지른, 다시 말해 유교사회가 요구하는 윤리와 가치들을 어긴 자들을 매질하거나 동네에서　아낼 권리가 있었다. 동시에 그렇게 하는 것을 자신들의 의무로 생각했다. 도덕적으로 고매한 양반이 인륜을 거스른 자들을 훈계하고 응징하는 일은 지극히 아름다울 수 있었다. 그러나 상당수의 부도덕한 양반들은 단지 양반이라는 이유만으로 일반 백성들을 구타하고 고문하며 심지어 죽이는 일까지 벌렸다.

정조는 조선후기에 이르러 양반들의 횡포와 폭력이 정도를 지나쳤다고 판단했다. 지방에서 자신의 힘을 믿고 상민들을 괴롭히는 양반들이야말로 진정 조선을 갉아먹는 해충이라 생각한 것이다. 정조는 박유재의 사건 역시 이러한 호강(豪强)의 고질적인 병폐로부터 말미암았다고 보고 엄중한 처벌을 천명했다.

"실로 안승렴의 행동을 보면, 단지 결박하는 것으로 부족해서 넘어뜨려 굴리고, 이것도 부족해서 구타하고 발길질하고 심지어 오물을 입에다 붓고 나막신으로 머리를 때리는 등 모질고 악독한 행위를 모두 갖추었다. 참으로 그동안 보지 못했던 잔혹한 일이다. 양반이 상놈에게 욕을 당하였다면 고을과 감영에 고소장을 올리면 되는 일이다. 그런데도 도리어 상민을 학대하면서 조금도 거리낌이 없었으니 국법을 안중에 두지 않은 짓이다. 어찌 이를 용납할 수 있겠는가? 그를 엄중처벌하지 않는다면 시골에서 제 힘을 믿고 일을 그르치는 자들을 어떻게 단속할 수 있겠는가? 안승렴을 엄히 신문하여 진상을 파악하도록 하라."

어명을 받은 전라도 감사는 본 사건을 재조사한 후 안승렴이 자신의 세력을 믿고 힘없는 상민을 결박하고 구타하여 살해한 사건임을 분명히 했다. 안승렴은 사형에 처해질 운명이었다.

후일 본 사건의 보고서를 읽은 다산은 정조와 다른 생각을 펼쳤다. 안승렴을 단지 박유재를 죽인 살인자로만 취급해서는 안 된다는 것이었다. 다산은 안승렴이 박유재를 구타하여 살해한 사실 자체가 문제라기보다는, 적절한 방법을 모색하지 않은 점이 문제였다고 주장했다. 안승렴이 박유재를 죽일만한 충분한 이유가 있었다면 죽일 수도 있다는 말이다. 박유재가 상하를 거론하면서 양반들을 욕한 일은 반상이 엄격한 당시에 반사회적인 범죄였다. 따라서 이를 보다 못한 안승렴의 응징을 다산은 정의로운 처사로 칭송했다.

"세상에서 가장 가증스러워 죽여야 할 것은 도리에 어그러진 사나운 상놈들이다. 술에 취해 길에서 떠들고, 몇 백호의 큰 마을을 거론하며 마구 욕을 해댄 경우라면 전연 인륜이 없는 자이다. 마을에서 한 사람도 감히 나서지 못하고 있는데, 안승렴처럼 혈기 왕성한 자가 흥분하여 공공(公共)이 해야 할 일을 담당했을 뿐이다. 안승렴은 한 마을을 위해 도리를 어긴 흉악한 놈을 없애서 모든 이의 치욕을 씻었으니, 이른바 사람을 죽였지만 의로운 경우이다. 다만 그 행동과 처벌이 지나치고 오물을 입에 넣는 일은 분명 법률에 어긋난 일이요, 더욱이 나막신으로 머리를 때린 것은 문제이다. 폭력을 폭력으로 다스렸고, 야만스러움을 야만스럽게 공격하여 의로운 응징이 퇴색하여 살인 사건이 되고 말았기 때문이다. 만일 안승렴이 사람들을 불러 모아 박유재를 결박한 후 관아에 신고하여 처벌했다면 최고의 상책이었을 것이다. 혹은 마을의 어른들을 공회(公會)에 모이게 하여 그를 때려 죽였더라도 이 또한 백성을 위해 해로움을 없앴다 하여 반드시 죽을죄에 이르지는 않았을 것이다. 참으로 안타까운 일이다."

'벌 받아 마땅한 자를 응징하는 일은 의롭다.'는 다산의 주장은 '정의'와 관련하여 여러 가지 생각할 거리를 제공한다. 응징의 임무를 국가에 맡겼다면 가장 좋았겠지만 그렇지 않다면 사적으로 나서도 문제없다. 마을 사람들의 동의를 얻는다면 말이다.

다산은 조선의 가치를 훼손한 경우 그 누구라도 처벌받을 수 있으며 또 그 누구라도 응징할 수 있다고 생각했다. 정의로운 폭력이기 때문이다. 그러나 다산이 주장하는 정의는 과연 누구를 위한 정의인가? 또

한 어떤 목적이 폭력적 수단을 정당화할 수 있다는 것인가? 사실 폭력
은 그 자체로 정의롭지 않은 것이 아닌가?

10. 조선후기의 법문화와 다산

　다산은 사회정의를 구현하기 위한 법 집행을 깊이 고민한 학자이다.
그는 죄를 저지른 자를 처벌할 때 용서만이 능사가 아니며 동시에 엄
중한 처벌 또한 진정한 길이 아님을 누누이 강조했다.

　당시 많은 정치가들은 어진 정치 곧 흠휼과 인정의 정치를 그저 관
용이나 감형과 동일한 어감으로 사용하고 있었다. 다산은 이 점을 지
적하면서, "지금의 법관은 흠휼해야 한다는 말에 홀려 사람의 죄는 너
그렇게 용서되어야 한다고만 생각하여 법을 운용한다. 그러므로 죄가
사형에 해당하는 자에게 석방할 길이 없지 아니하다 하여 임금에게 올
려 재결(裁決)을 기다린다 하니 임금에게 올려 재결을 기다린다 하는
경우에 대개 형벌의 등급을 낮추어 참형(斬刑)에 처할 자를 유배시키
고 유배할 자를 징역형에 처하고 징역형에 처할 자에게는 장형(杖刑)
을 내리니 이는 곧 법조문을 농락하고 법을 업신여기면서 뇌물을 받는
자일 뿐 무슨 흠휼의 뜻이 있겠는가?"라고 강조했다.

　다산에게 진정한 흠휼이란 단순히 너그럽게 용서하는 게 아니었다.
용서할 수 있는 경우와 그렇지 않은 경우를 분명히 하고 용서할 수 있

는 경우 용서하지만 감형할 수 없는 경우 반드시 처벌하는 것, 그리고 무리하게 이상만을 추구하기 보다는 현실을 고려하여 불가피한 예외 규정 등을 고려해야 한다는 사실을 강조했다. 다산의 이러한 제안은 조선후기의 법감정과 법문화에 대한 정확한 이해에 기초하였다는 점에서 그 가치가 높다고 하겠다. 물론 오늘날에도 그의 주장은 재삼 음미되어야 할 것이 분명하다.

참고문헌

《欽欽新書》
《審理錄》
《經國大典》
《續大典》
《大明律》

과학교육과 문화

과학교육과 오필석 교수

교과교육과 문화, 어떻게 소통할 것인가?

1. 문화로서의 과학

　과학교육 분야의 연구물에서 '문화(culture)'라는 키워드를 자주 발견하게 되었던 것은 1990년대 즈음부터라고 기억된다. 당시 과학교육계의 어떤 요인이 그러한 연구 경향을 낳게 하였는지는 하나의 연구 주제가 될 것이지만, 당시에 출간된 논문들을 통해 분명히 알 수 있는 것은 그 즈음에 아시아, 아프리카, 남미 등 제 3세계 국가들의 과학교육에 대한 관심이 매우 고조되어 있었다는 것이다. 1997년에 국제적인 과학교육 학술대회가 우리나라에서 개최된 사실은 그러한 당시의 분위기를 잘 말해 준다(KEDI, 1997). 1990년대는 또한 실증주의 혹은 귀납주의로 대변되는 전통적인 과학철학과는 다른 새로운 과학철학이 과학교육 분야에서 활발히 논의되기 시작한 시기이기도 하며, "인간 경험의 맥락에서 과학과 과학기술을 가르치고 배우고자 하는"(Yager, 1995, p. 225) 과학-기술-사회(Science, Technology, and Society, STS) 교육 운동이 크게 유행했던 때이기도 하다.

　과학교육에서 문화를 이야기하는 것이 특별했던 이유 중의 하나는 과학을 문화의 일종으로 보는 시각 때문이었다. 그러한 시각을 피력했던 여러 학자들 중에서 Aikenhead(1996, 1997)는 과학을 서양 또는 유럽과 미국 문화의 하위문화(a subculture of Western or Euro-American culture)로 파악하였다. 이때 그가 이해하는 문화는 규범(norms), 가치관(values), 믿음(beliefs), 기대(expectations), 관습적인 행동(conventional actions) 등의 잘 정립된 체계를 의미한다. 현재 학교에서 가르치고 배우는 과학은 서양의 고대 사회로부터 기원하여 16~18세기 과학 혁명의 시대를 거쳐 발전해 온 것으로, 그 속에 서양적인 것들이 깊이 함의되어 있을 수밖에 없다. 다시 말하여, 과학은 서양의 특별한 문화적 전통 속에 세워진 독특한 삶 또는 앎의 양식으로서 다른 삶/앎의 양식과 구별되는 서양의 문화인 것이다. 그래서 그것과 다른 문화적 정체성을 가지고 있는 학생들이 과학을 배우는 것은 '문화적인 경계를 넘나드는 일(cultural boarder crossing)'에 비유할 수 있다(Aikenhead, 1996, 1997). 하지만 이것은 단지 서양 문화와는 다른 문화권에 속해 있는 학생들에게만 국한되는 것이 아니다. 일상적인 생활세계를 살아가는 학생들은 과학을 배우는 동안 그들의 경험세계와 과학자 공동체의 세계를 넘나드는 고충을 겪을 수밖에 없고, 이 점은 동서양을 막론하고 대부분의 학생들에게 공통된 것이라 할 수 있다(Costa, 1995).

1990년대 이후로 과학교육에서 문화에 대한 접근은 매우 다채로워졌기 때문에 함부로 말하기 어렵지만, 우리의 공부를 위해서라면, 과학을 문화의 일종으로 보는 입장에서 전개되었던 과학교육의 방향을 크게 두 가지로 대별해 볼 수 있을 것 같다. 그 중 하나는 과학 문화와 다른 문화와의 관계를 고려하여 과학을 가르치려는 것이고, 다른 하나는 학교의 과학교육을 통하여 학생들을 과학 문화에로 입문하게 하려는 것이다.

2. 과학 문화와 다른 문화

 과학을 문화의 일종으로 본다는 것은 우리 사회에 과학 이외의 다양한 하위문화들이 존재한다는 점을 인정하는 것과 같다. 이들 하위문화는 서양 문화와는 다른 문화권에서 기원할 것일 수도 있고, 서양 사회라 하더라도 과학과는 다른 삶/앎의 양식으로 특징 지워지는 문화에서 유래한 것일 수도 있다. 많은 연구자들은 이 하위문화들이 학교에서 과학을 가르치고 배우는 일에 영향을 미친다고 믿고 있다. 연구자들이 학생들의 과학 학습에 영향을 미치는 문화적 요인들로 지목한 것을 대강 분류해 보자면 다음과 같다(Anderson, 1988; Baker & Taylor, 1995; Cobern, 1996; Hewson, 1988; Lee, 1997; Okebukola & Jegede, 1990; Thijs & van den Berg, 1995).

- 언어: 모국어, 구술 및 대화 양식, 일상적인 용어, 구어적 표현, 문화적 은유(cultural metaphor) 등
- 환경과 경험: 가정 환경, 사회경제적 지위, 인종, 피부색, 성(性), 종교, 일상적 경험과 그로부터 획득한 생활 세계의 지식(life-world knowledge) 등
- 인지 양식(cognitive style) 또는 교수-학습 양식: 장의존적 혹은 장독립적(field-dependent vs. field-independent), 종합적 혹은 분석적, 정서적 혹은 이성적, 협동적 혹은 경쟁적, 권위적 혹은 수용적, 교사와 학생의 관계 및 상호작용 등

- 행동 및 판단의 규범: 문서화된 규범, 비문서화된 규범, 가치 판단의 기준 등
- 세계관(世界觀): 시간과 공간에 대한 개념, 자연과 인간의 관계에 대한 관념, 자연 현상에 대한 전통적인 설명 또는 믿음 등
- 과학관(科學觀): 과학 지식과 과학적 방법에 대한 생각, 과학－기술－사회의 관계에 대한 개념, 과학자에 대한 이미지 등
- 교육관(敎育觀): 교육 받은 인간상, 이상적인 교육 방법에 대한 생각, 교육 효과에 대한 기대 등

이상과 같은 여러 가지 문화적 요인들이 학생들의 문화적 배경과 조화를 이룰 경우에는 학생들의 과학 학습이 촉진될 수 있지만, 많은 경우에는 그것들이 과학 문화와 충돌하여 학생들의 과학 학습을 어렵게 한다. 언어의 경우를 예로 들자면, Lynch(1996)는 영어를 사용하는 오스트레일리아 태즈메이니아(Tasmania) 지역의 학생들과 토착어를 사용하는 필리핀 두 지역의 학생들을 대상으로 주요 과학 개념에 대한 그들의 생각을 조사하고, 영어를 사용하는 학생들이 과학적인 개념을 상대적으로 바르게 이해하고 있음을 밝혀내었다. 예컨대, '고체(solid)'라는 영어에 상응하는 단어가 없는 부족민의 언어를 사용하는 학생들은 단순히 '딱딱하고(hard)' '무거운(heavy)' 것을 고체라고 생각할 뿐 다양한 고체 상태에 대해서는 인식하지 못하였다. 또, Lee 등(1995)은 미국 학교에서 서로 다른 문화적·언어적 배경을 지닌 네 개 그룹의 학생들이 어떻게 과학 학습 과제를 수행하는가를 관찰하여 영어만을 사용하는 백인 학생들이 과학 지식을 더 잘 이해하고 과학 용어(science vocabulary)를 더 정확하게 사용한다는 것을 실증적으로 보여 주었다.

이들의 연구가 흥미로운 것은 과학 지식을 잘 알고 있으면서도 영어로 된 과학 용어에 익숙하지 않은 소수 민족의 학생들은 자신의 과학 지식을 설명하기 위해서 더 많은 단어들을 반복적으로 사용하여 길게 이야기하는 경향이 있으며, 이것이 학교의 수업 상황에서 불이익을 받는 요인이 될 수 있음을 지적한 것이다.

언어 외에도 서양의 과학적인 세계관이 그것과는 다른 세계관을 지니고 있는 문화권의 과학교육에 장애 요인으로 작용하기도 한다. 예컨대, Jegede and Okebukola(1991a)는 아프리카의 전통적인 우주관(cosmology)이 강한 학생들일수록 생물 현상을 그릇되게 관찰하는 것을 발견하고, 학생들이 가지고 있는 세계관이 그들이 탐구 기능을 수행하는 동안 보이는 차이를 설명해 줄 수 있는 주요한 요인이라고 주장하였다. 또, Ogunniyi(1988)는 기계적 설명(mechanistic explanation)으로 특징 지워지는 서양의 근대 과학적 세계관이 인격화된 설명(anthropomorphic explanation)을 바탕으로 하는 아프리카의 전통적인 세계관과 상충되기 때문에 학생들이 과학을 학습하는 데 어려움이 있다고 지적하고, 아프리카의 고유한 문화적 전통을 훼손하지 않으면서 과학적인 사고를 통합할 수 있는 새로운 과학교육의 필요성을 역설하였다.

이와 비슷한 이유로 Kawasaki(1996)는 과학이 이질적인 문화일 수밖에 없는 비서양의 과학교육은 서양의 과학교육과 다르게 개념화되어야 한다고 주장하였다. 예를 들어, 일본에서는 영어의 'nature'에 해당하는 일본어로 'shizen(シゼン)'을 사용한다고 한다. 그런데 영어의 nature와 일본어의 shizen은 서로 다른 단어들과 연관되기 때문에 그것이 함의하는 의미가 매우 다르다. 즉, nature가 말씀(logos)으로 인

식되는 창조주(Creator)에 의한 창조물(creature)로서 합리적(rational)으로 추론(reason)함으로써 이해되는 것을 연상시킨다면, shizen은 대부분 비이성적(irrational)이고 초자연적인(supernatural) 단어들과 연관된다는 것이다. 따라서 shizen의 사용은 서양의 과학 정신에 대한 잘못된 해석을 초래할 수 있고, Kawasaki에 주장에 따르자면, 그러한 오해를 최소화하기 위해서는 비서양 문화권에서는 과학교육을 외국어교육(foreign language education)과 같이 취급해야 한다.

우리나라에서는 이종각(1997)이 한국의 학교 수업에서 탐구적인 방법이 제대로 활용되지 않는 까닭을 탐구 수업 방법이 한국 중등학교 교실의 문화적 의미 체계를 거의 반영하지 못할 뿐만 아니라 교사들에게 생존적 가치마저 부여하고 있지 못하다는 사실에서 찾은 바 있다. 또, 교사와 학생들 사이의 적극적인 상호작용이 적은 까닭을 젊은이들은 어른들의 말씀에 따라야 한다는 한국 사회의 전통적인 사고방식이 반영된 결과로 해석한 연구물도 있다(Lee et al., 2003).

학생들이 속해 있는 문화와 과학 문화가 상충되어 학습에 장애가 되는 대표적인 예로는 과학교육 연구자들이 많은 관심을 가지고 있는 '오개념(misconception)'을 들 수 있다. 오개념이란 학생들이 학교의 정규 과학 수업을 듣기 전부터 자연 현상에 관해 가지고 있는 개인적인 관념을 뜻하는 것으로, 그것이 과학자들의 생각과 다르고 부적절하다 하여 오개념이라고 부른다. 오개념은 서양 문화와 다른 문화적 배경 때문에 발생하기도 하지만, 상대적으로 교육 환경이 낙후하다고 여겨지는 비서양 사회의 학생들에게서만 발견되는 것이 아니라 과학을 배우는 모든 문화권의 학생들에게 공통적인 것이기 때문에 더욱 중요하게 다루어진다.

여러 문화권에 걸쳐 학생들이 공통적으로 가지고 있는 오개념의 예를 들자면, '정지해 있는 물체에는 힘이 작용하지 않는다.', '운동하는 물체는 점차로 힘을 잃기 때문에 정지한다.', '눈에서 빛이 나오기 때문에 사물을 볼 수 있다.'와 같은 것들이 있다(Thijs & van den Berg, 1995). 이러한 오개념은 단순히 학생들이 서양 문화에 익숙하지 않아서가 아니라 그들이 늘 경험하는 일상생활의 문화와 과학 문화가 서로 다르기 때문에 발생하는 것이라고 할 수 있다. 즉, 학생들은 "운동을 했더니 힘이 빠진다."와 같이 포괄적이고 의미가 명료하지 않은 일상생활의 용어를 과학적인 상황에서도 그대로 사용하기 때문에 힘의 물리적인 엄격한 정의를 제대로 이해하지 못한다는 것이다. 다른 예를 하나 더 들자면, 학생들은 암석이 '긴 시간(long time)' 동안 만들어지고 변형된다는 지식을 알고 있으면서도 '긴 시간'이라는 개념을 일상적인 생활의 맥락에서 이해하기 때문에 그것을 기껏해야 수백 년 혹은 수천 년 정도로 생각할 뿐 그 이상의 지질학적인 '깊은 시간(deep time)'을 인식하는 데 어려움을 겪는다(Kortz & Murray, 2009). 반면, 암석의 '광택(luster)'이라는 용어는 일상생활에서 자주 사용하는 '빛나는(shiny)', '반짝이는(sparkly)'과 같은 단어들로 매끄럽게 대체될 수 있기 때문에 학생들이 그 개념을 쉽게 파악한다고 한다(Ford, 2005).

때때로 학생들은 과학적인 개념과 일상적인 개념을 동시에 지니고, 그것을 상황에 따라 다르게 사용하기도 한다. 예를 들어, 인도의 동부 지역에서는 여전히 일식(日蝕)을 악마가 일으키는 신비하고 초자연적인 현상으로 인식한다. 그래서 일식이 발생할 때면 사람들이 음식을 먹지 않고 여행을 하거나 결혼식을 올리지 않으며 새집을 짓는 일도 시작하지 않는다고 한다. Mohapatra(1991)는 이러한 문화권에서 성장한 13~16세의 성적이 우수한 학생들을 대상으로 일식에 대한 생각을 조사하였다. 그런데, 대부분의 학생들이 일식이 발생하는 과학적인 원리를 알고 있음에도 불구하고 인도의 전통적인 믿음에 바탕을 둔 사고를 함께 드러내었다. 예컨대, 과반수의 학생들이 달의 그림자가 지구에 드리워진 곳에서 일식이 일어난다는 과학적인 설명을 바르게 지적하면서도 그와 동시에 일식 중에는 음식을 먹지 않아야 한다는 견해에 동의하였다. 또, 그 이유를 묻자 한 학생은 '일식이 발생하는 동안에는 태양빛이 매우 약해져서 세균과 바이러스가 창궐하기 때문'이라고 답하였다. 또, 일식이 발생할 때 태양을 똑바로 쳐다보아서는 안 되는 까닭에 대해서 '일식 중에는 태양으로부터 유해한 빛이 나오기 때문'이라고 답한 학생도 있었다. 이러한 답변들은 모두 과학적인 근거가 없는 것이지만, 학생들의 일상적인 문화 내에서는 여전히 유효하다고 할 수 있다. 이렇듯 학생들이 학교에서 배운 지식과 일상적인 생활 속에서 배운 지식을 동시에 가지고 있으면서 각각을 맥락에 따라 선택적으로 사용하는 것을 '이중적인 마음(dual mind)' 또는 '관점의 이중성(duality of viewpoints or dualism)'이라고 부를 수 있을 것이다(Jegede, 1995).

　결론적으로, 서양 과학 문화와는 다른 여러 가지 문화적 인자들이 다양한 방법으로 학생들의 과학 학습에 영향을 미치고 있다고 할 수 있다. 따라서 다른 문화를 고려하여 과학을 가르치고자 하는 움직임은 주로 서양 과학과 충돌하는 문화권에 속한 학생들이나 과학 문화와는 다른 일상적인 문화적 배경을 지닌 학생들이 성공적으로 과학을 공부할 수 있도록 하기 위해서는 어떤 지원과 도움이 필요한가를 파악하고 그것을 실제로 적용하는 것에 초점을 맞추고 있다. 이 중에서 가장 대표적인 것이 학생들의 문화적 정체성을 존중하고 그들이 가지고 있는 문화적 자원을 수업 중에 적극적으로 활용하는 것이다. 예를 들어, Jegede and Okebukola(1991b)는 과학적인 개념에 대한 전통적인 사회·문화적 관점들(예: 아기를 가진 여인이 밤중에 빗질을 하면 기형아를 낳는다.)을 공개적으로 토론하는 수업이 과학 학습에 대한 아프리카 학생들의 태도를 긍정적으로 변화시킨다고 보고하였다. 또, Bajracharya and Brouwer(1997)는 근대 과학 및 과학기술을 네팔 학생들의 문화와 경험에 연계하여 가르치기 위하여 학생들의 내러티브(narrative)를 이용하는 방법을 그 긍정적인 효과와 함께 제시하였다. 더 나아가 Ogawa(1995)는 모든 문화는 그에 고유한 과학, 즉 '토착 과학(indigenous science)'을 발전시켜 왔으며 학생들 또한 나름대로의 과학, 즉 '개인적 과학(personal science)'을 구성하여 학습한다는 사실을 고려하여 '다과학(multiscience)'의 관점에서 과학교육이 이루어져야 한다고 주장하기도 하였다.

우리나라에서는 우리에게 고유한 과학사(科學史)나 과학기술적인 문화유산을 발굴하고 이를 과학교육에 활용하려는 움직임이 비교적 일찍부터 시작되었다. 예컨대, 대표적인 과학사가인 박성래(2005)는 여러 가지 천문 현상에 대한 우리 조상들의 사고가 동양적인 재이(災異) 사상에 바탕을 두고 있지만, 일식이나 월식과 같은 것들은 일찍부터 합리적인 방법을 통해 충분히 예측 가능한 자연 현상으로 여겨졌다는 점에 주목하였다. 「고려사절요」(高麗史節要)에 기록되어 있는 다음과 같은 기사는 이러한 특징을 보여 주는 한 가지 예이다(박성래, 2005, p. 20).

3월 을해(乙亥) 삭(朔)에 일식이 있었다. 어사대에서 아뢰기를 "… 이번에 춘관정(春官正) 유팽(柳彭)과 태사승(太史丞) 유득소(柳得韶) 등은 천문학에 어두워 이를 미리 아뢰지 못하였으니 파직하소서"라고 하였다.

임금이 제(制)하여 "용서하라"고 하니 다시 논박하기를 "일식과 월식이란 음양의 이치에 규칙성이 있어서 역산에 틀림만 없다면 그것을 미리 알 수 있습니다. 하지만 관직에 적임자 아닌 자가 앉아 일을 그르쳤으니 어찌 간단하게 용서할 수 있으리오. 이미 아뢴대로 죄를 주소서"라고 아뢰니, 이에 따랐다.

다시 말하여, 우리 조상들은 이미 오래 전부터 천체 운동의 규칙성을 발견하고 그것을 계산에 의해 예측할 수 있는 수준의 과학을 발전시켰으며, 따라서 한국의 전통적인 과학사에서도 좋은 과학교육의 소재를 발견할 수 있다는 점을 잘 알 수 있다.

3. 과학적 담화(scientific discourse)

과학을 일종의 문화로 파악하는 입장에서 학교 과학교육의 또 다른 목표는 학생들에게 과학 문화를 소개하고 습득하게 하여 앞 세대의 과학 문화를 다음 세대로 전승(cultural transmission)하는 것이다(Leach & Scott, 1995). 이러한 관점에서 과학을 배운다는 것은 과학 지식은 물론 그러한 지식에 이르는 방법, 과학 문화에 특징적인 행위와 사고의 습관, 규범, 가치관 등을 경험하고 익힌다는 것을 의미한다.

과학 문화를 특징짓는 여러 가지 요소들 중에서 최근에 많이 강조되고 있는 것이 과학적 담화(scientific discourse), 즉 과학자 공동체가 공유하고 있는 '말 습관'이다. 과학 교육자들이 과학적 담화에 주목하는 까닭은 매우 분명하다. 즉, 자연 현상에 대한 설명을 구성하고, 그것을 발표하여 다른 사람들을 설득하고, 서로의 설명을 비평하고 논쟁하는 것이 과학 활동의 핵심적인 한 부분이 되기 때문이다(Kuhn et al., 1988; Sampson & Clark, 2008). 따라서 과학을 공부하는 학생들도 과학적인 탐구와 담화 행위에 참여하여 스스로 설명을 창안하고 자신의 주장을 논변(argument)하는 경험을 통해 과학 문화를 체득할 수 있어야 한다.

그렇다면 과학적인 언어 사용 습관이란 어떤 것일까? 연구자들이 제시하고 있는 과학적 담화의 몇 가지 특징들을 요약적으로 제시하자면 다음과 같다(Lemke, 1990; Sutton, 1989).

- 설명(explanation)과 논증(argument)이 그것을 설득력 있게 만드는 구조를 갖추고 있다. (예: 연역적 설명 구조, 증거에 토대한 주장)
- 구어체보다는 문어체의 언어와 전문 용어(technical terms)를 사용한다. (예: H_2O, 2P 오비탈)
- 행위의 주체인 사람이 배제된 수동태의 문장을 선호한다.
  (예: "실험이 수행되었다.")
- 동사 자체 보다는 동사로부터 명사화된 단어를 많이 사용한다.
  (예: "수증기의 응결로 인해 발생한다.")
- 특정한 상황이나 인물, 시간, 장소를 언급하지 않고 가능한 탈맥락화되고(decontextualized) 일반화된 진술을 사용한다.
  (예: "나트륨이 노란색 불꽃 반응을 나타낸다.")
- 은유나 비유, 감정이나 공상에 호소하는 표현, 내러티브나 극적인 설

명(dramatic account) 등의 사용을 피한다. (예: Mother Nature)

위와 같은 특징들은 과학적 설명을 '과학답게' 만드는 데 기여한다. 예를 들어, 연구를 수행한 주체가 사라진 문장들로 이루어진 보고서는 실수를 범할 수 있는 사람이라는 존재를 배제한 채 연구를 통해 얻은 증거가 '스스로 증언하도록(speak for itself)' 하기 위한 것이다. 또, 실험 대상과 실험에서 일어난 사건에 초점을 맞추어 기술한 보고서는 실험의 결과나 그로부터 얻어진 결론이 자격을 갖춘 다른 사람들에 의해서 시험될 수 있고 그릇된 것으로 판명되어 거부될 수도 있다는 것을 암시해 준다(Ding, 2002; Sutton, 1989).

과학적 담화의 여러 가지 특징들 중에서도 연구자들이 가장 많은 관심을 보이는 것이 과학적 설명 또는 논변의 성격을 이해하고 학생들도 그러한 언어 행위에 효과적으로 참여할 수 있도록 교육하는 것이다. 전통적으로 과학적 설명은 연역적 구조를 지닌 것으로 생각되었다. 이는 흔히 Hempel(1966)의 연역−법칙적 설명 모델(deductive-nomological model, DN model)로 알려져 있는데, 다음과 같이 포괄적이고 일반적인 이론 또는 법칙과 초기 조건을 전제로 삼아서 결론을 이끌어 내는 형식을 가지고 있다.

(과학 법칙) 나트륨염을 분제 불꽃에 넣으면 불꽃의 색이 노란색으로 변한다.
(초기 조건) 특정한 시각에 암염(나트륨염) 조각을 분젠 불꽃에 넣었다.

(피설명항) 그 때 분젠 불꽃이 노란색으로 변했다.

사람들은 흔히 과학을 논리적인 학문이라고 하는데, 그것은 많은 경우 위와 같은 과학적 설명(또는 예측)의 연역적인 형식을 두고 하는 말일 가능성이 크다. 왜냐하면 연역법에서는 전제가 참이고 그 추론에 오류가 없을 경우에 늘 참인 결론이 나올 수밖에 없기 때문이다. 그런데 학생들은 이러한 과학의 연역적 설명 구조에 익숙하지 않다는 사실이 이미 보고된 바 있다. 예를 들어, 박종원 등(1994)은 힘과 운동에 대한 중학생들의 오개념을 변화시키기 위해 연역적인 추론 과제를 제시하고, 학생들이 논리적으로 사고하여 과학적으로 옳은 결론에 이르도록 유도하였다. 하지만 의도한 과학적인 개념에 이르지 못하는 학생들이 많았는데, 연구자는 이 결과를 학생들이 연역적 사고를 하지 못하거나 문제에 주어진 전제 또는 그것의 연역적 구조를 이해하지 못하였기 때문이라고 해석하였다.

Toulmin(Toulmin, 2003/2006; Toulmin et al., 1984)의 논변 구조는 과학적인 설명의 특징을 구조화하여 보여주는 가장 대표적인 사례로 꼽힌다. 본래 Toulmin의 틀은 과학에만 국한하여 제시된 것이 아니지만 많은 과학교육자들이 그의 것을 과학교육 연구에서 활용하고 있다. Toulmin의 논변 구조는 자료(data)로부터 제기되는 주장(claim)과 자료에 대한 해석을 뒷받침하는 정당한 이유(warrant), 정당한 이유에 대한 지지 작용(backing), 주장의 타당한 정도를 지정해 주는 한정어(qualifier), 예외나 반박의 조건(rebuttal) 등으로 이루어져 있다. 예를 들어, 지구온난화에 관한 한 과학적인 주장을 Toulmin의 구조로 분석해 보자면 [그림 1]과 같다.

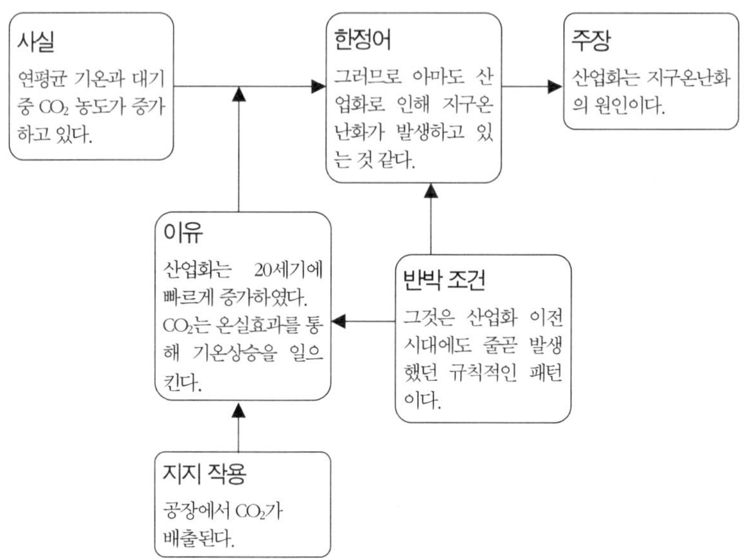

[그림 1] Toulmin의 논변 구조의 예

Toulmin의 틀에서도 잘 드러나는 바와 같이 과학적인 논증이 지니는 중요한 특징 중의 하나는 증거에 기반하여 설명하는 것이고, 증거와 주장을 적절히 구별하는 것이다(Kuhn et al., 1988). 또, 과학적으로 설득력 있는 설명은 그 속에 포함된 변인들 간의 인과적인 관계가 논리적인 모순 없이 명료하게 진술되어야 한다(Oh, 2011).

하지만, 과학의 연역적 추론에 익숙하지 않은 것처럼, 학생들은 보통 이러한 과학적인 말 습관에 익숙하지 않다(Berland & Reiser, 2009; Kuhn, 1993; Leach, 1999; Sandoval & Millwood, 2005). 그래서 교사들은 과학적인 담화의 특징을 학생들에게 명시적으로 가르치기도 하고 탐구적인 과학 학습 활동을 통해 자연스럽게 터득할 수 있도록 유도하기도 한다. 한 예로, 다음은 학생들이 조별 탐구(group investigation)의 방법으로 과학을 공부하는 우리나라 고등학교 교실에서 한 조의 학생들이 공룡의 멸종에 관해 자신들이 조사해 온 내용을 발표하는 동안 이루어진 상호작용 단편이다(Oh, 2005b, pp. 1842-1843 참조). 이 사례에서 교사는 한 학생의 미흡한 주장을 직접 고쳐 주기보다 학생들 간의 토론을 유도하여 수정이 이루어지도록 하는 중재자(mediator)의 역할을 하고 있다. 즉, 교사는 학생들이 서로 질의하고 응답하는 과정 통해 보다 타당한 설명에 이르도록 하는 과학적 담화의 기회를 제공하고 있다고 할 수 있다.

교사: 자, 그럼, 이 시점에서 질문. 그러면은 공룡이 싹 멸종한 게 추워서 죽은 거예요?

ㅇㅇ(발표자 2): 네.

교사: 아아, 그거 추워서 그런 거예요.

학생들: (웃음)

교사: (학급 전체를 향해) 여러분 얘기를 잘 들으면 말야, 지금 ㅇㅇㅇ이가 한 말은 결론이, 요지가 뭐냐 하면은, 공룡이 멸종한 게 추워서 죽었대.

학생들: (웃음)

교사: 그러니까, 여러분이, 말이 이상하면 얘기를 해야 되는 거야.

학생: 질문 있는데요.

교사: (발표하는 학생들을 가리키며) 나한테 하지 마세요.

학생: 만약에, 그러면 있잖아, 빛 같은 걸 차단하고요 계속 놔두면 0도씨 이하로 내려가는 거예요. …

△△(발표자 1): 지금 답변할게요. 지구에 이렇게 소행성이 충돌하게 되면은, 먼지가 일어나게 되는데, … 대기를 먼지가 둘러싸면은 태양빛

이 지구로 안 들어오게 되고, 그러면 첫 번째 생산자인 식물들이 광합성을 못하게 돼서 식물들이 죽고, 식물을 먹고 사는 초식 공룡이 죽고, 초식 공룡을 먹고사는 육식 공룡이 죽게 돼서, 다 이렇게 …

또, 다음 사례는 동일한 교사의 다른 반 수업의 한 장면으로, 한 학생이 해상에서 발생하는 배와 항공기 사고의 원인에 대한 자신의 가설을 발표한 후에 일어난 것이다(Oh, 2005a, p. 36-37 참조). 이 상호작용 단편에서는 교사의 개입 없이 학생들이 제기된 가설이 타당하게 성립할 수 있는 증거와 조건을 요구하면서 서로 도전하고 응대하여 가설의 내용을 더욱 정교화 해 가는 모습을 관찰할 수 있다.

학생: 저기, 아까 말한 게 전부 다 가설입니까?

발표자: 예. 아직 밝혀지지 않은 [가설입니다.]

학생: 그럼, 처음에 말했던 그 지진이요, 그거는, 지진 같은 건, 가설을 증명해 볼 수도 있는 거 아닙니까?

발표자: 아, 그건 자기장 때문에요, 자기장이 변화하는 것이기 때문에 정확하게는. 그거는 자기장 때문에 생기는 지진…

학생: 자기장이 변화하면 모든 바다의 자기장이 변화하지, 그 부분의 자기장만 변화해서 생겼다는 건 [납득할 수 없습니다.]

발표자: 아니, 그 공간이요, 일시적으로 생겼다는 건데요.…

연구자들은 학생들로 하여금 위와 같은 담화 행위에 익숙해지도록 하는 것은 단순히 과학적인 언어 사용 습관을 체득하는 것을 넘어서 담화의 주제와 관련된 과학 지식을 습득하는 데에도 도움이 된다고 말한다(Mercer et al., 2004). 결국 학생들이 과학적인 담화에 참여할 수 있는 능력을 기르는 것은 과학 지식과 방법을 바탕으로 일상생활에서 접하는 문제를 과학적이고 합리적으로 해결하는 데 필요한 과학적 소양(scientific literacy)을 함양하는 데에도 도움이 될 것으로 기대할 수 있다.

그런데, 최근에 들어서는 Toulmin의 논증 구조가 지니는 한계점을 지적하는 논문들이 속속 발표되고 있다(Abi-El-Mona & Abd-El-Khalick, 2011; Sampson & Clark, 2008). 또, 과학적 설명은 연역적 구조 외에도 다른 형태를 띠기도 하며, 일상생활이나 학교 수업의 맥락에서는 명시적인 구조를 갖추거나 필요한 조건을 모두 만족시키지 않고도 충분히 설득력 있는 논증이 가능한, 말하자면 '암묵적인 구조'를 지닌 설명들이 나타난다고 밝히고 있는 논문들도 있다(오필석, 2007; Anderson et al., 1997). 결론적으로 과학 문화를 특징짓는 과학적 설명과 논변의 특징, 그리고 그것의 교육적 활용에 대해서는 앞으로도 더욱 다채로운 연구가 진행될 것으로 예상할 수 있다.

4. 다문화사회에서의 과학교육

보통 다문화(多文化) 사회라고 하면 서로 다른 문화권에서 온 사람들이 모여 사는 사회를 의미하지만, 다른 관점에서는 한 사람이 다양한 문화적 정체성을 가지고 사는 사회라고도 볼 수 있을 것 같다. 우리는 저마다 학교 공동체의 일원이기도 하며, 동시에 종교 공동체의 한 구성원이기도 하다. 또, 주말마다 스포츠를 즐기는 체육인이기도 하고, 계절이 바뀔 때마다 멋진 풍경을 카메라에 담기 원하는 예술인이기도 하다. 스마트폰을 사용하는 디지털 세대이기도 하며, 오래된 음악 감상실을 찾는 구세대이기도 한다. 우리는 한반도에 붙박여 사는 대한국민이기도 하지만, 지리적 경계를 뛰어넘는 지구촌의 한 사람이기도 하다.

다문화 사회를 위와 같이 정의하고 보면, 일찍부터 비교문화적인 관점에서 과학교육이 이루어져야 한다고 하였던 Aikenhead(1996, 1997)의 관점에 다시 주목하게 된다. 그는 학생들이 과학적인 규범과 사고, 행동양식, 말습관을 그대로 익히도록 하는 '문화전계(文化傳繼, enculturation, 조용환, 1998)'의 방식은 장차 과학자가 되리라고 기대되는 학생들에게나 맞는 것이라고 주장한다. 그리고 과학자가 되지 않을 대부분의 학생들에게는 과학적인 사고와 일상적인 사고를 모두 가치 있게 배워 각각을 맥락(context)에 따라 적절하게 사용할 수 있게 교육하는 방식이 적합하다고 말한다. 이것은 마치 인류학자가 새로운 문화를 학습하는 것과 유사한 것으로, 서로 다른 문화적 공동체가 공존하고 있는 '다문화 사회'에서 과학교육이 지향해야 하는 바를 잘 말해 주고 있다고 생각된다.

다시 말하여, 다문화 사회에서 과학교육의 목표 중의 하나는 학생들이 가지고 있는, 과학을 포함한 다양한 문화적 정체성이 조화를 이루는 삶을 살 수 있도록 돕는 것이라 할 수 있다. 물론 서로 다른 문화에 대해 건설적으로 비평할 수 있는 능력을 길러주는 것 또한 과학교육의 몫이 되어야 한다. 최근에 시도되고 있는 과학과 읽기·쓰기(science and literacy)를 연계하여 가르치는 방식이나 과학 교수-학습에서 다양한 표상(representations)을 활용하는 움직임, 과학과 다른 교과의 통합적인 교육 등이 이러한 다문화 사회에서의 과학교육에 기여할 수 있다고 생각된다(예: 윤혜경 외, 2005; Ehrlen, 2009; Yore et al., 2003). 또한, 흔히 과학교육의 목표라고 회자(膾炙)되고 있는 과학적 소양의 개념을 매일매일의 생활에서 과학을 실제로 사용하는 것과 관련지어 재정의할 것을 요구하는 새로운 목소리(Feinstein, 2011)에도 귀 기울일 필요가 있다. 즉, 과학적 소양이 실질적인 과학교육의 목표가 되기 위해서는 과학적 소양에 대한 수사적인(rhetorical) 논의를 넘어 경험적인 연구를 통해 왜, 그리고 어떻게 과학이 일상생활에 유용한지 밝혀야 한다는 것인데, 이러한 문제의식으로부터 앞으로 어떤 연구물들이 탄생할지 주목해 볼 만하다. 이에 더하여, 현재 과학교육 내에서는 분과 과학의 구별되는 지적(知的)·문화적 특성을 이해하고 이를 학교교육에 반영하고자 하는 움직임 또한 진행되고 있으며(예: Dodick et al., 2009; Oh, 2011), 인종이나 성별의 차이에 관계없이 모든 학생들에게 동일한 학습의 기회를 제공하고자 하는 전통적인 다문화 교육(multicultural education)의 관점에서 과학교육을 실시하려는 시도가 꾸준히 진행되고 있다(예: Fradd & Lee, 1999; Haneda & Wells, 2010; Lee et al., 2008).

실로 '문화'라는 주제는 이미 과학교육에서도 중요한 고려 사항이 되고 있다고 할 수 있으며, 이러한 다채로운 노력들이 미래의 과학교육 연구와 현장 교육에 어떤 변화를 가져 올는지 기대해 볼 만하다.

참고 문헌

박성래(2005). 한국과학사상사. 서울: 유스북.

박종원·서정아·정병훈·박승재(1994). 힘과 운동 개념 변화를 위한 연역 논리 과제에 대한 중학생의 반응 분석. 한국과학교육학회지, 14(2), 133-142.

오필석(2007). 중등학교 지구과학 교사들의 과학적 설명: 논리적 형식과 담화적 특징 분석. 한국과학교육학회지, 27(1), 37-49.

윤혜경·장병기·나지연(2005). 과학 수업 시간에 해보는 과학 연극. 서울: 드림웍스 21.

이종각(1997). 교육인류학의 탐색. 춘천: 하우.

조용환(1998). 교육학에서의 문화 연구. 김광억 (편), 문화의 다학문적 접근(pp. 129-155). 서울: 서울대학교 출판부.

Abi-El-Mona, I., & Abd-El-Khalick, F.(2011). Perceptions of the nature and 'goodness' of argument among college students, science teachers, and scientists. International Journal of Science Education, 33(4), 573-605

Aikenhead, G. S.(1996). Science education: Border crossing into the subculture of science. Studies in Science Education, 27, 1-52.

Aikenhead, G. S.(1997). Toward a first nations cross-cultural science and technology curriculum. Science Education, 81, 217-238.

Anderson, J. A.(1988). Cognitive style and multicultural populations. Journal of Teacher Education, 39(1), 2-9.

Anderson, R. C., Chinn, C., Chang, J., Waggoner, M., & Yi, H. (1997). On the logical integrity of children's arguments. Cognition and Instruction, 15(2), 135-167.

Bajracharya, H., & Brouwer, W.(1997). A narrative approach to science teaching in Nepal. International Journal of Science Education, 19(4), 429-446.

Baker, D., & Taylor, P. C. S.(1995). The effect of culture on the learning of science in non-western countries: The results of an integrated research review. International Journal of Science Education, 17(6), 695-704.

Berland, L. K., & Reiser, B. J.(2009). Making sense of argumentation and explanation. Science Education, 93, 26-55.

Cobern, W. W.(1996). Worldview theory and conceptual change in science education. Science Education, 80(5), 579-610.

Costa, V. B.(1995). When science is "another world": Relationships between worlds of family, friends, school, and science. Science Education, 79(3), 313-333.

Ding, D. D.(2002). The passive voice and social values in science. Journal of Technical Writing and Communication, 32, 137-154.

Dodick, J., Argamon, S., & Chase, P. (2009). Understanding scientific methodology in the historical and experimental sciences via language analysis. Science & Education, 18, 985-1004.

Ehrlen, K.(2009). Drawings as representations of children's conceptions. International Journal of Science Education, 31(1), 41-57.

Feinstein, N.(2011). Salvaging scientific literacy. Science Education, 95, 168-185

Ford, D. J.(2005). The challenges of observing geologically: Third graders' descriptions of rock and mineral properties. Science Education, 89, 276-295.

Fradd, S. H., & Lee, O.(1999). Teachers' roles in promoting science inquiry with students from diverse language backgrounds. Educational Researcher, 28(6), 14-20, 42.

Haneda, M., & Wells, G.(2010). Learning science through dialogic inquiry: Is it beneficial for English-as-additional-language students? International Journal of Educational Research, 49, 10-21.

Hemple, C. G.(1966). Philosophy of natural science. Englewood Cliffs, NJ: Prentice-Hall.

Hewson, M. G.(1988). The ecological context of knowledge: Implications for learning science in developing countries. Journal of Curriculum Studies, 20(4), 317-326.

Jegede, O. J.(1995). Collateral learning and the eco-cultural paradigm in science and mathematics education in Africa. Studies in Science Education, 25, 97-137.

Jegede, O. J., & Okebukola, P. A.(1991a). The relationship between African traditional cosmology and students' acquisition of a science process skill. International Journal of Science Education, 13(1), 37-47.

Jegede, O. J., & Okebukola, P. O. A.(1991b). The effect of instruction on socio-cultural beliefs hindering the learning of science. Journal of Research in Science Teaching, 28(3), 275-285.

Kawasaki, K.(1996). The concepts of science in Japanese and Western education. Science & Education, 5, 1-20.

Korean Educational Development Institute [KEDI](1997). Globalization of science education: Proceedings of the International Conference on Science Education. Seoul: Author.

Kortz, K. M., & Murray, D. P.(2009). Barriers to college students learning how rocks form. Journal of Geoscience Education, 57(4), 300-315.

Kuhn, D.(1993). Science as argument: Implications for teaching and learning scientific thinking. Science Education, 77, 319-337.

Kuhn, D., Amsel, E., & O'Loughlin, M.(1988). The development of scientific thinking skills. San Diego, CA: Academic Press.

Leach, J.(1999). Students' understanding of the co-ordination of theory and evidence in science. International Journal of Science Education, 21(8), 789-806.

Leach, J., & Scott, P.(1995). The demands of learning science concepts: Issues of theory and practice. School Science Review, 76, 47-51.

Lee, O.(1997). Diversity and equity for Asian American students in science education. Science Education, 81, 107-122.

Lee, O., Fradd, S. H., & Sutman, F. X.(1995). Science knowledge and cognitive strategy use among culturally and linguistically diverse students. Journal of Research in Science Teaching, 32(8), 797-816.

Lee, O., Maerten-Rivera, J., Penfield, R. D., LeRoy, K., & Secada, W.(2008). Science achievement of English language learners in urban elementary schools: Results of a first-year professional development intervention. Journal of Research in Science Teaching, 45(1), 31-52.

Lee, S., Fraser, B., & Fisher, D.(2003). Teacher-student interactions in Korean high school classrooms. International Journal of Science and Mathematics Education, 1, 67-85.

Lemke, J. L.(1990). Talking science: Language, learning, and values. Norwood, NJ: Ablex.

Lynch, P. P.(1996). Students' alternative frameworks for the nature of matter: A cross-cultural study of linguistic and cultural interpretations. International Journal of Science Education, 18(6), 743-752.

Mercer, N., Dawes, L., Wegerif, R., & Sams, C.(2004). Reasoning as a scientist: Ways of helping children to use language to learn science. British Educational Research Journal, 30(3), 359-377.

Mohapatra, J. K.(1991). The interaction of cultural rituals and the concepts of science in student learning: A case of study on solar eclipse. International Journal of Science Education, 13(4), 431-437.

Ogawa, M.(1995). Science education in a multiscience perspective. Science Education, 79(5), 583-593.

Ogunniyi, M. B.(1988). Adapting western science to traditional African culture. International Journal of Science Education, 10(1), 1-9.

Okebukola, P. A., & Jegede, O. J.(1990). Eco-cultural influences upon students' concept attainment in science. Journal of Research in Science Teaching, 27(7), 661-669.

Oh, P. S.(2005a). A descriptive study on students' talk during the presentation of their science projects. Journal of the Korean Association for Research in Science Education, 25(1), 26-40.

Oh, P. S.(2005b). Discursive roles of the teacher during class sessions for students presenting their science investigations. International Journal of Science Education, 27(15), 1825-1851.

Oh, P. S. (2011). Characteristics of abductive inquiry in earth science: An undergraduate case study. Science Education, 95, 409-430.

Sampson, V., & Clark, D. B.(2008). Assessment of the ways students generate arguments in science education: Current perspectives and recommendations for future directions. Science Education, 92, 447-472.

Sandoval, W. A., & Millwood, K. A.(2005). The quality of students' use of evidence in written scientific explanations. Cognition and Instruction, 23(1), 23-55.

Sutton, C. R.(1989). Writing and reading in science: The hidden messages. In R. Millar (Ed.), Doing science: Images of science in science education (pp. 137-159). London: Falmer Press.

Thijs, G. D., & van den Berg, E.(1995). Cultural factors in the origin and remediation of alternative conceptions in physics. Science & Education, 4, 317-347.

Toulmin, S. E.(2003). The uses of argument (고현범, 임건택 (역), 논변의 사용. 서울: 고려대학교 출판부). Cambridge, UK: Cambridge University Press.

Toulmin, S. E., Rieke, R., & Janik A.(1984). An introduction to reasoning (2nd ed.). New York: Macmillan.

Yager, R. E.(1995). Science/Technology/Society and learning. Bulletin of Science, Technology & Society, 15(5-6), 225-227.

Yore, L. D., Bisanz, G. L., & Hand, B. M.(2003). Examining the literacy component of science literacy: 25 years of language arts and science research. International Journal of Science Education, 25(6), 689-725.

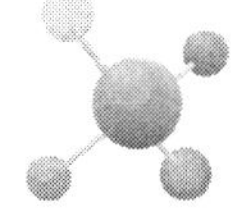

EFL 교실에서의 영문학
: 문화교육의 관점에서

영어교육과 박기화 교수

교과교육과 문화, 어떻게 소통할 것인가?

1. 들어가는 말

영문학 작품은 세계적으로 영어 교육 교실에서 사용해 온 주요 자료였다. ESL/EFL[1]로서의 영어 교육이든 상관없이 영어 교육 교실에서는 흔히 고전이라고 일컫는 영문학 작품들을 모아 놓은 교재를 읽고 해석하는 것이 수업의 주요 내용이었다. 교사는 군데군데 주해(glossary)가 제시된 교재를 읽어가면서 작가에 대한 정보와 당시의 시대적, 사회적 배경 등에 관한 지식, 때로는 어려운 문학 용어와 비평 용어 등을 사용하여 영문학자들이 그 작품에 대해 분석하고 확립해 놓은 정보를 전달하는 것이 자신들의 의무라고 생각하였고, 학생들에게 수동적으로 그 정보를 받아들이고 암기하게 하는 것이 영어 수업의 방법이었다.

그러나 이러한 접근은 1970년대 초에 의사소통적 접근(Communicative Approach, CA)이 등장하면서 비판을 받기 시작한다. 의사소통적 접근은 영어 학습자에게 영어로 의사소통을 할 수 있는 능력을 길러주는 것을 목표로 하였으므로 교재와 내용, 교수 방법 등이 실생활의 과업과 유사한 의사소통 과제(task)를 중심으로 구성된다. 의사소통적 접근은 출발 자체가 실용적인 필요에 의한 것이었기 때문에 전통적 교실에서 사용해 온 영문학 작품 활용 방법은 영어 능력 발달에 도움이 안 된

---

1 ESL(English as a Second Language), EFL(English as a Foreign Language)은 각각 제2언어로서의 영어, 외국어로서의 영어를 가리킨다. ESL은 모국어 이외의 언어로서 사회의 공용어로 사용되는 영어이고 EFL은 학교의 수업으로만 접할 수 있는 영어를 말한다.

다고 생각하였고, 더욱이 영어 능력의 수준이 영문학 작품을 다루기에 훨씬 못 미치는 외국어로서의 영어교육에서는 영문학 작품은 학습자들에게 쓸모가 없다고 생각하였다.

이로부터 영어 교육 교실에서 당연한 것으로 여겨져 왔던 영문학 작품의 도입에 대하여 진지하게 고민하기 시작하였고 영어 교육 교실에서 영문학 작품의 역할을 과거와는 다른 각도로 조명하려는 시도가 이어졌다. 이러한 시도는 영문학을 단순히 영어를 가르치기 위한 자료로만 보지 않고, 재미있고 실제적인(authentic) 텍스트를 풍부하고 충분하게 제공해 줄 수 있는 영어 교육의 주요 자료로 재인식하게 하는 계기가 되었다. 더욱이 최근 언어 연구를 문화 연구로서 접근하려는 시각이 등장하면서 영문학 작품의 가치와 활용성은 그 폭이 훨씬 확대되고 있다.

그러나 이러한 변화에도 불구하고 우리 나라 영어 교육 현장에서 새로운 방향의 영문학 작품 활용은 극히 미미한 정도이며 여전히 전통적 접근이 우세하다. 이는 물론 우리 나라만의 실태는 아니고 전 세계적으로 보편적인 현상이기는 하다. 그러나 EFL 교실에서의 영문학 작품 활용의 이점과 문제점을 충분히 알고 장점을 최대한 활용할 수 있는 방향을 찾는다면 우리 영어 교육에서의 향상을 도모하는 방편이 될 수 있다. 본 연구는 이러한 기대에서 출발하여 우리 나라의 영어 교육 교실에 영문학 작품을 도입할 필요가 있는가의 문제를 따져 보고 영문학 작품을 도입한다면 어떠한 방향이 되어야 할까를 생각해 보고자 한다.

2. 영어 교육과 영문학

2.1 외국어 교육 교실에의 문학 작품 도입의 필요성

외국어 교육 교실에서 해당 외국어 문학을 가르쳐야 하는가에 관한 논란은 끊임없이 있어 왔다. 외국어 교육을 여기서는 영어 교육, 문학을 영문학으로 한정하여 말하기로 한다. 막연하게 외국어라고 하기보다 '영어'로 한정하는 것이 우리 외국어 교육 현실에 부합할 뿐 아니라 구체적인 기술과 예시를 주기에 편리하고, 세계어로서 영어의 위치를 생각할 때 영어가 대표적인 외국어이며 실제로 세계 대부분의 나라에서 외국어 교육 가운데 영어 교육에 대한 관심이 제일 크기 때문이다.

영어 교육 교실에의 영문학 도입을 반대하는 입장에서는 무엇보다도 영문학 작품의 언어가 영어 교육 교실에 맞지 않는다는 점을 지적한다. 영어 교육의 주요 목적은 일상생활에서 의사소통할 수 있는 능력을 길러주는 것인데 영문학 작품의 언어는 일상 의사소통과는 거리가 있는 최상급 수준이어서 의사소통 능력을 위한 학습 자료로는 적합하지 않다는 것이다. 또한 구어(spoken language)가 우선시되는 일상생활의 의사소통과 달리 영문학 작품은 문어(written language) 위주의 접근이며, 영문학 작품 수업에 등장하는 어려운 비평 용어와 상위 언어(metalanguage) 등이 영어 학습에 대한 흥미를 떨어뜨리고 영어 능력 획득에 방해가 된다는 점도 문제로 제기한다. 이 밖에 영문학 작품 학습에 들인 시간에 비해 결과로서 얻어지는 영어 능력은 보잘 것 없어 학습자에게 좌절감을 주고 동기를 박탈한다는 점, 문화적 함의가 지나치게 많아 영어 학습자에게 과도한 부담이 되어 읽기의 즐거움을 빼앗아간다는 점 등도영문학 작품 도입의 반대 이유이다.

그러나 영문학 작품 도입을 찬성하는 입장에서는 찬성의 근거로서 학습자 대부분이 영문학 텍스트를 좋아하며, 사회적 상호작용의 패턴이 풍부하게 제공되고, 영문학 작품을 통해 학습자 자신의 삶에 긍정적 영향을 얻을 수 있을 뿐 아니라 정서적으로도 긍정적인 효과를 기대할 수 있고, 무엇보다도 영어 4기능의 기본 능력을 숙달할 수 있는 좋은 자료가 될 수 있다는 것을 장점으로 제시한다.

영문학 작품 도입 찬성의 이유는 본 연구의 목적에 관련하여 중요한 논의 거리이므로 좀더 자세히 살펴볼 필요가 있다. Collin과 Slater(2002)는 다음의 네 가지 이유를 들어 영어 교육 교실에 영문학 작품 도입을 지지한다.

- 가치있는 실제(authentic) 자료
- 문화적 풍부성
- 풍부한 언어
- 개인적 몰입

첫째 문학 작품은 가치있는 실제 자료이다. 문학 작품이 '가치있는' 이유는 인간과 삶의 근본적인 문제를 다루고 있기 때문이다. 사랑. 증오, 질투, 탐욕, 오만, 야망 등 인간의 근원적인 본성과 삶의 본질을 말하는 Shakespeare(1564~1616)의 작품은 시대를 초월하여 읽혀지고 사랑받는다. 곧 문학 작품은 읽는 이로 하여금 삶에 대해. 인간 자신에 대해 사고하게 하고 이해의 폭을 넓히는 안내자의 역할을 할 수 있다.

'실제' 자료라는 의미는 언어를 가르치기 위한 목적으로 써진 교육적인 자료가 아니라 문학 작품 자체로서 써진 자료라는 뜻이다. 그러므로 문학 작품을 통해 학습자는 언어가 사용되는 본래의 모습과 형태를 만날 수 있다. 곧 학습자는 문학 작품을 접함으로써 다양한 언어적 쓰임에 익숙해지고 문학 작품은 언어 교육 보조 자료로서의 역할을 할 수 있다.

둘째로 문학 작품은 풍부한 문화 정보를 전달한다. 외국과 외국인의 삶에 대해 이해를 높일 수 있는 가장 좋은 방법은 그 나라에 가거나 그 곳에서 살아보는 것이다. 그러나 이것이 손쉽거나 늘 가능하지는 않기 때문에 간접적인 방법으로 라디오나 비디오, 영화, 문학 작품 등을 이용할 수 있다. 문학 작품을 통해 다양한 사회적 배경을 가진 인물들을 생생하고 구체적인 맥락에서 만나게 함으로써 문학은 학습자로 하여금 사회를 구성하는 코드와 전제를 느끼고 인식할 수 있게 한다. 이는 문화를 이해할 수 있게 하는 편리하고도 가능한 방법이다.

세 번째로 문학은 학습자에게 문어의 많은 기능을 접할 수 있게 한다. 그러나 문학 작품이 학습자에게 실제 필요한 언어를 제공하는가에 대해서는 선뜻 긍정적인 답을 하기 어렵다. 왜냐 하면 문학의 언어는 일상생활의 전형적인 언어도 아니고 학습자의 교과서에 나오는 교육적 목적의 언어도 아니기 때문이다. 그러므로 문학 작품은 보조 자료로 활용하되 사용된 언어를 살펴 신중하게 선택할 필요가 있다. 또한 문학의 언어는 개개의 어휘나 구조를 창의적으로 사용하여 사용된 어휘나 구조를 기억하기 쉽게 해 준다. 풍부한 맥락 속에서 어휘를 교묘하게 사용하여 깊이있는 의미를 전달한다거나 창의적이고 모험적인 언어 구조 사용으로 기대하지 않았던 언어의 힘과 효과를 느끼게 해

줄 수 있다.

마지막으로 문학은 학습자를 작품에 몰입시킬 수 있다. 문학 작품이 재미가 있어 학습자를 몰입시키는 효과도 있지만 학습자가 그 작품 속에 빠져 들어 등장인물의 입장에 서 보게 함으로써 폭넓은 간접 경험을 제공할 수 있다. 문학 작품은 학습자를 언어의 기계적인 시스템을 넘어 등장인물의 정서적 반응에 공감하도록 이끌고 문학 작품의 세계 속에 통째로 끌어들이는 흡인력을 발휘한다. 이 과정에서 학습자는 등장 인물이 되어 작품의 텍스트와 창의적인 관계를 형성하게 되므로 어떤 문학 작품을 선택하느냐가 교육적으로 중요한 의미를 갖는다.

영문학 작품의 영어 교육 도입에 대한 찬성과 반대 의견은 모두 어느 한 쪽에만 옳다고 할 수 없는 근거와 논리를 가지고 있다. 실제로 영어 교육 교실에서 영문학 작품 도입의 역사는 대체로 찬성과 반대의 입장을 그네처럼 왕복해 왔다고 볼 수 있다. 그러나 상반되는 두 입장은 어떤 영문학 작품을 도입하느냐에 따라 합치될 수 있는 여지가 있다고 생각된다. 곧 영어 교육 교실에의 영문학 작품 도입을 반대하는 이유 중에 하나가 지나치게 어려운 언어와 문화 내용이 영어 학습 동기를 박탈한다는 부작용이므로 학습자 수준에 맞는 언어와 문화 내용을 갖는 작품을 선택함으로써 어느 정도 완화될 수 있다는 것이다. 영문학 작품의 도입을 찬성하는 입장에서도 적절한 수준의 언어와 문화 내용을 강조하므로 이를 충분히 고려하여 도입 작품을 선정한다면 반대의 입장을 수용할 수 있다.

이렇게 보면 어떤 영문학 작품을 선정하여야 하는가가 중요한 문제가 된다. 그러나 어떤 작품이 대표적인 영문학 작품으로 인정되어야 하며 어떤 작품을 교육 현장에서 가르쳐야 하는가를 결정하는 것은 모국어 교육에서든 외국어 교육에서든 끊임없는 논쟁의 주제였고 지금까지도 합치된 답을 얻을 수가 없는 문제이다. 왜냐 하면 대표적 영문학 작품 목록 결정에는 그 시대의 특성과 가치, 관점과 집단의 목적 등 당시 상황에 따른 입장이 반영될 수 밖에 없기 때문이다. 실제로 남녀평등주의자들은 자신들의 기준에 따라 여성의 권리를 다루는 작품을 대표적 목록에 포함해야 한다고 주장하고 전문가 집단들은 자신들이 중요하다고 여기는 가치를 강조하는 작품이 포함되어야 한다고 주장한다. 최근 들어서는 언어와 문학 연구에 문화적 관점의 접근을 취하게 되면서 영어 교육 교실에서 영문학 작품의 도입 내용을 문화 교육의 관점에서 새롭게 조명하게 되었고 이에 따라 문학 작품의 도입 목록에 대한 시각도 달라질 수 밖에 없다.

이상에서 본 연구가 목표로 삼았던 첫 번째 질문, 'EFL 교실에 영문학 작품을 도입해야 하는가'에 대한 대답은 '영문학 작품은 EFL 교육에 활용할 수 있는 충분한 장점을 가지고 있으므로 도입할 필요가 있으나 그 효과를 얻기 위해서는 어떤 영문학 작품을 도입하는가가 중요하다.'로 답할 수 있다. 이 대답을 구체화하기 위해서는 어떤 영문학 작품을 선택하여 어떻게 접근할 것인가를 결정하여야 하는데 이는 바로 본 연구의 두 번째 질문이 된다. 두 번째 질문의 답을 찾기 위해 역사적으로 어느 시대에 어떤 목적으로 어떤 문학 작품을 선택하여 어떻게 가르쳐 왔는가를 살펴보는 것이 도움이 될 것이다. 이를 바탕으로 우리 시대, 우리 영어 교육 교실에서 취해야 할 영문학 작품 활용의 접근과 방향의 범위를 좁힐 수 있을 것이다.

2.2 영어 교육에서 영문학 작품 도입의 역사

영어 교육에서의 영문학 작품 도입의 역사를 보기 위해 문학 교육 실라버스를 중심으로 시대적 배경과 상황을 살펴 보기로 한다. 편의상 모국어 교육에서의 영문학과 EFL 교육에서의 영문학으로 나누었다.

2.2.1 모국어 교육에서의 영문학

모국어 교육에서의 영문학이란 영어가 모국어인 나라에서의 영문학이므로 구체적인 예를 들어 말하자면 영국의 국어 교육에서의 영문학이다. 영국 교실에서 영문학은 늘 교과목이었던 것은 아니지만 고전 문학이라는 이름으로 꾸준히 가르쳐졌다. 당시 문학의 개념 중의 하나는 '잘 쓴 글(fine writing)'이라는 것이었고 아울러 문학은 정확한 표준 영어의 모델이 되어야 한다고 믿었다. 이는 당시의 영국 국민들이 영문학 작가는 글을 잘 쓰는 사람이고 영문학 작품에 나온 문장과 표현은 정확하고 모범적이어서 어느 표현이 맞는지를 정하는 표준이라고 생각하였다는 것이다.

19세기 들어 산업사회로 들어서면서 영문학에 대한 개념은 다소 바뀌기 시작한다. 민족주의와 민주주의가 강조되고 대중교육과 의무교육이 확대되기 시작함에 따라 지식인들과 경제적, 시간적으로 여유있는 여성들이 영문학 작품을 접하게 되었는데 이들은 영문학을 정서적 가치, 곧 개인의 지평을 넓혀주고 취향과 관용을 갖게 하며, 적절한 감정과 감수성을 가르치는 유용한 읽기로 생각하였다. 영문학에 대한 개념의 변화는 자연히 어떤 문학 작품을 모국어 교육 실러버스에 포함해야 할 것인가 하는 문제를 일으킨다. 실러버스의 내용은 특정 시점, 특정 목적, 특정 집단의 특정 가치를 반영할 수 밖에 없으므로, 당시 지식인들과 여유 있는 여성의 수가 늘어남에 따라 대표적 영문학 작품 목록에 대한 논란이 증대되었다. 그러나 영문학 작품 가운데 무엇을, 어떻게, 왜 가르쳐야 하는가 하는 문제는 오늘날까지도 심각한 논쟁의 주제로서 간단히 답할 수 있는 문제가 아니므로 논란의 산물보다 논란의 증폭이라는 현상에 의미를 두어야 할 것이다.

재미있는 것은 당시 영국의 식민지였던 인도에서의 영문학 교육이 지배국인 영국에서보다 더 통합적이고 더 바람직한 형태로 이루어졌다는 것이다. 영국은 인도 지배를 강화하기 위해 동인도 회사의 부를 키우고 영국의 영향력을 증대하고자 하였고 그 방편으로 '영문학'을 가르치는 것이 좋은 수단이라고 생각하였다. 이때의 '영문학'은 '영어' 뿐 아니라 '영국민의 문학'으로서, '영어'를 통해 현대의 지식을 추구하게 하고 '영국민의 문학'을 통해 인도인들에게 자신들의 문화를 알리고자 하는 실용적인 목적을 주로 하였다. 이를 뒷받침하기 위해 영국은 1835년에 영어교육 시행령(English Education Act)을 발표하여 인도인들이 영문학 고전 교육을 통해 문화화되도록 촉구하였다. Hall(2005)은 이에 대해 인도에서의 영문학 교육은 언어와 가치를 교육하는 주요 방편이었고, 영국의 옥스퍼드 대학보다 60년이나 앞서서 '영어'를 확립한 조치로 평가하고 있다.

우리가 우리 나라에서 살 때는 우리 문화를 잘 의식하지 못한다. 그러나 해외에 나가 우리와 다른 문화를 접하게 되면 비로소 우리 문화를 새롭게 인식하게 되면서 우리 문화의 정체성을 인식하는 경험을 한다. 영국의 인도 지배 경우도 다르지 않을 것이다. 지배자의 입장에서는 피지배자에게 자신을 알리기 위해 진지하게 자신의 정체성을 확립하고자 하였을 것이고 이는 필연적으로 문화의 정체성으로 연결된다. 문화의 정체성을 파악하고 알려 주는 좋은 방법 중의 하나는 문학 작품을 이용하는 것이다. 영문학 작품을 통해 자신들의 가치와 도덕을 전달할 수 있으며 또한 의사소통을 위해 영어를 교육할 필요성이 있었으므로 영문학 작품은 문화 교육과 영어 교육을 위한 좋은 해결책이었다. 달리 말하면 영국에서의 영어 교육보다 목적이 분명하고 필요가 절실한 상황이 자연스럽게 마련되었으므로 인도에서의 영어 교육이 본국에서의 영어 교육보다 더 통합적이고 실용적으로 일찍 확립될 수 있었다는 것이다. 통합적이고 실용적인 영어 교육은 현대의 영어 교육 교실에서 영문학 작품 도입을 통해 추구하는 목표이기도 하기 때문에 인도에서의 영어 교육은 우리에게 시사하는 바가 크다.

다음에는 EFL 교실[2]에서의 영문학 작품 도입의 역사를 살펴 보기로 한다.

2.2.2 EFL 교육에서의 영문학

EFL 교실에 문학 작품을 도입하는 이점은 앞에서 언급한 것처럼 실제성, 문화적 풍부성, 풍부한 언어, 개인적 몰입으로 요약할 수 있다. 이를 좀더 구체적으로 기술하면, 첫째, 어휘를 확장시킨다. 둘째, 특정화시키지 않은 일반적 방법으로 언어 습득을 할 수 있게 돕는다. 셋째,

---

2 여기서 EFL 교실의 의미는 모국어로서의 영어 교육이 아닌 모든 영어 교육 교실의 의미로 사용하였다. 본 연구의 목적이 우리의 영어 교육에서 영문학 작품 도입의 방향을 찾는 것이므로 관심을 EFL 교육에 두고 있어서, 실제로는 ESL 교육을 포함하더라도 모두 EFL로 대표하여 말하기로 한다.

언어 감각을 높여 준다. 넷째, 유창한 읽기 능력 개발에 도움이 된다. 다섯째, 해석 능력과 추론 능력을 향상시킨다. 여섯째, 문화 이해와 문화간 이해에 도움이 된다. 일곱째, 문학 텍스트는 언어적으로 특별히 기억하기 쉬운 표현들이 많다. 여덟째, 재미있다는 점이다(Hall, 2005). 앞에서도 언급하였듯이 이러한 이점은 적절한 문학 작품 도입이 이루어진다면 외국어 교육에서 다른 어느 자료보다도 큰 효과를 가져 올 수 있다.

그러나 영문학 작품을 도입하여 가르쳐 온 EFL 교실의 대부분이 그 이점을 충분히 누리지 못해 왔다. 무엇보다도 영어와 문학을 통합하지 못한 것이 큰 이유일 것인데 EFL 교실의 실황이 이를 잘 보여주고 있다. 현재까지도 대부분의 EFL 교실에서 영문학 작품은 전통적인 방식으로 교육되고 있어서 문학적 정보와 문학성만 강조하고 영어는 소홀히 다루거나, 혹은 영문학 작품을 의사소통적 교과과정과 통합하기보다 의사소통을 중시하여 영어에만 관심을 기울여 가르치는 경우가 대부분이다. 특히 현대 외국어 교육 접근의 주류인 의사소통적 접근에서는 문학은 외국어 교육에 부적절하다고 여기고 있으며, 문학 작품은 학습의 목표가 아니라 수단이자 자료로만 인정하는 경향이 있어서 문학 작품 도입에 부정적 영향을 미치고 있다.

EFL 교실에서의 영문학 작품 활용 과정과 실태를 자세히 살펴봄으로써 앞으로의 활용 방향과 접근을 구체화할 수 있다. 전통적 접근과 의사소통적 접근으로 나누어 영문학 작품 활용 과정을 고찰하고, 아울러 최근 들어 등장한 문화적 관점에서의 접근을 간단히 살펴 보기로 한다.

1) 전통적 접근

영문학 작품을 외국어 교육 교실에서 활용한 전통적인 방법은 주요 영문학 작품을 읽고 해석하는 것이 주를 이루고, 나아가 작가에 대한 정보와 작품의 배경, 문학적으로 확립된 해석과 비평 등을 교사가 일방적으로 전달하는 방식이다. 이러한 접근은 Hall(2005)이 지적하였듯이 '이해(comprehension)'에서 '비판(criticism)'으로 가는 과정이라고 표현할 수 있다. '이해'란 문법, 어휘, 패턴 등을 익히고 연습하는 과정이고 '비판'은 이해 과정을 거친 후 언어적 유창성과 문학성을 갖추어 주제에 대해 토론할 수 있을 정도의 수준에 도달하는 것이다.

현재 EFL 교육 교실에서는 영문학 작품을 교재로 사용하더라도 대체로 문법을 설명하고 익히거나, 문장 패턴을 반복 연습하고, 어휘를 반복 학습하는 등의 내용이 중심이 되므로 이해에서 그치는 수준이다. 교실에 따라 문학 작품의 비판까지 다루는 경우도 있지만 작가에 대한 정보, 작품에 대한 풀이, 주요 구절과 표현들에 대한 주석, 보편적으로 확립된 해석, 널리 인용되는 구절 등을 어려운 문학 비평 용어와 개념을 사용하여 교사가 일방적으로 전달하는 방식의 수업이 대부분이다. 이러한 접근은 언어적 유창성과 문학성을 얻기 위한 방식이겠으나 특히 문학성에 관해서는 회의적인 의견이 많다. 모국어 교실에서조차 영문학 작품을 통한 문학성 획득이 그렇게 용이한 목표가 아닌데 EFL 교실에서 문학성을 갖춘다는 목표 달성이 과연 가능한가 하는 의문이다. 현재 EFL 교실은 고급 수준의 학습자들을 대상으로 한 수업에서조차 언어 요소가 중심이 되는 수업을 하고 있으며, 토론이 아니라 강의 중심의 수업이 이루어지고 있는 것이 현실이기 때문이다.

실라버스 또한 영문학 작품 가운데 전통적으로 대표적 작품으로 일컬어 온 것들로 구성되어 있어서 EFL 교실 상황을 고려하지 않고 있을 뿐 아니라 아무리 쉬운 문학 작품을 고른다고 하여도 고급 수준이 아닌 학습자 대상의 교실에서는 영문학 작품의 도입이 수준 높은 단어와 내용으로 인해 학습자들에게 좌절감을 줌으로써 오히려 동기를 빼앗는 부작용을 가져온다는 점에서 더욱 부정적이다. 그러므로 영문학 작품을 도입하여 전통적 접근으로 가르치는 교실에서는 문학 이외의 다른 교재를 활용할 때보다 부정적 효과의 위험이 더 크다고 하겠다.

2) 의사소통적 접근

의사소통적 접근은 우리가 언어를 사용하는 목적은 의사소통을 하기 위해서이므로 언어를 가르치는 목적도 당연히 실제로 의사소통을 할 수 있는 능력을 길러주는 것이 되어야 한다는 주장에서 출발한다. 그러므로 실생활에서와 비슷한 의사소통 상황을 교실에 도입하고 그 상황에서 언어를 도구로 사용하여 자신이 원하는 것을 상대방과 타협함으로써 얻어내는 연습이 교실 활동의 주를 이룬다. 언어는 실제로 사용하는 과정에서 얻어진다고 보기 때문에 교실에서 가능한 한 많은 언어 사용 기회를 주고자 하며, 교육적 맥락보다는 실제 자료와 맥락을 중시한다. 또한 의사소통은 상대방과의 의미 협상 과정이므로 의미 협상을 위한 전략을 초기부터 강조한다.

의사소통적 접근의 주장은 실제 자료를 중시하고 상대방과의 의미 협상을 중시한다는 점에서, EFL 교실에서 영문학 작품의 가치를 재인식하고 도입할 가능성을 내포하고 있으며, 더욱이 문학과 언어와 문화를 통합하는 연구를 시작하는 기회가 될 수 있다. 문학 작품은 교육적 자료가 아니라 실제 자료이며 문학 작품을 읽는 과정에서 독자가 텍스트와 맺는 관계는 의미 협상이기 때문이다. 뿐만 아니라 문학 작품은 풍부한 문화 정보를 담고 있고 문화 속에서의 언어 사용을 보여 주고 있기 때문에 문학 작품 자체가 언어와 문화의 통합이다.

그러나 기본 주장과는 별도로 실제로 의사소통적 접근에서 주목했던 것은 문학 공부가 모든 학습자에게 즐거운 것은 아니라는 교실의 상황이었다. 이는 문학 작품을 다루는 전통적 접근이 그 원인으로, 문학 작품을 도입한 대부분의 교실은 문학 자체를 가르치는 것이 아니라 문학에 관하여 가르치고 있었기 때문이다. 언어 교수요목은 언어가 중심이라고 보면 문학 교수요목은 문학 작품이 중심이 되어야 하는데 문학 자체가 아니라 문학에 관하여 가르치는 수업은 문학 교수요목으로서 실패라고 할 수 있다(Short와 Candlin, 1986). 실제 언어 사용을 중시하는 의사소통적 접근의 입장도 주로 구어에만 관심을 두는 경향으로 인하여 문어 텍스트인 문학 작품의 활용과는 거리가 있었다.

이와 함께 Talib(1992)는 'Why Not Study Non-Native English Literature?'를 통하여 영어는 이제 영국민, 미국민의 언어라기보다 세계어가 되었는데 영어 모국어 화자의 작품만을 영문학의 대상으로 삼는 것은 부당하다는 지적을 한다. 싱가폴, 필리핀 등의 지역 영어(local English)로 쓰인 문학 작품도 영문학 작품으로서의 지위를 가져야 마땅하다는 주장이다. 이는 당연히 학생들이 읽어야 할 필수목록으로 영국 문학의 표준 목록, 혹은 중심 모델을 만들어야 한다는 주장과 충돌하였고, 나아가 세계어로서의 영어 문제와 얽혀 더욱 복잡한 상황을 가져왔다.

　　EFL 교육에서 영문학 작품에 대한 관심과 도입의 역사를 보기 위한 한 방법으로 재미있는 연구가 수행되었다. Kramsch와 Kramsch(2000)는 20세기에 Modern Language Journal에 실린 논문들 중에서 언어 교육에서의 문학과 관련있는 논문들을 미국의 교실에 한정하여 살펴봄으로써 영문학 도입의 흐름을 밝히고자 하였다. 그들의 연구 결과는 다음처럼 나타났다.

(1) 대략 1914년까지는 문학을 언어 교육의 목표이자 중심으로 보는 전통적 문학관이 우세하다. 문법번역식 교수법을 사용하고 학문적 관점에서 접근하는 경향이다. 이 시기에 언어 연구는 문학의 연구를 의미했다.

(2) 1918년부터 1929년까지는 문학은 글자를 아는 모든 미국인들이 접할 수 있는 읽기 자료로 인식되었다.

(3) 1929년부터 1945년의 기간 동안 문학은 점점 교실에 어울리지 않게 되어, 상급 이상의 학습자들에게 사치스러운 보조자료 정도로 취급되었다. 외국어 교수의 목표는 아이디어, 내용 중심의 읽기라고 보는 경향이 유행하였다. 텍스트는 글을 아는 독자들이 접할 수 있는 정보의 저장고로 여겨졌고 정보를 얻은 과정은 과학적으로 검증될 수 있다고 믿었다. 이러한 경향은 결코 바람직하지 않은 '이해력' 시험으로 연계되었다. 그러나 옳은 답을 고르는 객관식 지필 시험 형태는 쉽게 측정할 수 있다는 이점은 있지만 문학 텍스트에서 관심과 가치를 두는 형태는 아니다. 그럼에도 이 시기에 심리학자들은 읽기, 교과과정 개발, 평가 등에 관해 중요한 연구들을 발표하였다. 문학 작품 활용을 지지하는 사람들은 종종 문학 작품을 자연스럽게 번

역할 수 있는 기술을 연마한 번역가가 더 많이 필요하다는 주장을
하였다.

(4) 1939년부터 1945년까지 문학은 고통스러운 세상의 위안거리로 제
공되었다. 비판적 인식을 위한 연습 자료로 문학 작품을 읽는 것
이 필요하다고 보았던 일부 교육자들은 문학이 정치적인 선전과
세뇌를 극복할 수 있는 정치적 보호 장치라고 생각하였다. 이 시
기에는 심리학이 유행하였으므로 문학은 또한 다른 사람들이 무
엇을 생각하는가, 실제로 어떻게 생각하는가를 알 수 있는 방편으
로 여겨졌다.

(5) 다음 기간은 대략 1945년에서 1957년이다. 이 때의 문학관은 '만족
과 오락'이다. 문학은 고급 수준의 연구를 위해서만 필요하다고 생
각되었으며 학생들은 청화식 교수법(audio-lingual methods)에 따라
등급화된 언어 구조를 마스터한 후 문학의 관념적 내용에 접근해야
한다고 보았다. 이에 따라 문학은 성공적인 학습자들에게 일종의
즐거운 보상물로서, 또한 청화식 연습을 즐겁게 보충해 줄 수 있는
가벼운 구호물로서 활용되는 것으로 인식되었다.

(6) 1950년대에는 Modern Language Journal에 실린 문학 관련 논문의
수가 현격히 줄었다.

(7) 1957년부터 1979년까지는 좀더 '인본주의적(humanistic)' 기간으로
불릴 수 있다. 언어학과 언어 교육의 전문가들은 문학은 일상생활의
의사소통에는 필요가 없고 엘리트들만 추구하는 것으로 여겼으므
로 실제로는 문학이 외국어 교육 바깥으로 멀리 쫓겨간 셈이었다.
동시에 이 때 나왔던 겨우 몇 편의 연구들에서는 간학문적 접근
(interdisciplinary approaches)에 대한 관심과 언어 교실에서 문학을

얼마나 정확히 가르쳐야 하는가에 대해 과도하게 추구하는 경향이 눈에 띈다. 예를 들면 외국어 텍스트를 선정하고 교수할 때 '독해 용이성(readability)' 연구 결과를 적용하는 것이다.

(8) 1979년부터 20세기 말까지는 의사소통적 교수법이 성행하면서 문학이 실제 텍스트로서 가치있게 생각되었다. Kramsch가 '유창성 운동'이라고 불렀듯이 문학 읽기는 어휘 습득, 읽기 전략 개발, 비판적 사고 훈련, 추리 기능 연마를 위한 기회로 여겨졌다. 이 시기의 논문들은 심리언어학과 담화 분석 연구들을 언급하기 시작한다. 다른 중요한 경향들도 관찰되는데 먼저 의사소통적 패러다임 내에서 중시하였던 학습자 중심주의가 학습자의 의사소통과는 상관없다고 생각되는 문학 작품정보들, 곧 문학 작품의 작가, 작가의 의도, 문학 작품과 관련된 정보들과 함께, 무엇보다도 문학 텍스트의 언어에 대해 관심을 두지 않게 하였다는 것이다. 다음으로는 언어 관련학과에서 문학 연구를 고립시키는 경향이 나타났다는 것이다. 이는 언어 학습의 본질 전체는 물론이고 문학 텍스트와 문학 읽기의 본질과 위상에 대한 의문을 제기하는 후구조주의 학자들과 후기 모더니즘 학자들에 의해 비롯되어 현재까지도 지속되고 있다. Kramsch와 Kramsch는 다음에는 응용언어학과 언어 교육에 대해 관심이 기울여질 주기가 올 차례라고 보고 있다.

(9) 다음 단계에서는 문학성, 언어적 창의성, 언어 사용에서의 은유와 놀이 같이 문학과 언어 연구가 통합된 넓은 영역이 관심을 모을 것이다.

Kramsch와 Kramsch의 연구는 20세기의 EFL 교실에서 영문학의 위치에 관한 정보를 포괄적이면서도 분명하게 보여 주고 있다고 생각된다. 비슷한 연구로 강조점에 약간 차이를 두고 1940년대에 창간된 영국의 English Language Teaching Journal(이하 ELTJ)을 분석한 연구가 있다. 이 연구는 다양한 EFL 교실 상황에 폭넓게 관심을 두었다. 분석 결과는 다음처럼 요약된다.

(1) 1950년대에는 문학에 대한 의심과 전문화 경향이 드러난다. 1950년대 초반에 언어 교육에서 문학에 관련된 논문의 수가 적고 부정적인 용어가 주로 쓰인 것이 그 증거이다. 전통적인 방법과 새로운 접근을 구분하려는 노력이 보인다.

(2) 의사소통적 접근은 의미, 학습자 중심의 개별화, 학습에서의 정의적 영역, 실제 자료와 실제 언어 사용, 의사소통의 중요성을 주장한다. 문학은 이러한 모든 것들을 이상적으로 담고 있는 자료이다. 의사소통적 접근에서 초기의 논문들은 학습자가 'one of us'가 되기를 바라며, 문학 작품의 모든 단어를 분석하기보다 학습자가 반응할 필요성을 강조함으로써 'response'를 중심 용어로 삼고 있다. 이에 따라 1980년대 논문들에서 '읽기'의 인본주의적 가치가 드러나고 언어 교육에 도입된 문학 작품에 대해 독자 반응(reader response) 접근을 지지하는 경향이 나타난다. 문학 교육에서는 전통적 접근에서 독자 반응 접근, 의사소통적 교육 접근으로 옮아갈 필요성을 주장한다.

(3) 1990년대 내내 '문화'가 점점 관심을 끄는 단어가 되고 있다. 문학은 학습자가 영어 사용 문화에 접근할 수 있게 잠재적 역할을 하는 것으로 여겨지고 있다.

　이상의 고찰에서 외국어 교육에서 문학의 역할과 위상이 다양하게 변화해 왔음을 볼 수 있으나 의사소통적 접근에서의 문학 도입은 전통적 접근에서보다 약화되고 소홀히 다루어져 왔음을 볼 수 있다. 더욱이 언어와 문학을 통합해야 한다는 이상적인 접근은 현대에 들어와서야 거론되기 시작하고 있음을 알 수 있다[3]. 이러한 형편에서 문학 작품의 실라버스는 관심의 영역에 들지 못하였으므로 주목할 만한 논의도, 주의할 만한 의견도 드러나지 않고 있다. 그러므로 본 연구에서 제기하였던 두 번째 질문에 대해서 구체적인 답을 하기에는 경험적, 이론적인 정보가 부족하다. 설령 경험적, 이론적 정보가 충분하더라도 대다수가 동의하는 문학 작품 실라버스를 만들기 위해서는 그들의 동의를 이끌어내기 위한 과정이 선행하여야 할 텐데, 집단마다 사회마다 입장이 달라 일치된 실라버스를 구성하기까지는 어려운 과정을 겪어야 할 것이다. 그러므로 두 번째 질문에 대해서는 여전히, 시대의 특성에 따라 실라버스의 내용과 구성이 다를 수 밖에 없다는 것으로 답할 수밖에 없겠다.

　최근 들어 의사소통적 접근의 틀 안에서 문학을 문화적 관점으로부터 접근하려는 시각이 등장하여 언어와 문학, 문화를 좀더 통합적으로 다룰 수 있는 가능성을 열어 주었다. 영어 교육 교실에서 영문학 도입의 방향을 정하기 위해 최근의 문화적 접근을 살펴본다.

3　그러나 Carter와 McRae(1996)의 말처럼 '영문학(English Literature)'에서 '영어(English)'가 무엇을 의미하는가 하는 문제는 오늘날에도 여전히 답하기 어려운 질문이다.

3) 문학과 문화

최근의 의사소통적 접근에서는 의사소통적 접근 초기의 출발점으로 돌아가려는 경향이 나타나고 있다. 곧 '의사소통'이 사회 질서를 만드는 기초라고 인식하였던 철학자와 사회 이론가들에게 관심을 갖고 회귀하는 경향이다. 이러한 경향의 연구는 전형적으로 문화와 담화(discourse) 개념을 구체화하고자 하며 종종 '사회문화적', '생태학적', '비판적' 집단이라는 단어로 불린다.

사실 의사소통적 접근의 이론은 언어의 기능적 의미를 중시하는 기능주의 언어학에서 출발하였다. 기능주의 언어학은 언어의 본질을 형식이 아니라 의사소통 맥락에서 수행되는 기능으로 보는 관점인데 이로부터 화행 이론(Speech Act Theory), 화용론(Pragmatics), 사회 언어학, 의사소통의 민족지학, 민족 방법론, 담화 분석 등의 이론이 나오게 되었다. 이는 기능주의 언어학, 곧 의사소통적 접근 이론이 언어가 사용되는 상황과 맥락, 의사소통 참여자 간의 관계, 사회적 가치 등 다양한 측면을 포함하고 있음을 말해 준다. 그러나 당시 의사소통적 교수법은 1960년대 이후 유럽과 북미 지역에서 급속히 증가하였던 이민자들과 외국인 노동자들이 이주지에서의 언어적인 장벽을 극복할 수 있도록 외국어 교육 프로그램을 개발해야 하는 상황에서 출현하였다. 그러므로 의사소통적 접근의 철학적 입장이 외국어 교수의 목표를 실용적인 회화 능력이나 실생활에서 적절하게 의사소통할 수 있는 능력을 가능한 한 짧은 기간에 획득하는 교수법으로 구체화된 것이다. 따라서 본래 다양한 국면을 포함하는 초기 이론의 다양성이 충분히 발휘되지 못하고 일상생활에서 필요한 기본적인 기능을 수행할 수 있도록 구두 의사소통 중심의 훈련에 치우치는 경향으로 나타나게 되었다. 이에 대해 어도선(1999)은 의사소통적 교수법에서 말하는 의미의 생산과 교환, 타협 과정으로서의 외국어 교육의 본질적 측면이 '매우 표피적으로' 이해되었고, 외국어 교육을 '교육'으로서가 아니라 구조 중심적, 임무 달성형 '훈련'으로 가르치는 형태가 되었다고 비판하고 있다.

의사소통적 접근 초기의 이론과 관련하여 Bakhtine(1977)[4]을 살펴 볼 필요가 있다. Bakhtine은 러시아의 문학이론가이자 언어학자인데 그의 이론은 '대화주의'로 불린다. 대화주의는 "일종의 언어관, 또는 언어 철학인데 '대화'라는 어휘의 장이 함축하고 있는 의미들에서 출발하여 우리의 언어 활동을 이해해 보고자 하는 언어관"이다(Bres 외, 2005). 곧 '대화주의'에서 '대화'는 물리적으로 어느 시점, 어느 공간에서 화자와 청자가 마주하여 나누는 실제 대화라는 협의의 의미를 넘어, 화자의 내부 의식의 구성 원리이자, 사회 문화적 의미 구성에 작용하는 개념이라는 의미가 된다[5]. 바꾸어 말하면 대화는 화자, 청자의 의식과 문화, 사회를 구성하는 가치와 문화 등을 전제하고 있다는 것으로, 이렇게 보면 대화는 언어에 뿌리를 두고 있는 모든 범주들을 지각하기 위한 중요한 자료이자 시각을 구성한다는 것이다. 그러므로 화자의 발화는 내가 전하고 싶은 메시지와 사용하고 싶은 언어 형태만을 고려한 것이 아니라, 청자에 대한 인식과 해당 주제에 관해서 의식적 또는 무

---

4 Bakhtine(1977)과 Bres 외(1992)는 정우향(2010, 357)에서 재인용.

5 Ducrot(1989)는 이를 언어 자체가 지니는 사용 지침은 화자의 관점이 아닌 다른 발화자의 관점 내지는 목소리라고 설명하여 다성성(polyphony) 이론으로 불리게 되었다. 이렇게 하나의 발화체 안에 '대화'의 이미지를 가정하는 다성성이론은 다른 언어학자들이나 문학 비평가들의 담화분석이나 문학작품 분석에도 이론적 바탕을 제공하고 있다.

의식적으로 축적하고 있는 관련된 다른 담화들에 대한 인식이 전제되어 있으며 이는 화자와 청자의 문화, 이들이 속해 있는 사회의 문화를 반영한다. 화자와 청자는 어휘와 문장들을 사용할 때 그것들의 지시적 의미를 넘어 각 언어 단위들의 가치 평가적 의미를 성찰하고 전달하는 것이라고 할 수 있다(정우향, 2010).

이렇게 보면 문학은 '대화' 혹은 '담화'[6]를 보여주는 좋은 자료가 된다. Maley(1993)는 문학은 실용성 위주의 의사소통적 교수요목이 포함하지 못하는 삶, 죽음, 사랑 등과 같은 큰 주제들에 대해 생각해 보도록 내재적인 동기를 일으키므로 의사소통적 교수에 문학 자료를 도입할 것을 지지한다. 초기의 의사소통적 이론은 인본주의적이어서 문학을 자료로 도입하는 것이 자연스럽다. 그러나 실제로는 실용적 목적이 강조되는 상황으로 인해 언어를 통해 보편적인 인간의 가치와 경험을 다루는 문학은 외국어 교실에서 거의 배제되었다.

초기 이론가들의 관점에서 보면 문학 텍스트의 언어는 대화이자 담화이다. 최근에는 문학을 담화로 보고 문학 작품을 외국어 교실에 적절하게 도입할 수 있도록 실용적이고 정확하고 구체적인 방법들이 제공되고 있다. 외국어를 배우는 것은 그 외국어에 동화되거나 기존의 가치와 기능을 빼앗아버리거나 모국어를 말살하기 위해서가 아니라

---

6 '담화'는 두 문장 이상의 연결을 의미하는 개념으로, 문장을 하나씩 분리하여 연구 대상으로 삼던 종래의 연구에 반하여, 언어의 본질이 의사소통임을 고려하여 상황과 맥락을 고려한 언어 사용, 곧 두 문장 이상의 연결을 언어 연구의 대상으로 삼아야 한다는 인식에서 출발하였다. '대화'의 개념과 마찬가지로 문장의 연결이 아무렇게나 이루어지 것이 아니고, 상황과 맥락에 대한 인식을 포함하여 청자와 해당 주제에 관해서 의식적, 또는 무의식적으로 축적하고 있는 다른 담화들에 대한 인식을 전제하고 있으므로 담화는 화자와 청자의 문화, 이들이 속해 있는 사회의 문화를 반영한다고 볼 수 있다. 따라서 담화와 대화의 개념이 크게 다르지 않다고 생각된다.

새로운 입장과 타협하는 것이다. 다른 문화를 이해한다는 것은 자칫하면 새로운 민족주의나 새로운 힘의 발휘로 오도되기 쉬우므로, 자기 이해는 말할 것도 없고 다른 문화와의 관계를 이해하는 데 있어 신중히 검토하고 재고할 수 있도록 교수가 이루어져야 할 것이다.

초기 의사소통 이론가들의 의사소통적 접근은 문학과 문화는 서로 긴밀한 관련 속에 있으며 문학은 텍스트의 언어를 통해 문화를 인지하고 성찰하게 하는 역할을 한다는 주장의 근거가 될 수 있다. 이로써 언어와 문학, 문화의 통합적 접근의 가능성의 기초를 제공하고 있다. EFL 교실에서의 언어와 문학의 통합을 위해 문화 연구로서 문학에 접근하는 관점을 살펴 볼 필요가 있다. 이는 EFL 교실에서 영문학 작품 활용의 방향을 설정하는 데 도움이 될 수 있을 것이다.

3. 문화 연구로서의 문학

3.1 문학과 담화와 문화

문학과 언어, 문화는 다양한 방식으로 상호 관련되어 있다고 여겨져 왔다. 과거에는 문학을 민족 문화(national culture) 혹은 민족 언어(national language)에 접근할 수 있게 하는 특권을 제공해 주는 정적인 개념으로 받아들였다. 최근 들어 문화는 동적인 개념으로 이해되고 있다. 문화를 사람들이 언어 사용을 통해 상호작용을 하면서 끊임없이 구축해 가는 개념으로 보기 때문이다. 오늘날 교육에서의 문학은 점차

문화 연구-이 때의 문화란 복합적이고 혼합적이며 계속적으로 구축되는 것으로서 그 작용에 있어 특히 언어가 중요한 것으로 본다-의 하나로 인식되고 사용되고 있다. 마찬가지로 언어 습득도 새로운 문화의 제약에 참여하는 것으로 받아들여진다. 문학을 문화로, 언어 학습을 문화적, 언어적 타협으로 보는 새로운 시각은 문학 수업에서 학습자가 무엇을 해야 유용한가에 대해 새로운 지평을 열었다.

담화 연구로 재형성된 문학은 필연적으로 문학 연구를 더 넓은 사회적 쓰임에서의 언어와 문화의 문제로 연결시킨다. '문학 연구가 문화 연구로 개편되고 있다.'(Trimmer와 Warnock, 1992)는 말은 문학 연구는 글로 씌어진 텍스트 외에 필림, 만화 등등을 포함하게 된다는 의미이고 small 'c' 문화7도 대상으로 삼게 된다는 의미이다. 문학과 언어를 담화로 보면 문화 연구는 문화가 말해지는 이야기와 사람들 자신에 관해서 말하는 이야기를 연구하는 것이다. 이 때 문화의 아이덴티티는 언어를 통해-문학과 기타 사회적, 문화적 미디어를 포함하여-끊임없이 만들어지고 타협되는 것으로 본다. 이렇게 보면 small 'c' 문화도 범주에 포함하는 것이 다르기는 하지만, 문학은 역시 문화에 접근하는 특권을 제공하는 것이다.

아이덴티티에 관해서도 과거에는 고정되고 영구한 것으로 보았지만 지금은 더 자유롭게, 계속 진화해 가는 개념으로 보며 중요한 것은 사람이 참여하는 언어 이벤트에 달려 있다고 보는 것이다. 곧 언어와 의사소통이 아이덴티티 구축의 중심이 된다. 우리는 항상 모든 사람에게

---

7 그 문화의 대표적 작품만을 포함하는 문화는 'Culture', 문화적 산물 무엇이라도 포함한다는 의미로는 'culture'를 사용한다. 예를 들어 Shakespeare의 작품은 'Culture'에 속한다고 보며 별로 알려지지 않고 대표성을 인정받지도 못한 작가의 작품은 'culture'로 보는 것이다.

똑같은 사람인 것은 아니다. 우리가 누구인가는 어떤 의미에서 우리가 누구와, 어떤 목적으로, 어떤 상황에서 이야기하고 있는가에 달려 있다. 과거에 '영어'는 이미 구축된 민족 아이덴티티로 구성원을 흡수하려는 시도라고 보았었지만, 최근에는 학습자가 실제 사회적, 정치적, 경제적, 문화적 제약 하에서 더 창의적으로 자신을 방향지어갈 수 있는 담화로 보는 견해가 확대되어가고 있다.

대화는 스피치의 기본적인 형태로 문화가 계속해서 생산, 재생산, 수정되어 나가게 한다. 언어와 문화는 특정 맥락에서 수행되고 존재하게 되며 언어로 기술된 텍스트로서의 문학 작품은 문화를 보여주는 좋은 자료이다. 문화로서의 문학관은 외국어 교육에 분명히 관련이 있지만 문화에 대한 전통적이고 정적인 이해를 선호하는 경향으로 인해 연구가 충분히 되지 않고 있다. 다음에는 외국어 교육에서의 문학과 언어, 문화의 관계를 살펴 보기로 한다.

3.2 외국어 교육에서 문학과 언어, 문화

언어 교사들은 종종 문학의 가치를 정당화하기 위해 문학은 언어로 생각되고 말해졌었던 최상의 것, 혹은 윤리적 모델이 되고, 특정 스피치 공동체의 문화에 접근할 수 있게 하는 특권을 주며, 문화간 이해와 상호 존경을 촉진하는 역할을 할 수 있다고 한다. 최근의 담화 중심 접근은 문학의 역할과 가치의 정당성을 전제하고, 누구를 위해 어떤 방식으로 문학을 가르치는 것이 가장 좋은가를 묻는다. 아울러 문학 작품으로부터 폭넓은 문화적, 언어적 맥락과 관련하여 수준 있는 문화의 기준(high canonical culture)을 찾고자 한다.

문화의 기준과 관련하여 지금까지 문화 실라버스는 유럽평의회(Council of Europe)의 'Threshold'에서 구체화한 내용을 많이 사용해 왔다. 'Threshold'의 사회문화적 능력(Sociocultural competence) 부분은 학습자가 알아야 할 문화 지식의 목록을 제시하는 것으로 채워져 있다. 예를 들면 '영어 모국어 화자들은 어느 때 어떤 식사를 하는가'와 같은 문화적 데이터로, EFL 교사라면 꼭 알아야 할 '그들의' 문화에 관한 사실들(facts)의 목록이다. 이러한 '사실들'은 의사소통 교수법에 도입되어 가르쳐져 왔으나 최근의 문화관은 이런 데이터는 '그들의' 문화가 아니라고 한다. 바꾸어 말하면 문화적 정보의 목록보다 구체적인 내용이 없는 '문화적 인식(cultural awareness)'이 더 훌륭한 문화 접근이자 더 바람직한 문화 교육이라는 것이다.

이와 관련한 재미있는 사실들을 보자면 미국의 Hirsch(1987)는 특별히 미국 이주자들을 위해 상식적이지 않아 잘못 알거나 실수하기 쉬운 사실과 이름을 모아 북미의 문화 교양(cultural literacy)이라는 목록을 만들었다. 또한 Bloom(1994)은 문학 실라버스 속에 포함해야 할 문학 작품 목록을 발표하여 '위대한' 문학을 부활시키고자 하였다. '위대한' 문학은 아무런 정치적 의도도 들어가지 않은 순수한 문학성만으로 위대한 문학 작품을 정해야 한다는 Bloom의 시각에 따른 문학 작품 목록인데, 이들은 비평가 및 관련자들에 의해 혹독한 비판을 받았다. 비평가들은 Hirsch(1987)에 대해 덜 복잡했던 초창기 미국에서조차 존재하지 않았던 국가의 단일성에 대한 저자의 환상에 불과하며 그러한 것은 어떤 식으로로든 바람직하지 않다고 공격했다. Bloom(1994)에 대해서는 예로부터 따라왔던 표준 문학 텍스트를 지엽적이고 지역적인 문학으로 대체하려 한다고 비판하였다.

그러나 지금껏 특권을 누려온 표준 문학 텍스트들은 대치될 필요가 있음은 물론이고 다시 만들어져야 한다는 주장도 상당한 지지를 얻고 있다. 시대의 가치와 추구하는 바에 따라 문학 교육이 이루어지는 것은 자연스러운 일이며 아무리 시대가 달라진다고 하여도 세익스피어 (Shakespeare)의 작품과 같은 위대한 고전은 어떤 접근을 택하느냐에 상관없이 실라버스에 포함될 것이기 때문이다. 문화를 문화적 인식으로 접근하는 최근의 경향에서도 어떤 작품을 통하여 학습자들이 문화적 인식을 얻게 할 것인가를 정할 필요가 있으므로 영문학 작품 목록의 구성은 여전히 풀어야 할 과제로 생각되며 또한 여전히 풀기가 어려운 문제이다.

의사소통적 접근을 적용하는 교실에서는 모든 언어 행위는 언어 체계를 (잠재적으로) 사용하므로 언어학적일 뿐 아니라 우리가 누구이며 무엇에 가치를 두는가를 표현하기 때문에 사회적이며 문화적이다(Candlin, 1996). 이러한 지적은 민족지학(ethnography)을 상기시킨다. 민족지학은 인류학자들이 연구하고 발전시켜 온 전통으로 다른 문화의 활동에 참여하고 이러한 경험에 대해 숙고함으로써 다른 문화 뿐 아니라 자신의 문화를 가장 잘 배울 수 있음을 보여 준다. 민족지학의 접근처럼 오늘날은 언어 학습을 폭넓은 교육 현장에 통합하여 언어 발달이 개인적, 사회적 발달과 함께 작용하는 것을 볼 필요가 있다는 주장이 힘을 얻고 있다(Kohonen 외, 2001).

Atkinson(1999)은 외국어 교실에서의 '문화' 개념을, 다른 것과 구분하여 확정한 민족 문화라는 개념으로부터 사회적 맥락에서 창의적인 상호작용을 통하여 형성되는 문화의 개념 - 곧 우리 모두가 '수행하는'

동적이고 계속되는 과정 - 으로 옮겨가야 한다는 주장을 하여 외국어 교육 연구자들의 동의를 얻었다. 문화 연구로서 문학은 차이점, 고유성, 계급, 맥락과 역사, 좀더 보편적인 인문학적 담화가 풀이하고 싶어하는 해석과 상관의 문제 전반을 탐구한다.

외국어 교실을 논할 때 Holliday(1999)는 'small cultures'를 언급한다. 'small cultures'란 그들의 삶과 행동을 요약하는 큰 추상적 본질이 아니라 발현(emergence)과 과정(human processes)을 강조하는 것이다. 앞에서 언급하였던 담화라는 개념이 Holliday의 'small cultures' 개념의 중심이 된다. 그는 담화가 언어와 문화간의 관계를 구체적으로 표현하므로 담화가 'small cultures' 연구와 작용에 핵심이 된다고 말한다. 왜냐 하면 문화와 언어-문화간의 상호작용을 만들어내고 다시 만들어내고 수정하고 전달하는 것이 담화이기 때문이다(Sarangi, 1994). 한편으로 'small cultures' 접근은 다문화적으로 되어가는 세상에서 가장 적합하며 동시에 어느 세상에서건 문화간 복잡성을 충분히 밝힐 수 있는 유일한 방법이 될 수 있다.

외국어 학습자의 필요와 관심에 맞는 방식으로 문화를 탐구할 수 있도록 문학 텍스트를 활용하는데 있어 가장 가능성이 있는 방향 중의 하나는 Vygotsky의 제안처럼 외국어 학습에 사회문화적 접근을 하는 것이다(Hall, 2005). Vygotsky의 접근은 언어 학습자를 각자의 배경과 의도와 바램을 갖고 있는 개인으로 인정하며, 언어 학습자의 개인적 특질과 작용을 강조한다. 곧 외국어 학습자는 이전의 '습득(acquisition)'이 아니라 '참여(participation)'로 외국어를 배운다는 것이다. 언어 학습을 물질처럼 축적하여 소유하게 되는 것이 아니라 계속적인 사회적 상호작용의 하나로 보는 것이다.

Lantolf(2000)는 인간의 사회적, 정신적 활동은 문화적으로 구축된 문화 유산을 통해 구성된다고 본다. 이는 외국어 교실에 문학 작품을 도입하는데 직접적으로 유용한 개념이며 문학의 중요성을 정당화하는 근거가 된다. 곧 외국어 학습자들은 문학 작품을 통해 자신들이 누구이며 누구와는 다른 사람이며 새로운 언어로 활동에 참여할 때 어떤 사람이 되어갈지에 대해 탐구할 수 있다. 그러므로 언어 학습은 익숙한 대상에 대해 새로운 표지를 붙이거나 새로운 구문 규칙을 습득하는 것이 아니라 새로운 아이디어와 인성을 개발해 가는 과정이다. 사고와 언어는 실제로 분리되기 어려우므로 새로운 언어를 배우는 것은 우주에 있는 익숙한 가구에 그저 이름을 다시 붙이는 것이 아니라 새로운 아이디어와 사고 방식을 배우는 것이다. Vygotsy는 자아는 그것이 실현되기 전에 사회적으로 중재된다고 보았다. 그리고 새로운 자아는 새로운 언어와 문화와 상호작용하며 개발된다고 보았다. 따라서 외국어를 배우는 것은 단순히 다른 언어 형태를 학습하는 것이 아니라 다른 사람이 만들어 놓은 표식(signs)을 구축하고 교환하고 해석하는 방법을 배우는 것이다.

언어 학습자의 개인적 특질과 각자의 상호작용을 강조하는 접근은 자연히 학습자 중심의 접근을 낳았다. 그러나 보편적 학습자로서의 배경을 거부하는 것이 아니라 보편성의 바탕에서 개별적 차이를 고려하는 것이다. 차이점과 다양성은 최근의 언어 습득 연구의 핵심이다. 학습자들은 입력에 노출되는 것이 아니라 자신의 경험에 가장 잘 들어맞는 것들을 고르는 것이며, 또한 원어민의 사용에 언어를 일치시키는 것이 아니라 언어 공동체에 자신을 맞추어 세우는 것이다(Kramsch, 2000). 따라서 언어 학습자는 단순히 언어를 배우는 것이 아니고 학습 과정에서 다양한 지식의 관련성, 타당성, 유용성, 항상성을 판단하여 자신들의 학습 노력의 현상적 영역을 결정하고 있는 것이다. Kramsch는 언어와 문학 학습의 교육적 맥락을 다룰 수 있는 Vygotsky와 Bakhtin 이론이 효율 적이라고 본다. 언어는 '사회적이자 문화적인 연습'으로 이해되어야 하 며 언어 학습자는 다른 사람의 언어를 채택하고자 할 때 만날 수 있는 유사성과 모순성을 해결할 수 있게 하는 언어적, 사회적 아이덴티티를 구축하기 위해 사회적, 문화적 연습을 하고 있는 것이라고 한다.

외국어 습득은 외국어가 주는 기호학적 선택을 의식적으로 더 잘 다 룰 수 있게 되는 과정이다. 그러나 문학 텍스트는 이와는 다르게 고정 되고 완성된 산물로서만 가르쳐지고 있다. 한 가지로만 해석되고 분석 되고 설명되고 있으며 문법 규칙과 독자의 어휘를 풍부하게 하기 위한 예시자료로서만 이용된다. 그러한 교수는 학습자로 하여금 문학 작품 이해에 가장 방해가 되는 것은 어휘와 문법이 부족한 것이라고 믿게 하고 교사에의 의존을 고착시킨다. 그러나 어휘 부족 문제를 해결한다 고 해서 문학 작품이 충분히 이해되는 것은 아니다.

이에 대해서는 Pope(1995), Carter와 Long(1987)의 제안처럼 학습자 들이 능동적으로 문학 작품의 언어적, 문화적 처리를 탐색하도록 참 여를 촉진하는 교수 방법을 개발하는 것이 답이 된다. 외국어 문학 작 품은 새로운 상황에서의 낯설고 특별한 담화와 관계를 맺도록 새로운 문화 참여 기회를 주기도 하지만, 새로운 담화를 맞닥뜨려 당황스럽 게 만들기도 하한다. 전통적인 교육을 받은 교사들은 고전 문학을 존 경하고 존중하도록 배웠을 것이고 자신들의 견해나 반응은 쓸모없는 것이며 '전문가'들이 가르치는 대로 수동적으로 받아들이도록 교육을 받았다. 그러나 담화라는 아이디어로 접근하는 교실은 전통적 시각과는 다른 경험과 대안적인 견해에 가치를 두고 이를 탐구하도록 격려해야 한다.

그러므로 문학작품은 극도로 특수하고 창의적이며 언어적으로 독특한 것에 가치를 두어야 한다. 문학 텍스트는 가장 이중적인 음성을 지니고 언어 형태와 표현에서 즐거움과 생각거리를 가장 촉진하는 것이어야 한다. 또한 모호한 반응을 유발하고 도덕적 이슈에 대해 복잡성을 인식할 수 있게 안내함으로써 대안적인 조망을 할 수 있게 이끌어야 한다는 Hall(2005)의 주장은 합당하다고 생각된다.

4. 맺는 말

EFL 교실에서 영문학 작품 활용의 효용성 문제에 대해 본격적으로 의문을 제기하면서부터 영문학 작품의 가치에 대해 새롭게 인식하려는 노력이 시작되었다고 할 수 있다. 이로써 관습적으로 고수해오던 영문학 작품 교재와 교수법에 대해 비로소 진지하게 고민하게 되었고 새로운 각도에서 접근해 보려는 시도가 이루어졌다. 본 연구는 이러한 동향에 동참하여 초급과 중급 수준의 영어 학습자로 대변되는 우리의 영어 교육 교실에 영문학 작품 도입의 가능성을 생각해 보려는 의도에서 이루어졌다.

본 연구가 제기한 질문은 두 가지이다. 첫째는 EFL 교실에 영문학 작품을 도입할 필요가 있는가이고 두 번째 질문은 영문학 작품을 도입한다면 어떤 방향이 되어야 하는가이다. 첫 번째 질문에 대한 답은 비교적 명확하다. 영문학 작품은 단순히 영어를 가르치기 위한 보조 자료가 아니고 언어적, 문화적으로 풍부한 자료이자 학습자를 몰입시킬 수 있는 실제 자료이어서 교육적으로 효용 가치가 충분하지만 다만 학습자의 수준에 비해 지나치게 어려운 언어 수준과 문화 수준이 학습자의 영어 학습 동기를 박탈할 가능성을 경계하여야 한다는 것이다. 그렇다면 어떤 문학 작품을 선택하여 어떻게 가르쳐야 영문학 작품의 효용 가치를 누릴 수 있는가라는 질문이 뒤따르게 되는데 이것이 본 연구의 두 번째 질문이었다. 두 번째 질문에 답하기 위해 본 연구는 모국어와 EFL 교실에서의 영문학 작품 도입의 역사를 살펴 봄으로써 영문학 작품 선정에 대한 조망을 얻고자 하였다. 전통적 접근에서는 영문학 작품의 실라버스에 대한 진지한 의식과 고민없이 관습을 따랐고 의사소통적 접근에서는 영문학 작품의 도입 자체를 부정적으로 생각하였다.

EFL 교육에서 영문학 작품의 활용 방법과 접근은 시대에 따라 차이가 있었지만 문학과 언어, 문화를 통합하는 방향이 바람직하다는 것에는 이론이 없다. 최근 들어 문화가 단순히 문화적 사실을 축척해 놓은 정적인 개념이 아니라 사람들이 언어를 사용하여 상호작용을 하면서 끊임없이 구축해 가는 동적인 개념으로 정의되면서, 문학 작품이 최선의 언어 사용을 보여 줄 수 있기 때문에 최근의 문화 개념은 자연스럽게 언어와 문학, 문화를 통합하게 되었다. 이러한 관점에서 EFL 교실에서의 영문학 작품은 학습자로 하여금 학습하는 작품의 영어 사용을 통해 드러나는 새로운 문화의 제약에 참여하여 문화적 인식을 할 수 있게 하는 보고가 될 수 있다. 이러한 접근에서는 Cultures 뿐 아니라 cultures도 대상으로 포함하고 문자 텍스트 이외의 미디어도 포함하는 것이 자연스럽다. 이렇게 보면 전통적으로 따라 왔던 영문학 작품 목록에는 변화가 있어야 할 것이다.

그러나 이러한 인식에도 불구하고 우리 나라 영어 교육 현장에서 영문학 작품 활용에 새로운 접근을 시도하는 정도는 극히 미미하며 여전히 전통적 접근이 우세하다. 또한 우리가 익숙해져 있는 동질적인 민족 문화라는 개념은 포스트모던 사회의 세계화된 문화와는 상치되는 면이 있어 세계화된 문화를 선뜻 수용하지 않으려 한다. 이는 물론 우리 나라만의 실태는 아니고 전 세계적으로 보편적인 현상이지만 그렇다고 하여 새로운 시도와 접근을 포기할 일은 아니라고 생각된다.

영문학 작품의 가치와 활용 방향에 대해 새로운 인식이 확산되어 EFL 교실에까지 영향을 미치려면 앞으로도 많은 시간이 필요할 것이다. 또한 영문학 실라버스의 구성에 대해서도 실라버스 구안자의 입장에 따라 추구하는 가치와 도덕, 목표와 특징이 달라 절대 다수가 동의하는 산출물을 얻기도 쉽지 않을 것이다. 그러나 특정 집단 대상으로 실라버스 구성자나 교사가 학습자의 수준과 목표, 추구하는 가치에 맞는 영문학 작품을 골라 문화적 관점에서 접근하여 일부를 발췌하여 활용하는 정도는 가능하리라고 생각된다. 이를 위해 전문가들이 문화적 관점에서 영문학 작품에 새롭게 접근하여 교육적 가치와 활용성을 발견해 내는 구체적이고도 폭넓은 연구를 할 필요가 있다. 교사는 이 가운데서 적절한 부분을 선택하여 EFL 교실에 적용함으로써 전문가들의 연구를 검증하고 개선하는 역할을 할 수 있을 것이다.

참고문헌

어도선(1999). 영문학, 자아성찰, 영어 습득. 영미 문학 교육, 3(1), 139-169.

정우향(2010). Bakhtine의 대화주의와 프랑스어 교육. *Foreign Languages Education*, 17(2), 341-358.

Atkinson, D.(1999). *TESOL and culture*. TESOL Quarterly, 33(4), 625-654.

Bloom, H.(1994). *The western canon: The books and school of the ages*. New York: Harcourt Brace.

Candlin, C. N.(1996). General editor's introduction to R. Carter and J. MaRae (eds.) *Language, literature and the teacher* (ppx-xvi). London: Longman,

Carter, R. & Long, M. N.(1987). *The web of words: Exploring literature through language*. Cambridge: Cambridge University Press.

Carter, R. & McRae, J.(1996). *The penguin guide to English literature: Britain and Ireland*. London: Penguin.

Collie, J. & Slater, S.(2002). *Literature in the language classroom: A resource of ideas and activities*. Cambridge: Cambridge University Press.

Hall, G.(2005). *Literature in language education*. New York: Palgrave Macmillan.

Hirsch, E. D.(1987). *Cultural literacy*. Boston: Houghton Mifflin.

Holliday, A.(1999). *Small cultures*. Applied Linguistics, 20(2). 237-264.

Kohonen, V. et al.(2001). *Experiential learning in foreign language education*. Harlow: Longman.

Kramsch, C.(2000). Social discursive constructions of self in L2 learning. In J. P. Lantolf (ed.) *Sociocultural theory and second language learning*. Oxford: Oxford University Press.

Kramsch, C. & Kramsch, O.(2000). *The avatars of literature in language study*. Modern Language Journal, 84, 553-573.

Lantolf, J. P.(ed.)(2000). *Sociocultural theory and second language teaching*. Oxford: Oxford University Press.

Maley, A.(1993). *Short and sweet*. Volume 1. London: Penguin.

Pope, R.(1995), *Textual intervention: Critical and creative strategies for literary studies.* London: Routledge.

Sarangi, S (1994). *Intercultural or not? Beyond celebration of cultural differences in miscommunication analysis.* Pragmatics, 4(3), 409-427.

Short, M. H. & Candlin, C. N.(1986). Teaching study skills for English literature. In C. Carter and R. Brumfit. (eds.) *Literature and language teaching.* Oxford: Oxford University Press.

Talib, I. S.(1992). *Why not teach non-native English literature?* ELT Journal, 46, 51-55.

Trimmer, J. & Warnock, T.(1992). *Cultural and cross-cultural studies and the teaching of literature.* Urbana, IL: National Council of Teachers of English.

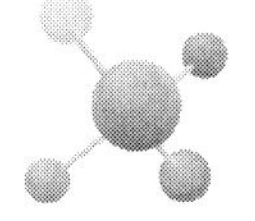

수학영재교육학의 정체성

수학교육과 송상헌 교수

교과교육과 문화,
어떻게 소통할 것인가?

1. 수학영재교육의 필요성

1.1 우리나라 영재교육의 현황과 목표

우리나라의 교육법에 '영재'라는 용어가 등장한 것은 불과 십 수 년에 지나지 않는다. 그 이전에도 헌법 제 31조(국민의 교육 기본권)의 '누구나', '능력에 따라', '균등하게 교육을 받을 권리'라는 문구에 따라 공교육의 차원에서 특수교육을 실시해 왔지만 이 조항의 적용에서 영재들은 여전히 소외되고 있었다. 교육기본법에서 조차 '특수재능'이라는 말이 포괄적으로 사용되고 있을 뿐이었기에 효율적인 영재교육의 시행을 위해 법적인 정비가 필요하였다. 그 결과 1995년 5·31 교육개혁 조치에 의해 당시 교육개혁위원회가 영재교육의 강화를 제안하면서 교육기본법 19조에 영재교육에 관한 의무조항이 명시(1997년 12월 31일)되었고, 영재교육진흥법(법률 제 6215호; 2000년 1월 28일 제정; 2002년 3월 1일 시행)과 영재교육진흥법 시행령(2002년 4월 18일 대통령령 제 17578호; 2005년 12월 7일 개정)에 따라 일선 학교 현장 교육에서는 비로소 구체적인 실행을 할 수 있게 되었다.

그 이후 2004년에는 2010년까지 1%이내의 영재와 5%이내의 우수아를 위한 수월성교육 종합대책을 수립하여 실행하다가 2007년 말 제3차 국가인적자원위원회에서 2014년까지 전통적인 수학 및 과학 이외의 분야별 전문 교육과 함께 인성 교육 및 리더십 교육을 강화하면서 학령인구의 1%를 대상으로 한 영재교육을 안정화시킨다는 제2차 영재교육진흥종합계획(2007년 12월 13일)을 발표하였다. 이에 따르면 고교과정의 영재학교를 현재 1곳(부산과학영재학교)에서 2012년까지 2~3

곳(경기, 대구 등), 예술 및 체육 분야 2곳을 추가로 지정하고 영재학급을 운영하는 초·중·고교의 수를 현재 408개교에서 800개교로 확대하면서 각 지역교육청에는 1개 이상의 영재교육원을 설치하고 소외계층을 위한 영재교육 프로그램을 확대하는 한편 2012년까지 약 3만 명의 영재교육 담당교사를 양성하기로 했다. 영재선발 대상 연령도 현재 초등학교 4학년 이상에서 2008년부터 수학·과학 분야는 초등학교 3학년 이상, 예체능 분야는 초등학교 1학년 이상으로 낮추기로 했다.

이처럼 초기에는 영재교육의 대상자를 자연과학 교과영역에 국한하여 실시하다가 차츰 정보, 발명, 언어, 예술 영역으로 확대하면서 최근에는 아예 탈 교과영역의 리더십이나 통합적인 영역으로 지원체계가 옮겨가고 있다. 그런데, (역사는 반복하기 마련이듯이) 영재교육을 위한 노력들이 기초를 잡아가기도 전에 벌써부터 영재교육의 거품이 제기되고 있다.

이에 영재교육이 또 다시 수재교육이나 진학을 위한 수단으로 전락하지 않으면서 수학영재교육의 특성이 희석되지 않도록 하기 위해서는 영재교육의 본질과 필요성을 재인식하고 그 속에서 특별히 수학영재교육의 독자적인 영역을 점검하는 가운데 수학영재교육학으로서 방향성을 정립할 필요가 있다. 특히, 교과에 대한 관심을 되살리려면 수학이라는 교과 내에서의 수학영재교육학이라는 학문적 정체성과 전문성을 확립할 필요가 있다.

국가가 특별한 의도를 가지고 행정, 재정을 투입하여 계획하는 인재의 육성은 교육의 외재적 목표라는 측면에서 결코 무시할 수는 없다. 제도권 안에서의 교육의 일반적인 목표는 '자연인(自然人)의 사회인(社會人)화'이고 사회 제도가 의도하는 '기능형 인간'을 만들어 내는 것이다. 하지만 교육자가 바라보는 교육의 목표와 방향은 외형적이고 기능적인 목표를 넘어서는 보다 장기적이고 본질적인 가치를 반영한 '목적형 인간'의 육성이어야 한다. 헌법 제31조 1항과 교육기본법 제3조(학습권)에서도 인간은 그 개인이 선천적으로 타고나거나 후천적으로 계발한 능력에 따라 적절한 교육을 받을 권리가 있음을 명시하고 있지만 교육기본법 제19조(영재교육)가 만들어지기 전까지 영재들은 공교육에서 가장 소외된 부류 중에 하나였다. 국가는 기본 생활 능력이 결핍된 국민들을 위해 특별한 보호와 교육 환경을 마련하고 있듯이 특별한 잠재능력을 지닌 구성원들이 자신의 능력에 맞는 교육 기회를 받지 못해 보편화된 사회에 부적응하여 초래되는 불행을 막아주어야 할 책무가 있다.

영재교육의 목표는 각 개인이 소질과 재능을 보이는 교과 또는 분야에서의 교과 전문성(professionality), 공동체 속에서 더불어 살아갈 수 있는 인성(personality), 그리고 자기주도적인 수행능력(performance)을 갖추어 이를 통해 그 교과 또는 분야에서의 창조적 지식을 생산해 낼 수 있도록 개인과 교육 기관이 핵심 역량을 발휘하여 전문성과 인격을 겸비한 국제적이고 미래지향적인 지도자를 육성하는 것이어야 한다([그림 1]).

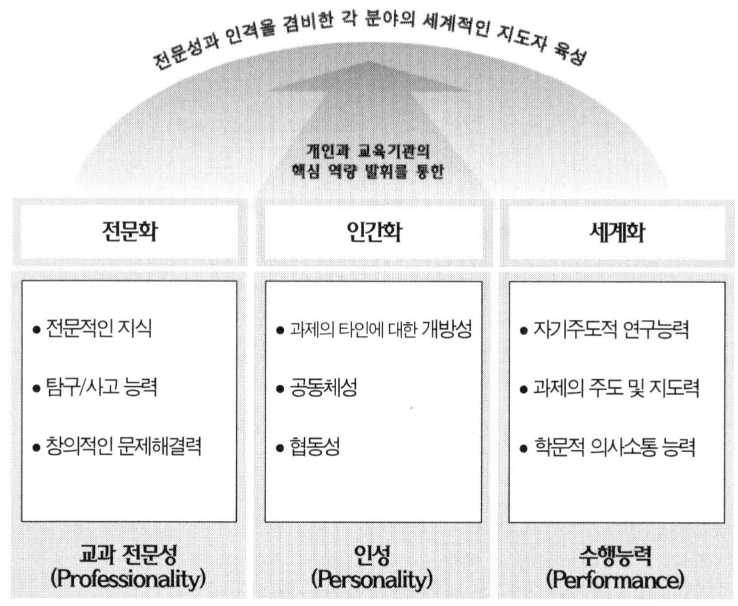

[그림 1] 분야별 영재교육의 목표

하지만 이러한 목표를 수학이라는 교과의 측면에서 좀 더 세부적으로 살펴볼 필요가 있다.

1.2 수학영재교육학 연구의 필요성

수학이라는 교과는 본래 인류의 역사와 더불어 탄생했는데 동양에서는 생활 속의 실용 수학으로 그 기능을 수행했다. 그러나 서양의 문명으로 대표되는 그리스 문명이 학문 중심으로 발전하였고 동양 수학교육의 재발견이 이루어지기 전에 서구 중심의 수학교육이 우리나라에도 급속히 영향을 미치면서 학교교육을 중심으로 이루어진 현대의 수학교육은 생활 속에 필요한 도구라기보다는 형식화된 학문으로 각인되어 왔다. 우리나라 초기 수학교육의 주된 연구 분야는 '내용으로서의 수학'이었다. 그러다 내용으로서의 수학을 '누가 어떻게 인식하는지'에로 관심의 초점이 옮겨가면서 수학교육심리학에 대한 관심과 '수학을 왜 가르치고 배워야 하는가?'에 대한 수학교육인식론이 현대 수학교육의 주요 쟁점이 되고 있다. 우리나라에서 수학교육학이 학문으로서의 가능성을 논의하기 시작한 지 30여년에 지나면서 이제는 교과교육학으로서의 입지를 굳혀가고 있다.

다만 논의의 대상을 보통의 학생이나 학습부진아가 아닌 학습 우수아 또는 영재로 국한한 수학영재교육은 부족한 연구 결과로 인해 아직 학문으로서의 가능성을 논의하지 못하고 있다. 그러나 우리나라에 영재교육진흥법과 그 시행령이 공포된 지 10년 밖에 안되었지만 최근 일부 교육대학원을 중심으로 수학영재교육전공이 신설되면서 수학영재교육학의 정체성에 대한 본격적인 논의가 필요하게 되었다.

이 글은 교과교육학으로서의 수학영재교육학을 논의하기 위해 수학영재교육을 우선 내용으로서의 '수학'과 대상으로서의 '영재', 방법으로서의 '교육'이라는 3가지 요소로 구분하고 RGB라는 빛의 3원색과 관련지어 볼 것이다. 이는 여러 교과를 문화와 관련시켜 논의하는 주제들 중 하나이지만 수학영재교육학을 통해 교육 일반에 던지는 메시지도 담고 있다.

2. 수학영재교육의 목표

전인교육을 강조하는 교육의 목표는 일반적으로 〈知情意〉를 언급한다. 그런데 일반적으로 수학과 교육과정에서 제시하고 있는 수학교육의 목표는 인지적인 영역(개념 및 원리; 기능 및 활용; 사고와 문제해결)과 정의적인 영역(수학에 대한 관심과 흥미, 수학의 가치, 합리적으로 문제를 해결하는 태도 등)을 강조해 왔다. 평가의 측면에서는 대부분 인지적인 영역을 위주로 실행하면서 정의적인 영역은 비록 강조하고는 있지만 실제로는, 선언에 그치고 있다. 그런데 〈知情意〉에서도 〈意〉가 가장 제대로 드러나지 않은 목표이므로 좀 더 보완해야 할 부분은 바로 의지적인 영역이다.

〈표 1〉 수학과 교육과정의 목표 비교

구분	7차 (1996)	7차 개정 (2007)	미래형 새 교육과정 (2011)	영역
가.	여러 가지 현상을 수학적으로 고찰하는 경험을 통하여 수학적인 기초 개념, 원리, 법칙과 이들 사이의 관계를 이해할 수 있다.	생활 주변에서 일어나는 현상을 수학적으로 관찰하고 조직하는 경험을 통하여 수학의 기초적인 개념, 원리, 법칙을 이해하는 능력을 기른다.	생활 주변이나 사회 및 자연 현상을 수학적으로 관찰, 분석, 조직, 표현하는 경험을 통하여 수학의 기본적인 기능과 개념, 원리, 법칙과 이들 사이의 관계를 이해하는 능력을 기른다	기능/이해 → 지식/기능 (Blue)

나.	수학적 지식과 기능을 활용하여 생활 주변에서 일어나는 여러 가지 문제를 수학적으로 관찰, 분석, 조직, 사고하여 해결할 수 있다.	수학적으로 사고하고 의사소통하는 능력을 길러, 생활 주변에서 일어나는 문제를 합리적으로 해결하는 능력을 기른다.	수학적으로 사고하고 의사소통하는 능력을 길러, 생활 주변이나 사회 및 자연의 수학적 현상에서 파악된 문제를 합리적이고 창의적으로 해결하는 능력을 기른다.	합리/창의 → 사고/창의 (Green)
다.	수학에 대한 흥미와 관심을 지속적으로 가지고, 수학적인 지식과 기능을 활용하여 여러 가지 문제를 합리적으로 해결하는 태도를 기른다.	수학에 대한 관심과 흥미를 가지고, 수학의 가치를 이해하며, 수학에 대한 긍정적 태도를 기른다.	수학에 대하여 관심과 흥미를 가지고, 수학의 가치를 이해하며, 수학 학습자로서의 바람직한 인성과 태도를 기른다.	흥미/가치 → 태도/의지 (Red)

 2007 개정 수학과 교육과정 목표에서는 전통적인 개념, 원리, 법칙의 이해뿐만 아니라 '수학적 사고' 및 '의사소통'과 함께 '수학의 가치 인식'과 '수학에 대한 긍정적 태도'를 강조하고 있지만 의지적인 영역에 대한 강조점은 7차 교육과정에 비해 오히려 약화되었다. 미래형 수학과 교육과정에서 논의하고 있는 새 교육과정의 목표가 '창의'와 '인성'을 추가로 강조하면서 인성적인 측면에서 의지까지 강화할 수 있는 여지가 다시 생겼다. 그러나 실제는 그렇지 못하다. 일반적인 창의와 인성이 아니라 수학적 창의와 수학적 인성을 보다 강조하려면 '나'항의 문구는 "수학적으로 사고하고 의사소통하는 능력을 길러, 생활 주변의 수학적 현상이나 문제를 수학적 창의성을 활용하여 해결하는 능력을 기른다."로, '다' 항의 문구는 "수학에 대하여 관심과 흥미를 가지고, 수학의 가치를 이해하며, 여러 가지 문제를 합리적으로 해결하려는 수학적 태도와 의지를 기른다."로 일부 더 수정할 필요가 있다.

이처럼 수학과 교육과정의 목표는 크게 인지적인 영역의 지식(Blue color)과 사고(Green color), 정의적인 영역의 태도(Red color)를 강조하고 있다.

수학분야의 영재교육이 어떤 국가수준의 비교에서 우위적인 순위로 평가될 수만은 없고 그래서도 안 된다. 국가 간 비교라는 현실은 있는 그대로 인정해야하나 그것이 영재교육의 성패를 판단하는 기준이 되어서는 안 된다. 마찬가지로 노벨상 수상처럼 수학 분야의 필즈상이나 아벨상 수상이 수학영재교육의 목표가 되어서도 안 된다.

일반적으로 영재는 국가의 장래, 안보 및 복지에 절대적으로 필요한 국가의 인적자원으로 인식되고 있다. 그러나 교육자로서 영재를 바라보는 입장은 그들의 가능성의 발현에 초점을 두어야 한다. 특히, 영재들은 학습의 양이 많고 습득하는 속도도 빠르기 때문에 속진의 유혹을 많이 받아서 기성의 학문체계나 고등수준의 지식을 보다 이른 시기에 또는 많이 집어넣는 가르침으로 흘러갈 우려가 있다. 그러나 교육은 그 어원에서도 볼 수 있듯이 학습자의 내면의 깨달음을 통해 'e(밖으로)+ducare(꺼집어 냄)'의 의미가 반영되어야 한다. 教育은 가르치기(教)만 하는 것이 아니라 삶의 변화를 모색하는 돌보고 기르는 (育) 행위가 포함되어있다. 본 저자는 교육을 '가르치고 그것을 지켜 行할 수 있도록 돕는 일'이라고 생각한다. Sheffield(1999:43)가 사용한 용어에 비추어 볼 때, 사회는 수학영재들이 과거의 시대가 생산해 낸 지식을 왕성하게 소비해내는 소비자(consumers)나 자신들의 지적 유희를 즐기는 고난도의 문제해결자(problem solver)의 수준을 넘어 새로운 시대에 걸 맞는 지식을 창출해 내는 수학 분야의 새로운 지식의 생산자(creator)가 되어주기를 기대한다.

그러나 교육을 하는 과정에서 역사적으로 전혀 새로운 발견, 발명 또는 창조를 수행해 내기란 쉬운 일이 아니다. 따라서 교육의 목표는 그런 창조적 가능성을 염두에 두면서 새로운 문제를 제기하는 연습을 통해 네덜란드 수학교육자인 H. Freudenthal이 말한 재발명(re-invention) 또는 재발견과 재창조를 경험해 보도록 하는 것이다.

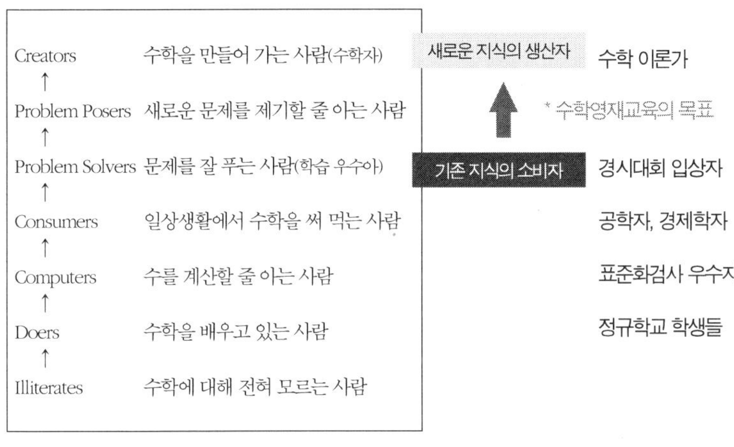

[그림 2] 수학을 배우는 사람들의 수준과 수학영재교육의 목표

그래서 교육자들은 이러한 모습을 위해 학생들이 수학을 대하는 삶의 방식과 태도(의지)가 변하기를 유도하며 인내하고 있다. 그러기 위해 수학영재들에게는 단지 수학에 대한 태도(attitude to mathematics)의 정서적 차원을 넘어 Krutetskii(1976)이 말하는 수학적인 성향(cast of mind)을 바탕으로 사물을 수학적으로 바라보려는 수학적 태도 (mathematical attitude)인 의지가 형성되어야 한다. 이러한 수학적 태도는 일종의 메타인지이며 수학적인 사고를 유발하고 수학적인 안목

을 갖도록 하는 원천이다.

결론적으로 수학영재교육의 목표는 일반 교육의 목표나 수학과 정규 교육과정의 목표와 분리될 수는 없다. 일반 교육의 목표나 정규 교육과정의 목표를 충실히 반영하기 위해 〈意志〉 영역을 강화해야 한다. 그러면서도 한 걸음 더 나아가야 한다. 그것은 영재라는 특별한 대상에 초점을 맞추기 때문이다. 일부 우수한 수학자들을 양성하여 업적으로 국제적인 위상을 높이는 것 이상으로 온 국민이 함께 인격적으로 공감하며 행복할 수 있는 수학분야의 창조적인 리더형 인재들을 육성하는 것이어야 한다. 즉, 기존 지식의 소비자(problem solver, Blue)인 학생들을 새로운 지식의 생산자(problem creator, Green)로 변환시키기 위해 훌륭한 문제 제기자(good problem poser, Red)로서의 태도와 의지 형성을 교육의 중요한 목표로 삼아야 한다. 이것은 기능적 또는 외재적인 목표에만 집중하지 않고 내재적 또는 본질적인 방향을 추구하는 영재교육의 가치지향적인 비전이다. 결국 속도보다 중요한 것은 방향이고 그 방향을 결정하는 것은 의지이다.

3. 수학영재교육학의 정체성

수학영재교육이 어떤 정체성(색채)을 갖고 있다고 아직 단정하기는 어렵다. 하지만 수학영재교육이 정체성과 전문성을 갖춘 하나의 학문

분야로 자리매김하기 위한 시도는 해야 한다. 수학영재교육이 학문으로서 전문성을 갖추려면 전문성의 세 가지 요소로 대표되는 전문 지식, 임상 경험, 공동체적 가치를 갖추어야 한다. 이는 다른 말로 전문 분야의 독특한 '지식'과 다양한 임상의 '사례' 그리고 공동의 '가치관' 확립을 말한다.[1] 수학영재교육의 근원적인 요소는 '수학', '영재', '교육'인데 이는 전문 내용적 지식으로서의 수학, 임상 연구 대상(사례)으로서의 영재, 그리고 방법 및 가치관으로서의 교육과 밀접한 관련이 있다. 수학영재교육에 관심을 가지고 지속적으로 연구하는 사람들이 합의할 만한 전문성의 세 가지 요소를 각각 빛의 3요소(RGB)인 파랑(B), 녹색(G), 빨강(R)과 관련시켜 보면 아래 그림과 같다.

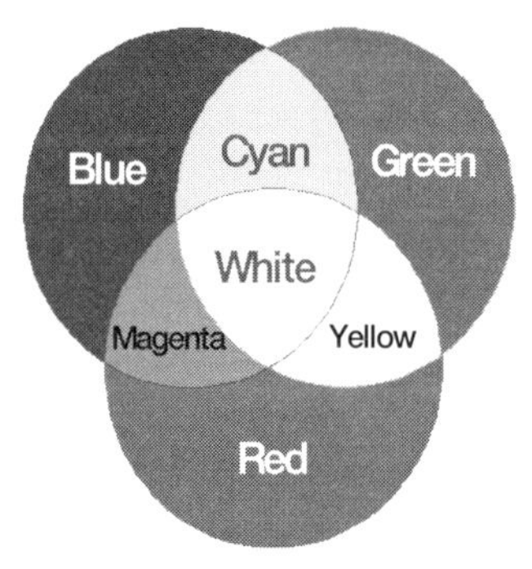

[그림 3] 빛의 3원색(RGB)과 색의 3요소(CMY)

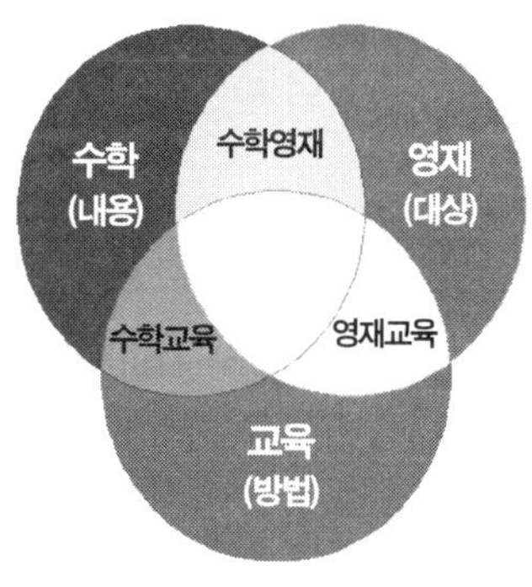

[그림 4] RGB에 비추어 본 수학영재교육

---

1 이 부분은 송상헌(2010)을 재구성한 것임.

3.1. 수학영재교육학으로서의 전문 지식

3.1.1. 수학영재교육의 목적과 교육기관별 목표

우리는 수학영재들을 위한 교육의 목적과 방향성을 분명히 하고 그에 따른 실천목표를 구체적으로 정립하고 상세화할 필요가 있다. 교육대상자들의 수준과 교육을 수행하는 기관의 철학 및 교육방향에 따라서 영재교육의 목표는 달라질 수 있다. '창조적 지식의 생산자 육성'이라는 모토에는 '인격과 전문성을 겸비한 수학 또는 관련 분야에서의 지도자 육성'이라는 인성적인 목표가 포함되어 있다. 수학영재교육을 위한 철학적 논거를 마련하는 것이 필요하다. 그리고 각 교육기관별로 특성을 반영한 세부적인 목표를 개발하여야 한다.

3.1.2. 영재의 판별과 영재교육대상자의 선발

영재의 판별은 영재에 대한 정의를 바탕으로 한다. 그러나 우리나라에서 동일한 영재교육진흥법에 따라 진행되는 두 기관(예를 들어, 서울대학교 과학영재교육원의 중등수학분야와 지방의 어느 한 지역교육청에서 운영하는 초등수학 및 초등과학반)에 속한 학생들을 바라보는 관점은 서로 다를 수 있다. 즉, 누가 일반적인 기준에서 영재인지 아닌지를 판별해내는 것보다는 그들이 과연 개설하고자 하는 프로그램에서 제대로 도울 수 있는 대상자인지 아닌지를 올바로 선발해 내는 것이 더 중요하다. 즉, 정의와 판별은 영재를 위해 개설하고자 하는 프로그램의 목적에 부합하는 선발의 개념으로 대체될 필요가 있고(송상헌, 2006), 선발의 절차와 방법이 보다 구체화될 필요가 있다. 최근 선발을 위한 지필평가는 지양하는 대신 관찰-면담을 권장하고 있다. 그러나 이런 평가방법의 변화는 본질적인 연구에 기초하기보다는 사회-정치적인 판단에 의한 것이라면 부작용은 여전히 남는다.

3.1.3. 수학영재들의 사고특성 분석을 통한 교수학습 및 수업 모형 개발

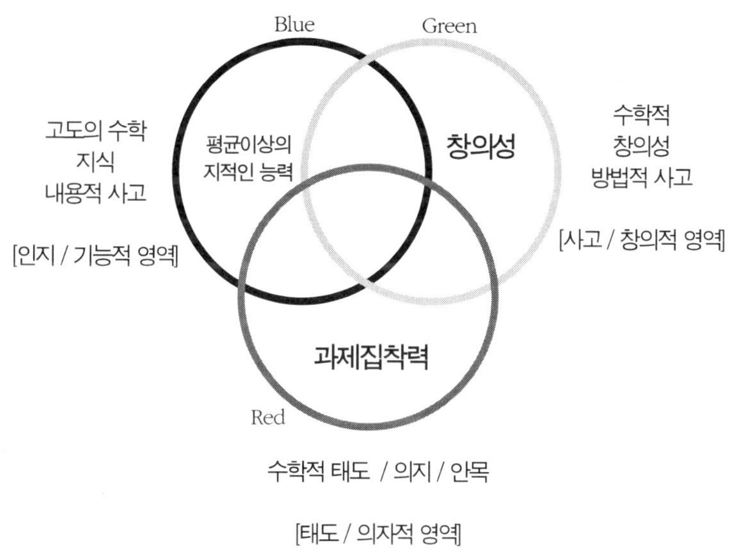

[그림 5] Renzulli의 세 고리 정의에 비추어 본 수학영재성의 3가지 요소

영재교육학자인 Renzulli(1976)의 세 고리 정의에 따르면, 영재는 평균이상의 지적인 능력, 고도의 창의성, 그리고 과제에 대한 강한 집착 성향을 갖고 있다. 이러한 세 가지 요소가 수학이라는 분야에서 드러

날 때 이들은 각각 인지/기능적인 영역, 사고/창의적인 영역, 그리고 태도/의지적인 영역으로 구분하여 고도의 수학 지식과 독특한 수학적 창의성, 그리고 사물을 수학적으로 바라보려는 수학적 태도와 의지가 있어야 한다.

Krutetskii는 수학적 성향을 대수형, 기하형, 조화형의 3가지로 구분하기도 하면서 대수, 기하 또는 기타의 내용 영역에서 수학적 능력이 있는 아동들이 보여주는 구체적인 사고과정의 예시를 제시하고는 있지만 수학의 각 내용 영역 또는 특정 주제에서 각 개인이 보여주는 보다 세밀한 사고 특성과 그러한 특성의 형성과정이나 개발을 위한 조건에 관한 것은 시도하지 못하였다(김응태, 박한식, 우정호, 2002:224-227). 따라서 보다 구체적이고 다양한 사례가 축적되어야 수학영재들을 위한 교수적인 제안이 가능할 것이다(송상헌 외 5인, 2005).

그리고 이를 바탕으로 수학영재교육을 위한 보다 구체적인 수학 교수학습의 원리와 수업모형을 개발해야 한다. 원리와 모형은 다양한 실천 사례를 바탕으로 이론화 하며, 이론을 바탕으로 적용 및 검증해 보아야 한다. 수학적인 직관은 논리를 초월한다. 따라서 수학영재들의 문제해결과정에 나타나는 심리적 특성에 관한 사례연구가 더욱 필요하다. 이러한 사례들을 모아 외국의 경우와 비교되는 우리나라 수학영재들의 일반화된 특성을 추출하는 것도 가능하다. 그러나 단순한 비교가 아니라 인지적 갈등과 사고의 한계를 극복하기 위한 교육적인 시사점도 얻을 수 있어야 한다.

3.1.4. 수학영재들을 위한 교육내용 및 교육과정의 개발

수학영재들이 관심을 갖는 지식과 문제 상황을 통해 궁극적으로는 영재들의 수학적인 욕구, 태도, 의지력 등의 정의적이고 의지적인 능력까지도 계발하고 자극할 수 있어야 한다. 수학영재들은 순수한 수학적 사고활동과 내용 그 자체를 좋아한다. 배워야 할 것과 가르치고자 하는 것이 서로 일치해야 한다. 대수, 해석, 기하, 확률과 통계, 조합론 등과 같은 수학의 내용 영역에 기초한 수업 소재와 연구 과제를 개발하고 그 과제를 해결하는 과정에서 학생들이 탐구할 수학적 사고요소를 추출하는 것이 필요하다. 최근 수학교육에서는 네덜란드의 H. Freudenthal의 교육이론에 기초한 RME(Realistic Mathematics Education)가 부각하고 있는데, 수학영재들을 위한 RMEG(Realistic Mathematics Education for the Gifted)를 정립할 필요도 있다.

3.1.5. 수학영재들을 위한 지도와 교육의 방법

Sheffield(1999, 2003)는 수학영재들을 지도하기 위한 한 가지 방법으로 문제해결에 관한 열린 접근법을 [그림 6]으로 소개한 바 있다. 이는 수학적 주제를 학습 또는 탐구함에 있어 필수적인 5가지의 요소만 정해져 있을 뿐, 그 주제의 특성에 따라서는 특별히 정해진 시작점이나 순서가 없이 각각을 한번 이상씩 거쳐 가는 방법을 강조하고 있다.

수학영재들에게는 이미 만들어진 지식이나 틀에 얽매이지 않고 그들 속에 있는 잠재력을 발휘하여 새로운 지식을 창조해 낼 수 있도록 안내할 수 있어야 한다. Moor의 독특한 교수법이나 Freudenthal의 안내된 재발명의 방법(guided re-invention)은 수학교육의 목표와 교사의 역할을 동시에 강조하고 있다. 많은 정보를 정확히 암기하고 재현해 내기보다는 하나를 가르쳤는데 열을 깨닫는 모습에서 교육자의 보람을 느낄 수 있어야 한다.

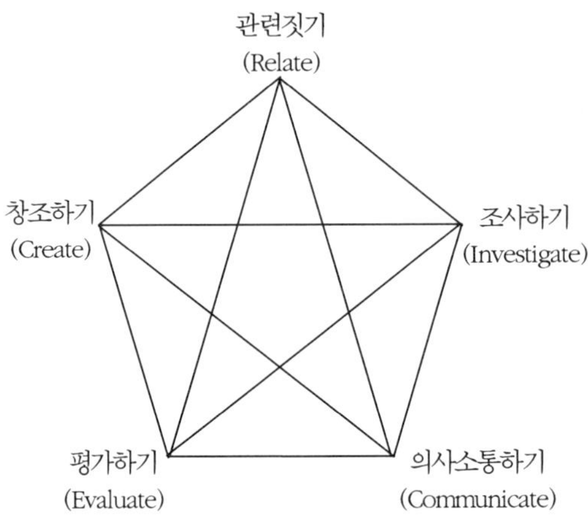

[그림 6] Sheffield의 문제해결에 대한 열린 접근법

한편, 공부와 연구는 머리만이 아니라 엉덩이로 해야 할 경우도 있다. 이에 수학영재들의 독특한 사고와 태도의 형성을 강조하고 그들 나름대로의 인지적인 특성을 연구할 필요가 있다. 특히, 교사는 교수학적 상황에서 메타인지적 언어를 지속적으로 사용하여 비교수학적 상황에서도 익숙해지도록 내면화시키는 전통적인 교수학적 상황론을 좀 더 구체화하여 각 학생들의 메타인지적 사고특성에 적합한 발문법을 개발할 필요가 있다(신은주, 신선화, 송상헌, 2007).

3.1.6. 수학영재들을 위한 교재의 개발

교재의 내용은 교육의 목표와 방법, 평가 산출물 등이 상호 일관성을 유지해야 한다. 수학영재교육에서 사용될 교재는 수학영재교육의 목표를 구현하기 위한 목적으로 수학영재들의 수준에 적합한 것이어야 한다. MIC(Mathematics in Context)를 넘어 수학영재들이 탐구할 수 있는 실제(Realistic)를 제공할 수 있는 맥락(MCg: Mathematical Context for the gifted)도 개발되고 제공되어야 한다.

3.1.7. 수학영재교육의 평가 및 피드백

학생 평가뿐만 아니라 교사 자신의 발전을 위한 피드백이 제공되어야 한다. 반성하지 않는 전진은 브레이크 없이 질주하는 기관차와 같다. 수학영재들의 사고를 분석하고 평가하는 독특한 기법을 개발해야 한다.

3.2. 수학영재교육학의 현장 적용

수학영재교육학 제대로 연구하기 위해서는 전문적인 지식에서의 이론적 정립과 함께 현장에서의 실천적인 연구를 병행하지 않을 수 없다. 학자들이나 연구기관에서는 영재에 대한 심리적인 이해와 철학을 바탕으로 수학영재교육과정을 개발할 필요가 있으므로 이에 대한 연구도 필요하다. 그러나 개별적인 교육자가 현장에서 행하는 실제적인 경험과 노력도 충분한 가치가 있다.

교사는 단지 교재를 가르치기만 하는 사람이 아니다. 교육과정이나 교재에 구현된 정신과 방향을 스스로 구체화해내는 능동적인 역할을 해야 한다. 교사가 고등수준의 지식을 가르치는 것보다는 다양한 과제 및 창의적인 문제해결 상황을 포함하여 영재들이 수학자들의 탐구과정을 직접 경험해 볼 수 있도록 교수학적으로 변환된 교재 개발의 준거를 인식하거나 직접 마련할 필요도 있다. 수학화를 장려하는 탐구(재발명) 활동을 통해 수학적인 욕구, 태도, 의지력 등의 정의적이고 의지적인 능력의 계발에 초점을 맞출 수 있도록 하기 위해 그러한 상황을 관찰하고 기술하고 평가/분석할 수 있는 연구기법도 개발해야 한다. 이러한 연구 노력은 결국 교육의 근본적인 내재적 가치를 구현하는 길과 상통한다. 이를 위해서는 이론적 정립과 실천적 연구를 병행하되, 특히, 외국의 문헌에 대한 연구뿐만 아니라 우리나라의 교육현장에서 확인된 구체적인 사례들을 수집하고 분석하는 실천적인 연구가 필요하다. 따라서 현장에서의 충분한 임상 경험 사례나 반례를 통해 이론을 확인 또는 재정립할 필요가 있다.

수학영재교육을 실시하려는 기관의 운영자나 교육자는 먼저 수학에 대한 인식(수학관)과 영재에 대한 올바른 이해(영재관), 교육에 대한 가치관(교육관) 그리고 그 기관이나 반을 운영하고자 하는 원칙(운영관)을 가질 필요가 있다. 다음은 본 저자의 수학 및 영재에 대한 인식을 바탕으로 교육과 기관 운영의 관점을 그림으로 간략히 나타낸 것이다.

수학관	영재관	교육관	운영관
1. 논리적 <u>사고</u> 2. 패턴을 탐구하는 <u>과학</u> 3. 과학을 설명하는 <u>언어</u>	1. 특정분야에서 무한한 가능성이 내재된 <u>몰입형 인간</u> 2. 새로운 지식의 <u>창조적 생산자</u> 3. 남과 다르게 생각하지만 <u>더불어</u> 살아가야 할 <u>인격체</u>	1. 못다 핀 꽃 한송이를 피우려는 <u>열정</u> 2. 가르친 것을 <u>지켜 行하도록 돕는 일</u> 3. 미래에 대한 안목이 있는 창조적 인간의 <u>재생산</u>	1. 속진보다 삼화 <u>우선</u> 2. 발견의 희열과 가르침의 감동이 넘치는 분위기 <u>조성</u> 3. 보다 넓은 세계를 향한 경험 <u>제공</u>
↓	↓	↓	↓
창의적 사고력을 기반으로 한 논리적 탐구의 산물과 그 배경 idea	21세기 국가와 인류사회 발전의 성장 엔진으로서의 인재	분야별 전문성과 인격을 겸비한 세계적인 지도자 육성	빨리 가는 길(속도)보다 바르게 가는 길(방향성)을 선택

[그림 7] 수학영재교육기관 운영

우선, 수학은 더 이상 고정되고 형식화된 연역체계로서의 학문이 아니라 논리적 사고 그 자체로서 패턴을 탐구하는 과학이며, 그 과학을 설명하는 언어이다. 즉, 창의적 사고력을 기반으로 한 논리적 탐구의 산물일 뿐만 아니라 그 배경 idea까지 포함함으로써 수학은 구성의 산물이 아니라 구성의 과정에 있는 사고이다.

둘째, 영재는 특정한 분야에서 무한한 가능성이 내재된 몰입형 인간으로 새로운 지식을 창조해 낼 수 있는 생산자요, 장차 사회의 리더로 더불어 살아가야할 인격체이다. 그들은 21세기 국가와 인류 사회 발전의 성장 엔진으로서의 미래형 인재들이다.

셋째, 교육은 가르치기만 하지 않고 그 가르친 것을 지켜 행하도록 도와야 하며 미래에 대한 안목을 가지고 창조적 인간을 재생산하기 위해 못 다 핀 꽃 한 송이를 피우려는 열정을 필요로 한다. 교육자들은 전문성과 인격을 겸비한 미래의 인재들을 육성해 내는 책무를 부여받았다.

넷째, 기관의 운영자는 경영에 대한 분명한 철학과 방향을 가지고 있어야 한다. 상위 학년의 내용을 빨리 그리고 많이 가르치려는 속진보다는 심화에 초점을 두고 운영하려는 소신을 가져야 한다. 유능한 교사들은 많은 내용을 가르치려하기보다는 학생들이 자기주도성을 갖고 스스로 발견해 내는 희열의 중요성과 가치를 알고 있다. 관리자는 영재교사들이 자신의 아동과 함께 즐거워하면서 오히려 교사들의 능력과 한계를 넘어서는 것을 보면서 감동을 느낄 수 있는 환경을 제공해 주어야 한다. 관리자는 교사와 학생들을 신뢰하면서 보다 넓은 인생과 학문의 세계를 경험할 수 있는 기회를 제공해 주려는 열린 마음이 있어야 한다.

수학교육은 수학을 가르치고 배우되 학습자가 경험하는 수학의 내용을 통해 궁극적으로는 사물을 수학적으로 바라보는 안목이 형성되어 수학적인 체계와 질서의 삶을 살 수 있도록 본을 보이고 도와주는 공동체의 실천적인 삶을 구현하도록 요구한다. 수학의 내용적 지식의 습득이나 수학에 대한 (정서적인) 태도(attitude to mathematics)뿐만 아니라 (의지적인 모습으로서의) 수학적 태도(mathematical attitude)의 변화를 모색해야 한다고 전술한 바 있다. 이는 교과교육에서 창의성과 더불어 인간성(인성) 교육이 강조되어야 함을 뜻하기도 한다.

수학영재교육도 예외는 아니다. 하지만, 수학영재교육은 수학이라는 '내용'과 영재라는 '대상', 그리고 교육이라는 '방법'의 단순한 결합으로만 생각해서는 안 된다. 수학영재교육은 영재라는 교육 대상에게 수학이라는 내용을 가르치려는 영재교육자들의 관점이나 수학영재들을 대상으로 교육을 하려는 일반 교육자들의 관점, 수학영재들을 대상으로 수학만 가르치려는 수학자들의 관점도 아니다. 그렇다고 수학영재들을 대상으로 교육하면서 수학교육을 연구하는 수학교육학자들만의 관점이 되어서도 안 된다. 수학영재교육은 수학영재들을 대상으로 수학을 지도하기 위한 수학교육학적 논의를 포함하면서 독특한 학문 영역으로 자리를 잡아가야 한다.

교육자들은 목표를 강조하며 수학자들은 내용을 강조한다. 수학교육자들은 방법을 강조하며 행정가들은 운영을 강조하고 영재교육학자들은 인간으로서의 영재들을 소중히 여긴다. 하지만 수학영재교육학을 연구하는 사람은 어느 것 하나 소홀히 할 수가 없다. 그들은 수학영재들이 각자 관심을 가진 분야에서의 전문성과 인격을 겸비한 미래형 인재로 성장할 것이라는 기대감과 그들의 삶을 통한 인류의 (학문과 사회를 모두 포함한) 미래에 대한 비전을 꿈꾸어야 한다. 오늘날 수학영재교육의 핵심은 많은 양의 수학을 빨리 배워 풍부한 지식을 가지고 있는 만물박사를 기르는 것보다는 새로운 시대에 걸맞도록 수학 분야에서의 창조적 지식을 생산해 내는 전문가이면서 보다 높은 수준의 인격을 겸비한 미래의 세계적인 지도자로서의 자질(리더십)을 기대해야 한다. 이런 점에서도 수학영재교육학은 사회과학 또는 복합과학의 영역에 속한다.

3.3. 수학영재교육학 연구 공동체의 가치관 정립

전문가 집단은 그들이 소속한 공동체가 동의할 수 있는 본질적인 가치를 밑바탕에 깔고 있다. 의사들이나 간호사들에게는 각각 히포크라테스 선서와 나이팅게일 선서를 통해 생명 윤리를 지킬 것을 서약하고 법관들은 정의의 여신상이라는 모델을 통해 법 앞에서 만인의 형평성을 다짐하며, 경제인들은 당연히 이윤의 극대화(영리)가 그 집단이 공동체적으로 추구하는 목표일 것이라고 떠 올린다. 하지만 교육인들이 추구하는 모델은 분명하지 않다. 수학교육이나 수학영재교육도 새로운 방향에 대한 공동체적 가치관을 정립하는 데는 시간의 축적이 필요하겠지만 다음의 4가지 측면에서의 가치지향적인 우선 순위를 제안해 본다.

3.3.1. 목표면 : 속진보다 방향성 우선

수학영재교육의 목표는 수학적 지식의 창출이라는 산물(대상)을 넘어 그것을 만들어내는 수학적 안목을 갖춘 사람(주체)을 기르는 일종의 '인간교육'이다. 그리고 현재 수학 문제를 잘 푸는 수재(지식의 소비자)를 길러 내거나 연구역량을 갖춘 '맞춤형 인재' 양성을 넘어 개인의 타고난 창조성을 발휘할 줄 아는 영재(지식의 생산자)를 육성하면서 수학적 전문성과 수학적 인격을 겸비하여 국가라는 집단과 미래라는 시대에서 비전을 제시할 줄 아는 '리더형 인간'을 육성하는 가치지향성 교육이다. 또한 수학영재교육의 목표는 '수학'(내용)과 '영재'(피교육자)를 이해하고 있는 사람(교육자)이 '더불어 살아가는 공동체의 삶'(목표)

을 향해 수학적인 인격체로 학생과 함께 변화되어 가는 회복의 과정이다. 목표가 불명확한 채 '빠르게' 가는 것보다 분명한 목표를 가지고 '바르게' 가는 것이 더 중요하다.

3.3.2. 내용면 : 지식보다 창의성 우선

수학영재교육의 목표가 수학적 지식의 발달에 국한하지 않고 수학적인 안목을 갖춘 사람을 기르는 것이라면 수학영재교육의 내용은 이미 공표된 많은 결과적인 지식을 빠르게 습득하는 것보다 새로운 지식의 창조에 초점을 두어야 한다. 수학영재들은 수학분야에서 독특한 가치가 있는 문제나 과제에 흥미를 느끼며 새로운 지식을 창출할 수 있는 능력과 도전감을 가지고 있다. 미래 수학자로서의 가능성을 확인한 학생들에게는 수학분야에서의 의미있는 내용을 지속적으로 탐구하고 새로운 문제를 제기해 갈 수 있는 자기주도적인 탐구력과 사고력을 길러야 한다. 남의 이성을 사용하는 지식의 소비자가 아니라 자신의 이성을 사용하여 새로운 지식을 생산해 내는 창조자가 되어야 한다.

3.3.3. 방법면 : 과업보다 태도 우선

교육은 지식을 주입하는 과정이 아니라 각 개인에게 내재된 능력을 발현할 수 있도록 돕는 과정이다. 교육(education)의 어원에는 '밖으로(e) 꺼집어내다(ducare)'라는 뜻이 있다. 이처럼 창의적인 접근으로 문제를 해결해 낼 수 있는 수학적 사고와 태도의 변화에 초점을 두어야 한다. 일회성이 아닌 지속적인 투자를 위해서는 수학을 공부하는 사람의 태도와 그 삶의 변화를 추구해야 한다. 인격은 도덕적 품성과 같은 포괄적인 의미도 있지만 개인이 수학에 대해 가지는 안목과 사고, 태도를 포함하는 수학성(mathematicalness)의 함양이 수학영재교육의 내용이 되어야 한다. 이를 위해서는 속진보다 심화에 중점을 두어야 한다. 교육자는 교육이 (가르치기만 하는 것이 아니라) 가르치고 그것을 스스로 지켜 行할 수 있도록 안내하고 보여주는 일이라는 교육적 가치관을 정립할 필요가 있다.

이를 위해 교육의 방법은 문제풀이 중심에서 탐구/발명, 활동과 토론을 위주로 한 능동적이고 활동적인 (재)발명, (재)발견의 방법으로 전환해야 한다. 학생은 발견/발명의 희열을 느끼고 교사는 학생의 해법에 대한 감탄과 감동을 경험할 수 있는 교육 현장을 만들어 가야 한다. 그 속에서 창조적인 수학 지식의 생산과 재생산이 이루어질 수 있기 때문이다.

3.3.4. 가치면 : 개인보다 공동체 우선

교사와 학생은 상호간의 신뢰 속에 인격적 교류가 있는 공동체를 추구해야 한다. 교육은 自然人을 社會人化하여 행복한 공동체의 삶을 추구하기 때문이다.

개인의 만족을 위해 수학에 빠지는 사람들도 있다. 그가 비록 수학 내용에서는 매니아(mania)라 할지라도 수학공동체에서 이탈하면 행복할 수가 없다. 영재들은 독불장군식으로 군림하는 자세가 아니라 전문성과 인격을 겸비한 지도자로서 타인을 위해 봉사해야 한다. 그것은 부여받은 재능에 대한 책임이요 의무이다. 개인의 능력을 활용하여 사회의 행복에 기여할 수 있다면 자신의 존재 가치는 배가된다.

4. 맺음말

　수학영재교육은 교육하고 또 연구해 볼만한 가치가 있는 분야이다. 즉, 수학영재교육은 '수학'이라는 교과 내용의 내재가치와 '영재'라는 대상의 희소가치, 그리고 '교육'이라는 방법의 미래가치를 공유하고 있기 때문이다. 이 글은 수학영재교육이 학문으로서의 정체성을 확립하기 위한 시도로 전문성의 3가지 요소(전문 지식, 임상 사례, 공동의 가치관)에 바탕을 두고 수학영재교육의 주요 요소를 빛의 3원색과 관련지어 논의하였다. 하지만 수학영재교육은 단순히 빛의 3원색처럼 수학, 영재, 교육이라는 3가지 요소로만 구성된다고 말하기 보다는 이들을 바탕으로 '수학교육'이라는 사회과학적인 내용과 '수학영재'라는 보다 구체적이고 특수화된 제한적 대상, 그리고 '영재교육'이라는 특수한 방법의 3가지(색의 3원소처럼) 파생된 요소로 이루어진다고도 볼 수 있다. 그리하여 수학영재교육학이라는 학문이 자리매김을 한다면 그것은 아마 빛의 원색을 담는 사진 예술보다는 그 원색을 적절히 활용하는 화가 예술처럼 응용과학, 즉 학문 분류상으로 말하면 자연과학보다는 사회과학이나 복합과학의 일종이 될 수 있을 것이다. 이에 대한 자세한 논의는 차후로 미루어 둔다.

수학영재들을 위한 지속적인 교육과 연구를 위해서는 공동의 사명감과 공통된 가치관을 가진 동료들이 필요하다. 우리는 수학영재교육의 중요성과 그 가치를 인식할 필요가 있다. 그래서 당장의 결과보다는 미래를 위한 가치에 투자하려는 사명감과 함께 내가 아니면 과연 누가할 것인가라는 소명감도 필요하다.

참고문헌

교육인적자원부 외 5개 정부기관 공동 (2007). 제2차 영재교육진흥종합계획('08-'12).

나귀수 (2005). PISA 2003에 나타난 우리나라 학생들의 수학적 소양의 특징. 대한수
　　　학교육학회지 〈수학교육학연구〉, 15(2), 147-176.

송상헌 (2006). 수학영재교육의 목표와 방향성 점검. 〈과학교육논총〉 제19집, 89~99.
　　　경인교육대학교 과학교육연구소.

송상헌 (2010). 수학영재교육학의 정체성 점검과 연구를 위한 제언. 대한수학교육학
　　　회 연구논문발표대회논문집 〈수학교육학논총〉 제 37집, 187~197.

송상헌·정영옥·임재훈·이경화·나귀수·한대희 (2006). 수학영재들의 사고특성에
　　　관한 연구(개요). 대한수학교육학회 연구논문발표대회논문집 〈수학교
　　　육학논총〉, 제29집, 1~7.

신은주·신선화·송상헌 (2007). 초등수학영재들의 메타인지적 사고 과정 사례 분석.
　　　대한수학교육학회지 〈수학교육학연구〉, 17(3), 201~220.

영재교육진흥법. 〈국회본회의 통과, 1999. 12. 28.〉[일부개정 2001.1.29 법률 제6400
　　　호 교육인적자원부]

영재교육진흥법시행령(2002). 제정 2002.4.18 대통령령 제17578호

황선욱 외 (2011). 창의 중심의 수학과 교과내용 개선 및 교육과정 개정 시안 연구. 창
　　　의 중심의 수학과 교육과정 개정 시안에 관한 세미나. 〈제 62회 대한수
　　　학교육학회 수학교육학 집중 세미나 자료집〉, 20~23.

Sheffield, L. J.(Ed.)(1999). *Developing Mathematically Promising Students*.
　　　National Council of Teachers of Mathematics: Reston, Virginia.

Sheffield, L. J.(2003). *Extending the Challenge in Mathematics: Developing
　　　Mathematical Promise in K-8 Students*. Texas Association for the
　　　Gifted and Talented.

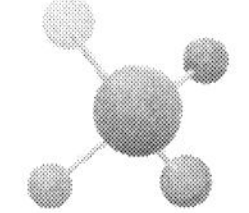

우리나라 전통 목가구와 문화적 소통

생활과학교육과 이춘식 교수

교과교육과 문화, 어떻게 소통할 것인가?

1. 문화와 가구

오늘날 문화를 한마디로 정의하기란 쉽지 않다. 워낙 문화의 개념이 확장되었기 때문이기도 하다. 문화라는 용어의 개념이 시대나 학자들에 의해서 다양하게 변천되었고 그 개념이 실생활에서 폭넓게 이해되는 현실이다. 그래서 영어에서 문화(culture)가 가장 난해한 단어 가운데 하나임이 분명하다. 18세기까지만 하더라도 문화는 부르주아 계급의 전유물이었다. 이 당시의 문화는 고급문화를 의미하는 전문적인 개념이었다. 그러나 19세기에 들어서면서부터 문화의 개념이 확장되어서 좋고 나쁨의 차별적 개념이 아니라, 한 집단의 삶의 방식이 다른 것과 구별되는 행동 양식으로 사용되었다(김진옥, 2006). 문화는 이미 우리 생활에 깊숙이 배어있다. 또 다른 측면에서 문화를 과학과 기술을 포함하는 "인간이 후천적으로 습득하고 유형화한 모든 삶의 양식"이라고 폭넓게 규정하는 경우에도 많은 학자들은 문화를 가치문화, 규범문화, 도구문화로 세분해왔다(임희섭, 2003). 그렇다면 목가구도 하나의 기술의 산물인데 어떤 범주에 속할까? 여기에서 기술(technology)은 '인간이 자연에 적응하고 자연자원을 사용하는데 활용하기 위해 유형화한 물질적 수단으로서의 도구적 유형들'로 구성된다고 볼 수 있다. 이 때 기술은 과학과 달리 가치문화보다는 도구문화로 범주화될 수 있는 문화유형으로 보는 것이 타당하다.

그렇다면 가구는 어떠한가. 가정이나 직장에서 가구 없이 살아갈 수 있을지를 생각해 보면 이미 가구는 생활이고 문화이다. 가구가 삶의 방식으로 자리매김하고 있기 때문이다. 어느 사회이건 그 사회의 독특한 문화가 있고 그 문화를 통해 의식주의 생활양식에 크게 투영되었다. 즉 문화를 통해 생활양식에 투영되어 있는 것들을 탐구해 보는 것이 이 글의 목적이다. 가구는 주거 문화의 중심에 서있다. 과거에는 좌식생활의 문화가 투영되어 한옥이 자리를 잡았다. 한옥에는 온돌 문화가 자리 잡음에 따라 자연스럽게 이동식 가구가 보편화되었다. 오늘날은 어떤가. 한옥의 자리에 아파트가 자리매김함에 따라 입식생활이 기본이 되었다. 입식생활의 공간에는 이동식 가구가 아니라 붙박이(built-in) 가구가 들어섰다. 아파트 공간에서는 침대문화가 보통이어서 이에 맞는 가구들을 사용하고 있다. 우리 생활에서 사용하는 가구에는 그 시대의 생활양식과 문화가 깊이 묻어있음을 부인할 수 없다.

이후에 논의할 전통 목가구에는 선조들의 어떤 문화가 스며들어 있을까? 전통 목가구라고 하면 현대적이지 못하고 무언가 시대에 뒤져 있어서 서민들의 것이라고 생각하기 쉽다. 그러나 나무는 죽어서도 숨을 쉬듯이 살아있는 무늬결로 자신을 드러내 보인다. 전통 목가구는 독특한 짜맞춤 기법으로 인해 못을 사용하지 않는 것이 특징이다. 못을 사용하지 않기 보다는 굳이 못이 필요 없는 가구 형태라는 것이다. 즉 ㄱ자, ㄷ자, ㅁ자 형태로 나무와 나무를 연결하는 짜맞춤 기법을 사용하기 때문에 못이 필요 없다. 가구의 짜맞춤 방법은 가구를 만드는 장인에 따라서 달리 표현되기도 한다. 그러한 기법에는 장인의 정신과 땀이 배어 있다. 기후에 따라 수축과 팽창을 할 수 있으면서 변형이 일어나지 않도록 틈을 주어서 짜맞춤을 해야 하겠기에 나무를 오랫동안 살리는 방식이기도 하다. 이제 전통 목가구에 스며있는 문화적인 코드에 대해서 살펴보기로 한다.

2. 우리나라 전통 목가구와 문화

우리나라의 전통 목가구를 분류하는 방법은 시대나 모양, 재질 등에 따라서 다양하다. 그러나 이 글에서는 독자들의 이해를 쉽게 돕기 위하여 전통 목가구(the traditional Korean wooden furniture)를 조선시대로부터 비롯된 가구로 보았다. 왜냐하면 목재의 특성으로 보아 그 보존 기간은 100년에서 200년 정도에 불과하다. 그렇게 보면 지금으로부터 조선시대에 이른다. 이 시기의 목가구는 유교 사상에 큰 영향을 받아 발달하였다. 그러다보나 남성의 공간에는 사랑방 가구가, 여성의 공간에는 안방 가구가, 음식 만드는 공간에는 부엌 가구가 들어섰다. 다시 말해서 유교 사상은 남성 공간과 여성 공간의 구분을 명확하게 하였기 때문에 그 구분에 따라서 목가구가 발달한 것은 우연이 아니다. 가구가 공간에 따라서 구분되었기 때문에 가구의 모양이 구분되어 발달되었다. 예컨대 사랑방 가구의 대표주자는 사방탁자(book and display stand)이며 서가를 의미한다. 사방이 개방된 직선형 가구이어서 책과 문서, 문방구 등을 수납할 수 있게 만든 것이다. 사방탁자를 안방에서 사용하면 장식용이기도 하였다. 각 층의 넓은 판재(층널)를 가는 기둥만으로 연결한 가구로

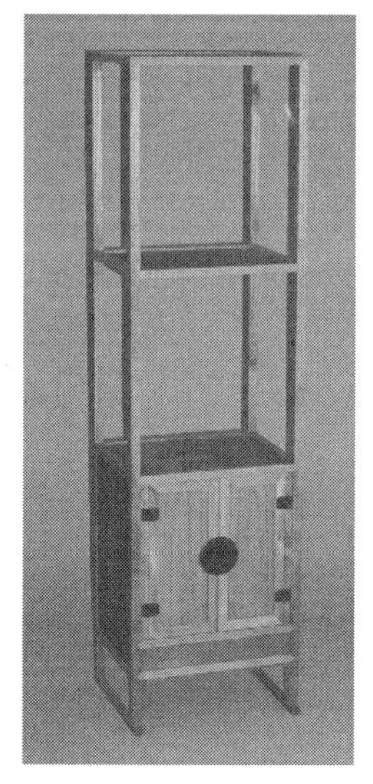

△사방탁자(이춘식 作)

서, 책·도자기·수석 등의 작은 물품을 장식하는데 사용되었다. 3, 4층이 일반적이며, 1층에 문을 달아 장(欌)같이 만든 것도 있다. 간결한 구성과 쾌적한 비례를 자랑하는 대표적 사랑방 가구이면서 현대적 감각으로도 매우 높이 평가받고 있다. 사방탁자는 사방이 트여 있어서 물건을 쉽게 올려놓을 수 있으며, 좁은 공간 문화를 최대한 살린 목가구이다.

조선시대의 전통 목가구의 특징 중의 하나는 재료가 얇다는 것이다. 20mm 내외의 기둥 각재와 16mm 내외의 쇠목이 견고하게 붙들고 있도록 울거미 기법으로 짜맞추어져서 그 어떤 가구에 못지않게 매우 튼튼하다. 재료를 많이 사용하지 않고도 튼튼하게 만들 수 있다는 것을 보면 우리 조상들의 지혜에 절로 감탄이 나온다. 사방탁자의 미덕은 절제미와 균형, 그리고 비례미라고 할 수 있다. 그래서 사방탁자는 단순한 형태이면서 가장 현대적인 디자인으로 평가 받고 있다. 그 비결은 바로 가구 판재와 골재를 못을 사용하지 않고 결속하는 짜맞춤 전통기법에 있다. 이와 더불어 전통 목가구를 만들 때에는 나무가 여름에는 늘어나고, 겨울에는 줄어들어서 숨을 쉴 수 있도록 결구에서 공간을 만들어 주는 것이 기본이다. 가구로 변신한 나무는 죽어있는 것이 아니라 살아서 숨을 쉬고 수축하고 팽창한다. 때로는 습기를 머금어 스펀지처럼 되기도 한다. 나무는 수백 년의 생명력을 그대로 품고 있어서 선조들은 가구를 만들 때 휘는 방향까지도 예측하여 사개물림을 사용하였다. 즉 손가락을 맞물린 것처럼 판재와 판재를 짜 맞추는 결구방법이 사용되었다. 겉으로 보기에는 단순하지만, 짜임의 구조를 들여다보면 그 정교함에 혀를 내두를 정도이다. 어떤 공학적인 해법으로도 쉽게 이해하지 못할 정도로 정교함을 가지고 있다. 역사적으로 고려시대의 목가구가 겉으로 드러나는 부분으로 치장을 하였다면, 조선시대의 목가구는 짜임의 구조나 결구 방식과 같은 내부구조의 극치를 이루었음을 알 수 있다.

조선의 목가구는 그 시대의 특징을 보여주는 시대적 산물이다. 고유의 미적 가치가 있으며, 시대를 초월하는 미적인 조합도 있다. 21세기인 지금도 우리는 조선 목가구의 아름다움을 말하지 않은가. 시대를 초월한 바로 클래식이라고도 할 수 있다.

2.1 선비를 닮아 순수한 사랑방 가구

조선시대의 선비들이 살아가는 행동지침에 9가지가 있다. 시사명(視思明)은 무엇인가를 볼 때에는 분명한가를 생각하고, 청사총(聽思聰)은 들을 때에는 확실한가를 생각하며, 색사온(色思溫)은 얼굴 낮 빛은 온화한가를 생각한다. 모사공(貌思恭)은 태도가 공손한가를 생각하며, 언사충(言思忠)이란 말은 충실한가를 생각하고, 사사경(事思敬)은 일이 신중한가를 생각한다. 의사문(疑思問)은 의심나면 물어볼 것을 생각하고, 분사난(忿思難)은 분이 날 때 재난을 생각하며, 견리사의(見利思義)는 이득을 보면 의로운 것인가를 생각해 보는 것이 행동 지침이었다. 이러한 선비의 일상생활에서 가장 중요한 일은 역시 공부였다. 선비는 학문에 정진하여야 하고, 그러면서도 자연 속에서 풍류를 즐길 줄 알아야 했다. 선비들이 생활하는 공간이 바로 사랑방(舍廊房)이다. 사랑방은 바깥 주인의 일상 거처이자 남성 접객의 공간으로 주택 외부와 가까운 곳에 위치하고 있었다. 공간이 좁은데다 앉은키에서

△ 사랑방의 전경

사용하기 편리하며, 시각적으로 아담하게 정리된 선과 면의 형태로 구성된다. 따라서 사랑방은 주인이 거처하는 방이자 손님을 맞는 응접실 역할도 하였다. 결국 주인은 양반이면서 글을 읽는 선비이기 때문에 방의 구성을 유교적 덕목에 맞도록 꾸밀 수밖에 없었다. 사랑방은 소박하고 안정된 분위기가 중요하여, 가구들도 단순하고 간결한 선과 면을 지닌 것을 선호하였다. 나무는 광택이 없고 소박한 질감의 오동나무와 소나무가 주로 사용되었으며, 간혹 느티나무와 먹감나무 등 나뭇결(木理)이 좋은 나무를 이용하여 자연미를 살리기도 하였다.

사랑방에 쓰인 가구에는 검소한 생활과 단순미를 느낄 수 있도록 하였다. 선비에 흐르는 문화적 코드는 학식이 있고 행동과 예절이 바르며 의리와 원칙을 지켜 관직과 재물을 탐내지 않는 고결한 품성을 지닌 사람들이기에 화려함보다는 단아함을 드러내도록 하였다. 그러하기에 '선비 논 데 용 나고, 학이 논 데 비늘이 쏟아진다.'라는 속담이 생겨났다.

사랑방에서 사용하는 가구에는 책가, 지통, 사방탁자, 문갑, 연상, 책상 등이 보통이었다. 구체적으로 살펴보면, 사랑방에는 선비의 문방 생활에 꼭 필요한 가구인 서안, 연상, 문갑, 탁자, 책장, 이층장 등이 놓이고, 벽면에는 고비, 필가 등이 걸리며, 좌등이나 등가 등의 조명기구가 배치되었다. 또한 문방용품인 필통·지통·필격 등과 소품이나 서류 등을 담아 두는 각종의 함이 사용되었으며, 서안 옆에는 낮고 넓은 재판이 있어 담뱃대·연초함·타구·재떨이 등을 한데 모아 두었다.

이외에 망건통·목침·팔걸이·
좌경 등이 있다. 선비들이 생
활하는 사랑방에서 글을 읽거
나 쓸 때 사용하는 작은 책상
이 바로 서안(reading desk)이
다. 서안은 글을 읽고 쓰거나

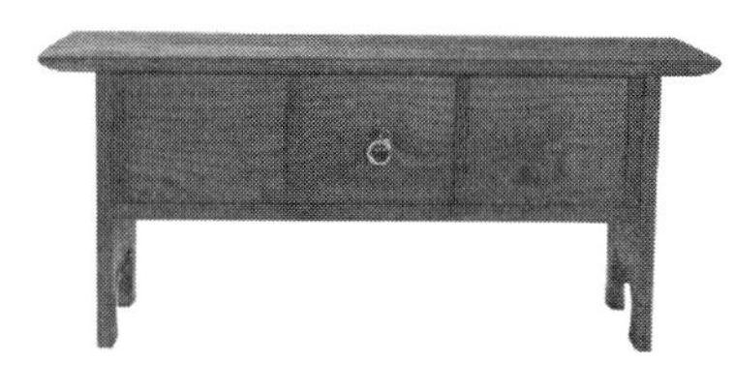

△ 서안(이춘식 作)

간단한 편지를 작성하는데 사용되었으며, 손님을 맞을 때 주인의 위치
를 지켜주는 역할도 겸하였다. 선비들이 늘 곁에 두고 쓴 가구여서 단
순한 모양에 담박한 멋을 풍기며, 소박한 가운데 격조가 넘치는 작품
이 많다. 주인의 취향에 따라 재질이나 형태가 다양한 편이다. 서안은
사랑방의 온돌과 마룻바닥에 앉아 생활하는 한옥에 맞게 높이가 낮고
책을 하나 정도 펼 수 있는 작은 크기로 만들었다. 선비들이 글을 읽을
때 정신을 집중할 수 있도록 장식을 최대한 절제한 것이 특징이다. 서
안에 서랍을 달아서 공부에 필요한 기구들을 보관하도록 충분히 배려
하였다. 이와 더불어 경상은 원래 절에서 불경을 읽을 때 사용하던 것
을 일반 가정에서도 받아들인 것으로 기본형은 서안과 유사하나 다소
장식적이면서 세부적으로는 차이가 있다. 위 판(천판)은 양쪽 귀가 두
루마리처럼 들려 있으며, 다리도 서안처럼 곧게 뻗지 않고 호족형(虎
足形: 호랑이 다리 모양을 본뜬 것)이 많고 운각(雲脚)을 비롯해 서랍과
다리 등에 장식이 가해진 것이 많다.

　조선시대의 사회문화는 당시 명나라의 영향으로 문방생활에 권위와
성품을 높이려는 풍조가 유행하였다. 따라서 문방구 및 가구의 양상은
문화수준의 척도로서 중요시되었고, 가구의 모양이나 배치에 있어서
소박하고 안정된 분위기가 강조되었다. 선비들이 학문을 즐기기 때문

에 글을 읽을 뿐만 아니라 글을 쓰기도 한다. 글을 쓸 때 사용하는 벼루와 먹, 종이 붓 등의 문방용품을 한 곳에 모아놓고 정리하는 작은 상을 연상(ink stone)이라고 한다. 연상도 나뭇결의 목리를 최대한 살려서 간결하고 단순함을 추구하였다. 따라서 연

△ 연상(국립중앙박물관)

상은 문방사우인 벼루·먹·붓·종이와 연적 등의 소품을 한데 모아 정리하는 문방가구로, 서안 옆에 위치한다. 상·하부로 이루어져, 위는 벼루를 담아 두는 공간이고 아래는 소품을 놓게 빈 공간으로 두거나 서랍이 달려 있기도 하지만, 벼루를 넣는 것이 주된 목적이어서 연상이라 부른다. 뚜껑은 외짝 혹은 두 짝으로 되어 있다

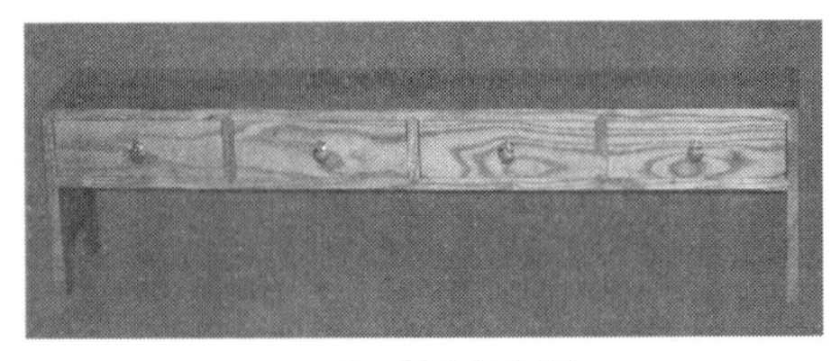
△ 장문갑(이춘식 作)

문갑(stationary chest) 또한 사랑방과 안방에서 모두 사용했는데 이는 우리나라의 좌식 생활 문화를 반영한 대표적인 가구라 할 수 있다. 문갑(文匣)은 중요한 기물이나 문방용품을 보관하면서 진열대 역할까지 겸한 가구로, 뒷마당으로 통하는 문의 아래 공간이나 측벽면에 놓여졌다. 사랑방과 안방에 두루 사용되었으며, 낮게 만들어져 벽면에 시원한 여백을 주면서 넓은 면적을 차지하지 않도록 세로폭을 좁게 설계하였다. 문갑은 단문갑과 쌍문갑으로 대별되며, 서안처럼 공간으로 구성된 공간 문갑은 사랑방에 놓여졌다. 선비들이 사용하는 문갑은 서류나 문방 용품들을 놓아두는 가구로서 대개는 방의 뒤뜰로 난 창문 아래에 놓는다. 창문을 가리지 않도록 높이를 낮게

했으며, 벽면에 시원한 여백을 주도록 배려하였다. 또한 폭을 좁게 하여 면적을 많이 차지하지 않도록 하여 선비의 문화적 코드와 궤를 같이 했다.

또 사랑방 가구에서 빼 놓을 수 없는 것이 바로 책장이다. 책장은 말 그대로 책을 넣어 두는 장으로, 원래 대가(大家)에서는 서고가 따로 있으나 가까이 두고 즐겨 읽는 책들을 위해 실내에 자그마한 책장을 두었다. 선비들이 학문과 예술을 논했던 사랑방에는 많은 책이 있었다. 책을 보관하기 위하여 책장을 만들었으며, 보통 기둥은 책의 무게를 견딜 수 있도록 단단한 나무를 사용하였다. 판재는 책에 좀이 스는 것을 막고 습도 조절을 하기 위하여 오동나무를 썼다. 이 책장의 문을 오동나무 판재의 표면을 인두로 지지고 볏짚으로 문질러서 나뭇결이 드러나도록 하는 낙동법으로 만들었다. 낙동법을 사용하여 문의 알판을 만들면 어두운 색감이 드러나는데 이는 검은 칠을 한 것보다 은은하고 점잖은 느낌을 주어서 선비들이 선호하였다. 때로는 알판으로 오래된 느티나무의 뿌리 부분에서 나오는 용목(龍目)을 사용하기도 한다. 용목은 용이 꿈틀거리는 것처럼 여러 가지 역동적인 무늬결을 띠어서 귀중하게 취급되었다. 이러한 책장은 책 무게를 충분히 감당할 수 있도록 굵은 골재와 견고한 짜임이 중요시되었다. 책궤는 『논어』·『주역』 등 여러 권이 한 질로 된 책들을 정리 보관하기 위한 궤로 책상·책함이라고도 부른다. 안방가구로 주로 사용된 이층장은 사랑방에서 책 또는 귀중본·서화 등을 넣어 두는 데에도 사용되었다.

2.2 여인들의 숨결이 녹아 있는 안방가구

안방은 여성들의 공간으로 선비들의 사랑방과는 확연히 다르다. 바깥 출입이 제한되어 있던 사대부가의 여인들이 가지고 있던 소망과 간절한 염원을 가구에 표현하려고 하였다.

△ 안방의 전경

여인들의 욕망을 가구가 대신해 주곤 하였다. 안방은 여성들이 거처하는 방으로 유교적 관습에 의해 외부와 격리된 곳이지만, 자녀를 기르고 가정생활의 중심을 이루는 매우 중요한 곳으로 화목함이 으뜸이었다. 그래서 사랑방의 검소한 분위기와는 달리, 안방은 여성 취향이 반영된 아담하고 따뜻하며 아름다운 가구가 배치되었다. 따라서 간결한 목가구 외에도 나전이나 화각 등 화려한 장식들을 이용한 화사한 가구들을 즐겨 사용하였다. 안방의 주된 가구는 장과 농으로, 이들을 사계절에 따른 많은 의복과 솜·천·버선 등을 보관하는데 사용하였으며, 다양한 형태로 발달하였다. 측벽 면에는 낮고 긴 문갑이 놓여 졌으며 물품의 보관을 위해 각종의 함·상자들을 사용하였다. 몸단장을 위한 좌경과 빗접은 안방의 필수품이었다.

조선의 목가구에는 또 다른 기호가 숨어있다. 그것이 바로 장석인데, 경첩이나 들쇠, 고리, 자물쇠 등을 일컫는 것으로 두석(豆錫)이라고도 한다. 장석들은 사람들의 만수무강과 복을 기원하는 상징적인 문화 코드였다. 예컨대 장수를 의미하는 수(壽)와 복(福)을 그림과 같이 형상화 하였다. 또한 가구에 쓰인 작은 대못 하나라도 감추고 싶은 마음에서 광두정(廣頭釘)을 아름답게 사용하였다. 즉 가구의 못이나 홈 집을 가리기 위한 장석을 말한다.

안방은 안채로서 안방가구가 차지한다. 안방은 기본적으로 여자들의 생활공간이며, 부엌과 연결되어 있어서 집안의 행사공간이나 자녀의 양육 공간으로 사용되었다. 여인들이 살림살이를 꾸려가는 주체이기 때문에 화려하고 꾸밈이 많은 가구를 놓게 마련이다. 여기에 주로 장(藏) 농(籠), 반닫이, 함, 경대, 반짇고리 등을 배치하였다. 또한 부엌 가구에는 찬장, 찬탁, 뒤주, 소반 등이 있다.

△이층장 (정순이 作)

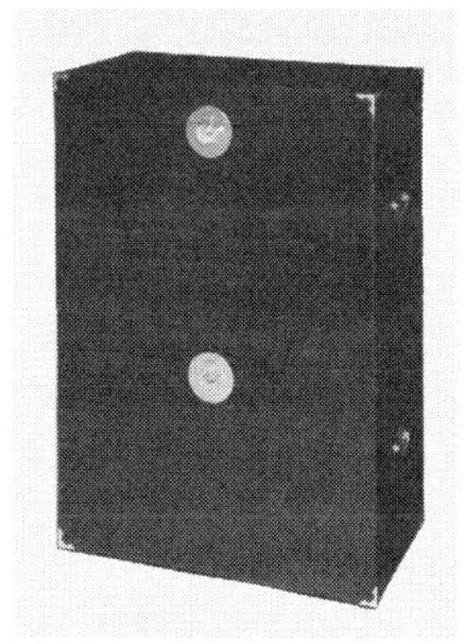

△ 함농 (봉공진 作)

안방가구의 으뜸은 역시 장롱이다. 장과 농은 안방의 주된 가구로, 옷가지를 보관하는 용도로 사용된 수납가구이다. 계절의 변화에 따른 의복과 솜, 천, 버선 등을 보관하던 것이다. 외양은 비슷하나 각 층이 분리되면 농(籠)이고, 분리되지 않고 측 널이 한 판으로 되어 있으면 장(欌)으로 분류된다. 장은 대개 몸통이 분리되지 않는 형태로 남녀의 구분 없이 용도에 따라 관복, 옷가지, 옷감 등을 보관하는 용도로 사용하였다. 장은 분리되지는 않으나 1,2,3층으로 구획되며 많은 힘을 유지하기 위해 굵은 기둥과 두꺼운 판재로 양 측 널을 구성하였다. 반면에 농은 각 층이 분리되어 쌓을 수 있도록 제작된 가구로, 여성이 옷가지를 보관하는 용도로 사용하였다. 농은 각 층이 분리되므로 기둥보다는 얇은 판재로 짜여 있고 이층 농이 대부분으로 운반과 관리에 편리하였다. 용도에 따라 자그마한 머릿장, 일반 의장 (衣欌), 버선장, 이불장 등과 옷을 구기지 않도록 횃대에 걸쳐 보관하는 의걸이장 등 다양한 쓰임새를 보인다.

반닫이(clothing chest)는 나무로 된 상자로서 '궤'의 한 종류이다. 장방형으로 짜서 물건을 넣어 두는 커다란 궤 중에 특히 앞면의 반쪽을 여닫는 가구가 곧 반닫이이다. 이 속에 옷·책·제기 등 다양한 물품들을 보관하며, 천판 위에는 항아리나 각종 소품·이불 등을 쌓아 두기도 하였다. 문이 앞으로 반만 열리는 구조로 되어있어서 중요한 물건을 보관하거나 살림을 정리하는 다양한 수납기능을 갖추었다. 이러한 기능 때문에 어느 집에서든 반드시 가지는 가구이기도 하다. 앞면 상반부를 상하로 개폐하는 문판을 가진 장방형의 단층 의류함이기 때문에 지방에 따라 의류뿐만 아니라 귀중한 두루마

△ 강화 반닫이 (유진경 作)

△ 반닫이 책장 (이만식 作)

리 문서, 서책, 유기, 제기 등 각종 기물을 보관하는 가구로 사용하였다. 반닫이는 앞의 위쪽 절반이 문짝으로 되어 아래로 젖혀 여닫치는 궤 모양의 가구로 남녀의 구분 없이 옷가지, 책, 제기 등을 넣어 보관하는 용도로도 사용되었다. 전라도 지역에서는 대청, 광에서 그릇이나

생활용품 등을 넣고 사용하였으며, 경상도 지역에서는 사랑방, 대청, 안방 등 공간에 관계없이 용도에 따라 다양하게 사용하였다.

우리나라 목가구에는 지역적인 문화가 짙게 배어있다. 전라도와 충청도 지역은 장석의 수가 적고 단순한 문양으로 간결하게 제작되었다. 반면에 남해안이나 경상도 지역은 장석의 수가 많고 문양이 화려하며 상대적으로 타 지역에 비해 높이가 낮게 제작되는 특징을 찾을 수 있다. 또한 강원도 지역은 목가구의 종류가 그리 많지 않아서 반닫이가 주로 사용되었다. 전체적인 형태나 경첩, 앞바탕 등 장석의 형태나 문양은 다양하지 않고 일률적인 편이다. 다른 지역에서는 의복을 장롱에 넣어 두는데 비해 이 지역은 반닫이가 그 기능을 대신하고 있다. 즉 오랜 역사를 통해 귀천을 불문하고 안방에서 광에 이르기까지 가장 요긴하게 사용된 다목적 가구이다.

목가구에는 나무의 재질·금속 장식·형태와 짜임 등에서 지역적인 특징이 강한데, 크게는 평안도·경기도·충청도·전라도·경상도 반닫이로 나뉘고, 강화·밀양·나주·고흥·박천 등 다양한 지방 양식을 보인다. 나뭇결이 좋은 넓고 두꺼운 판재에 무쇠로 된 큼직한 장식들이 어울려 단순 후박한 맛에서 나오는 건강미를 자랑한다. 궤는 반닫이와 비슷하나 일반적으로 윗 널의 2/3가량이 열리는 것을 말한다. 흔히 돈궤라 부르나 돈 이외에도 곡식이나 제기·책·기타 기물을 넣는 다목적으로도 사용되었다.

이 반닫이는 내부는 주 보관 칸 외에 3개의 작은 서랍을 상단에 두었다. 또 자물쇠 앞바탕이나 경첩 기타 모서리의 거멀잡이 그리고 손잡이 등을 무쇠로 만들었다. 앞판 가장자리에 둥근 머리 쇠못과 2~3개의 꽃모양으로 처리한 쇠못 등이 간단한 장식적 효과를 내고 있다. 앞

바탕이나 경첩의 공간 배치 등을 보면 어느 지방의 반닫이인지 분간할 수 있다. 반닫이는 상단 중앙부에 뻗침쇠가 'ㄱ'자 모양으로 내려와서 제비추리 모양과 비슷한 자물쇠 앞바탕에 걸리게 되어 있으며 물고기 모양의 자물쇠가 채워져 있다. 구조는 두꺼운 통판의 천판과 측널을 잇고 있으며 천판과 뒷널, 천판과 옆널의 짜임은 맞짜임 형식이고, 옆널과 앞널, 옆널과 뒷널의 짜임새는 사개물림 즉, 네 갈래로 오려내고 맞추는 기법으로 우리나라 특유의 결구법을 쓰고 있다. 반닫이는 지방에 따라 특성을 살린 여러 형태가 있는데 특히 강화 반닫이는 세공이 뛰어나고 무쇠와 놋쇠를 재료로 한 금구장식이 뛰어나 가장 상품으로 꼽힌다. 반닫이 앞쪽에는 각종 장석이 사용되는데, 복을 형상화하거나 태극무늬를 넣어서 장수와 화합의 문화를 나타내었다. 또한 만자(卍) 무늬를 넣어 문화적 코드를 집어넣었다. 卍자는 그리스도교의 십자가와 마찬가지로 예로부터 세계 각지에서 사용되었다. 한국에서는 일반적으로 불교나 절을 나타내는 기호 또는 표지로 쓰이고 있다. 불교에서는 '卍'을 길상(吉祥)의 표상으로 여긴다. 모양은 중심에서 오른쪽으로 도는 우만자(卐)와, 왼쪽으로 도는 좌만자(卍)로 크게 나누어진다. 인도의 옛 조각에는 卍자가 많으나, 중국·한국·일본에서는 굳이 구별하지는 않는다. 또 좌우 만자의 각 끝부분이 다시 꺾인 모양도 있다. 이러한 만자는 아시리아·그리스·로마·인도·중국 등 고대문명이 찬란하였던 곳에서 흔히 발견된다. 좌만자는 화합과 평화를 상징하고, 우만자는 힘과 우월성을 상징하여 독일 나치즘(Nazism)의 상징으로 널리 사용된 바 있다.

작은 소품들에는 여인네들이 늘상 사용했던 좌경과 장식품들을 넣어서 보관한 보석함 등이 있다. 소품을 만들 때에도 나무의 목리를 살

리면서 미적인 아름다움과 용도에 맞는 기
능성을 최대한 살리도록 하였다.

△ 보석함 (이춘식 作)

　고비(考備)는 두루마리 종이나 편지를 보
관하는 도구이다. 조선 후기 선비들의 공간
인 사랑방은 벗과 함께 학문과 예술을 논하
고 진경산수를 시로 읊고 후학을 양성하는 공간이며 이 공간에 고비가
걸려 있어 편안함과 여유로움을 주는 가구이기도 하다.

2.3 음식 문화가 담겨있는 부엌가구

　여인들이 사용하는 전형적인
부엌가구에는 찬탁(饌卓)이 있다.
부엌에서 사용된 가구 중에 찬탁
은 식기류를 얹어 놓는 것으로,
유기(鍮器)나 자기(磁器) 등의 무
거운 그릇들을 감당할 수 있게

△ 부엌의 전경 (국립중앙박물관)

굵은 기둥과 무거운 판재로 튼튼하게 만들어졌다. 찬장은 그릇을 넣거
나 음식을 담아 보관하는 가구로, 그릇의 무게와 음식 냄새로 인한 쥐
나 해충의 피해를 고려하여 튼튼하고 안전하게 만들어졌다. 뒤주는 쌀
등의 곡물을 보관하는 것으로 대형에서 팥, 깨를 넣는 소형에 이르기
까지 각종 형태가 있다. 찬탁은 부엌에서 사용하는 주방용 가구이기
때문에 치장의 아름다움보다는 튼튼하고 실용적으로 만들어졌으며 비
교적 간결한 구조를 가지고 있다. 찬탁은 찬장과 기능은 같으나 완전

폐쇄형이 아니라는 점에서 구별되며, 사방이 완전히 개방된 2, 3단 층널로만 구성된 찬탁이 있고, 층널의 하단 또는 중간에 수납장을 만들어 미닫이문을 달아 수장을 겸할 수 있도록 만든 찬탁도 있다. 찬탁의 재료는 소나무, 느티나무, 참죽나무가 일반적으로 쓰인다. 찬탁의 구조는 간결한 기둥에 층널이 두꺼운 통판으로 구성되어 힘받이로 고정되어 있거

△ 찬탁 (윤경옥 作)

나 굵은 쇠목에 얇은 널빤지가 끼워져 있는 두 종류가 있다. 얇은 널빤지의 긴 가로결이 힘을 크게 받지 못할 경우는 짧은 세로결의 널빤지를 여러 쪽 쇠목에 끼우기도 하였다. 기둥과 쇠목의 연결부분에는 연귀촉 짜임이 많고 때로는 십자형 턱짜임과 군데군데 나무못을 박아 튼튼하게 만들었다. 서가나 책탁자와 같은 형태를 가진 찬탁은 현대인들의 서재에 사용해도 전혀 손색이 없을 것이다.

△ 소반 (박옥병 作)

소반은 지역의 특성이 많이 반영되는 가구 중의 하나이다. 다리 모양만 보아도 그 특징이 드러난다. 개다리 모양을 닮으면 구족반, 호랑이 다리 모양을 하면 호족반 등으로 불리운다. 음식을 담은 그릇을 안치하여 나르는 데 사용된 소반은 이동하기 편하게 가벼운 재질로 작게 만들어졌다. 사용된 나무는 얇아도 잘 터지지 않는 피나무·호두나무·가래나무·은행나무 등이며, 특히 은행나무는 좀이나 벌레가 쏠지 않고

탄력이 있으며 흠이 잘 생기지 않아 애용되었다. 전체적인 모양에 따라 사각반, 호족반(虎足盤), 구족반(狗足盤), 공고상, 원반, 일주반, 화형반 등 다양하게 있다. 특히 사각반은 지방에 따라 천판·운각·다리의 형태와 제작 방법 등이 다른데, 해주·나주·통영·강원·충주반 등이 대표적인 종류들이다.

3. 문화적 특성에 따른 한·중·일 전통 목가구

　일상생활에서 사용하는 목가구는 그 나라의 문화와 생활양식을 독특하게 반영되어 만들어진다. 목가구에 내재되어 있는 문화적 특성과 배경을 찾아서 음미해 보는 것도 지적 탐구의 재미를 느낄 수 있다. 전통 목가구는 그 당시 생활에 밀착된 가구로서 주거생활을 반영하는 총체적 조형세계라고 할 수 있다. 한·중·일 세 나라의 공통점은 유교와 한자 문화이며, 가족 중심적 사상이 짙게 깔려 있는 점이다. 이들 세 나라의 차이점이라면 우리나라는 실학과 성리학을 근간으로 하였고, 중국은 강력한 민간사상에 바탕을 두고, 일본은 선민사상을 가졌다는 것이다. 이제 세 나라의 목가구에 나타난 문화적 특성의 세계로 들어가 보자.

3.1 우리나라의 목가구 문화

일본과 중국의 목가구에는 정교한 조각이나 금은 가루 또는 나전상 감기법 등을 사용하여 화려하기 그지없는 특성이 있다. 그러나 조선의 목가구는 나무 자체가 가진 목리와 성질을 최대한 살리면서 우리 고유의 전통을 만들어 왔다. 그래서 소목장들은 나무 자체가 가지는 결을 최대한 살리면서 생활에서 우러나오는 문화적인 요소를 표현하는 작업이 매우 중요한 소임이었다. 목가구에는 그 나라의 문화적 특성이 깊게 배어 있는데, 그 문화는 목가구의 형태나 아름다움으로 표현되기도 하고, 목가구를 만드는 도구에 따라서 나타나기도 한다. 예컨대 목가구를 만들 때 많이 사용하는 대패의 경우가 그러하다. 전통적으로 우리나라 대패는 '미는 것'이었고, 일본은 '당기는 것'이었다. 일본 대패가 당겨야 깎이기 때문에 앉아서 작업을 할 수 없어서 서서 순간의 힘으로 나무를 다듬었다. 이에 반해 우리나라 대패는 미는 대패니까 앉아서 해도 되어서 멍석을 깔고 앉아 노랫가락을 흥얼거리며 여유 있게 작업을 하였다. 이렇게 만들어진 전통 목가구는 흥을 아는 장인들의 정성으로 만들어진 문화적 산물인 것이다. 그런데 오늘날 우리가 사용하는 대부분의 대패는 일본의 영향으로 당기는 것을 사용하고 있어서 안타까움을 더하고 있다.

우리나라의 목가구는 비례와 균형이 잘 맞고, 장석 또한 적절하게 부착되어 있어서 매우 아담하고 아름다운 느낌을 준다. 온돌 문화의 영향을 받은 목가구는 평좌식 생활 가구 형태로 발전하였다. 주거 양식적 특성으로 공간 배치에서는 자연적 비대칭 형태로 나타났다. 공간 구성에서는 자연적 생활공간을 추구하였기 때문에 실내 장식에서 여백의 미를 강조한 자연미의 공간으로 표출하였다. 주택의 공간구성은 가족 외의 손님을 맞이하는 접객 공간, 가족의 일상생활이 이루어지는 생활공간, 접객 공간과 생활공간을 지원하는 서비스 공간으로 나뉜다. 우리나라의 접객공간은 사랑방이고, 생활공간은 안방, 그리고 서비스 공간은 부엌과 대청이었다. 따라서 각 각의 공간 특성에 맞게 가구가 발달되었다. 우리나라의 평좌식 생활양식에 따라 평좌식 가구가 발달되었으며, 그 형태로는 수납장 유형의 가구가 발달된 것이 특징이다 (김국선, 2003). 특히 우리나라의 기구는 선과 면의 분할과 비례미 중시하였다.

좌식문화의 영향으로 전통 목가구의 다리 형태는 대부분 발 형태를 띠고 있다. 소반, 서안, 경상을 제외하고는 다리의 형태라기보다는 짧은 다리 또는 발의 형태를 한 받침대로 나타난다. 주로 옷이나 침구를 보관하는 장, 농 등의 하단부를 통괄적으로 마대(馬臺)라고 부르는 이유도 여기에 있다. 따라서 대부분의 우리나라 목가구의 하단 부분은 말의 다리 및 발의 모양을 띤 마대, 마족 형태를 보이고 있다(국립민속박물관, 2004).

다른 나라에 비하여 우리나라의 의자는 생활용이라기보다는 교의로서 높고 제례용으로 사용되었다. 평상은 중국의 것과 비슷하나 평좌생활을 반영하여 바닥에서 좌판까지의 높이가 낮은 것이 특징이다. 목가구의 선과 면구성의 분할 비례미에 있어서는 가구의 전면 조형에 적극 반영되었다. 또한 우리나라의 바닥재인 장판은 온돌의 구조에 따른 열과 습도 등의 대류현상 특성으로 바닥에 고정되어 사용되었기 때문에 목가구 대부분이 풍혈(風穴)구조를 사용하였다. 굵은 기둥과 기둥 사이를 가로지르는 풍혈장식은 많은 공간의 허전함을 메우는 독특한 양식을 가지고 있다. 많은 목가구에서 볼 수 있는 풍혈구조는 박쥐를 형상화하고 있다. 전통적으로 박쥐는 다산을 의미하여 풍요로움을 상징하기도 한다. 백성들의 다산에 대한 염원이 풍혈구조에 반영된 문화적 요소이다. 우리나라는 재료의 제한적인 특성 즉, 넓은 판재를 쉽게 구하지 못하여서 재료를 조합하거나 분할하여 사용하는 기법이 발달하였다.

우리나라는 선비사상이 근간을 이룸에 따라 기술을 천시하여 목가구에 대한 기술적 발달과 계승이 활발하게 이루어지지 못하였다. 그럼에도 불구하고 장인들의 정신이 목가구에 면면히 흐르고 있는 것은 특이할만 하다. 장인들은 가구라는 물건을 만드는 동시에 생각을 만드는 것이었다. 다음은 조선 목가구의 아름다움에 대해 KBS(2010.2.15)에서 방송한 내용을 발췌한 것이다.

조선의 선비정신과 그 이상향을 고스란히 품었던 조선의 목가구는 단순해서 더 깊이가 있고, 절제되었기에 더 아름다웠다. 그 정성과 아름다움 때문에 새롭게 읽혀지고 있다. 그러나 조선의 목가구는 여전히 세월 너머에 묻혀있다. 우리는 일제 강점기라는 뼈아픈 역사를 가지고 있다. 이 시기에 일본은 조선의 소목장들을 일본으로 데리고 가 훈련을 시킨 후 일본식 목가구를 만들어 한국의 목가구로 포장하여 세계에 소개하는 해프닝을 벌였다. 주문은 일본인이었고, 제작은 조선의 소목장인 셈이었다. 가구는 생활양식의 영향을 그대로 받기 때문에 20세기 근대 가구에서는 조선의 목가구에 다리가 붙고 말았다. 근대화 이후에 우리는 조선의 목가구에 예술성과 역사상을 읽지 못하였다. 그러나 외국인들은 목가구의 저변에 흐르는 가치를 읽고 소장하는 사람들이 많이 늘어났음은 아이러니다. 조선의 목가구는 질곡의 역사를 걸어

온 셈이다. 이것이 조선 목가구의 운명이었다. 일본인들만 해도 조선의 목가구를 천천히 실눈을 뜨고 들여다보니 그 아름다움과 예술성에 감동하고 있다. 생활 속에서 일본인들은 조선의 목가구를 즐기고 있다. 있는 듯, 없는 듯 마치 공기와 같은 존재, 그것이 조선의 목가구인지도 모른다. 일본 교토의 고려미술관에는 조선 목가구의 원형을 가장 많이 보유하고 있다. 300여점에 이르는 목가구들. 여기에 있는 가구들은 재일교포 고 정조문 선생이 일본에서 평생에 거쳐 수집한 것이다. 그에게 목가구는 조선 그 자체였다는 것이다. 경북 예천에서 태어나 6살에 일본으로 건너간 정조문 선생은 조국에 대한 그리움을 목가를 통하여 표현한 것이다. 일본인들이 느끼는 조선의 목가구는 어떤 존재일까? 조선 목가구의 수집상인 가와구치 지로씨는 말한다. 조선의 목가구는 한마디로 '위안'이라는 것이다. 마음이 편해지는 가구라는 의미에서 조선의 목가구는 아마도 몇 년이라는 짧은 쓰임이 아니기에 앞으로도 오랫동안 사랑받을 것으로 내다보았다.

재료의 도장 마감에 있어서 우리나라는 대부분 투명도장으로 자연의 목리 무늬를 그대로 드러내는 형태이다. 특히 주거양식에 따라 가구가 많은 영향을 받는데, 우리나라의 좌식가구는 외부로부터 분할된 통구조로 사용되었다. 공간을 사용하는 거주자의 성격에 따라 각 공간마다 고정형 가구를 배치하여 사용하였다. 가구의 장식성에 있어서는 성리학과 실학의 영향으로 선비사상이 반영되어 사랑방 가구는 검소하고 소박미를 크게 드러냈다. 장식에 있어서도 그 문양이 자연물을 대상으로 하되 자연을 그대로 받아들이는 마감을 보였다.

3.2 중국의 목가구 문화

중국의 목가는 가구의 크기에서 확연히 차이가 난다. 입식이 발달하였기에 크고 화려하게 대칭으로 배치하는 것이 특징이다. 중국 역시 사상과 종교적으로는 유교와 한자, 가족중심주의적 사상을 공통적으로 갖고 있다. 주거양식에 있어서는 엄격한 대칭을 강조하였다. 공간 구성의 특성으로는 인위적 과대 공간을 좋아했다. 실내 장식의 특성으로 중국의 가구는 장식성을 추구하는 공간의 복합성을 나타낸다. 중국의 주거공간은 접객공간이 청방이고, 생활공간은 정방, 그리고 서비스 공간은 도좌방과 후조방이었다. 따라서 생활양식에 따라 입식 가구가

발달하여 의자, 탁자류 등의 가구가 널리 사용되었다. 수납장의 형태에 있어서도 넓은 판재의 면처리와 과시적 장식성을 중시한 것이 특징이다. 가구의 형태에서는 좌우 대칭 형태를 가지고 만들어졌다.

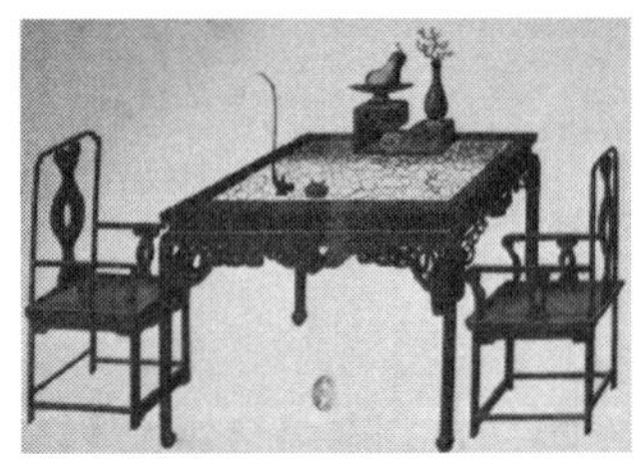

△ 중국의 탁자

중국의 침대 유형은 천개형으로 대가족 내의 공간 안에서 개인의 인성을 추구하는 성향이 높으며, 주거공간의 스케일이 다른 나라보다도 크게 나타난다. 공간의 입면성과 가구 전면의 특성으로 보아서도 중국은 가구 전체의 입면 처리에 큰 스케일을 반영한다. 생활양식의 특성에서도 바닥재인 석판이나 흙판의 특성으로 인해 마모되거나 부서지기 쉬워서 의자에서는 아(亞)자 구조의 탁니구조를 가지고 있다.

중국 전통 목가구에 나타난 말굽은 다리부분에서부터 다리 끝부분에 이르기까지 연장된 미묘한 변화를 이루고 있는 선이다. 자연스럽게

떨어지는 선으로 매끄럽고 힘이 있어 웅건하고 명쾌한 추세를 이루고 있다. 예컨대 청나라 시대에 자단목으로 만들어진 얼레무늬의 네모난 걸상은 다리가 네모난 내번마제로 회(回)자 모양의 무늬를 장식적으로 조각한 말발굽 형태이다. 자단과 함께 황화리, 화리, 철목력 등이 이 시대에 많이 사용된 귀한 경목의 가구 목재들이다(문선옥, 2010).

목가구에 사용된 재료적인 특성으로 단순한 조합과 마감 등의 가공성이 매우 강하게 나타나고, 구조적으로는 고착성과 이동성을 고루 갖는 입식형 가구가 대부분이다. 형태적으로는 장식성이 많은 대칭성의 가구가 대부분이다(김국선, 2003). 중국은 목가구에 사용되는 재료가 풍부하였다. 외국과의 교류가 잦은 탓에 수입에 의한 넓은 판재의 공급이 용이하였으며, 가구의 제작을 위한 주 구조재의 경우 조합이나 분할에 의한 사용이 없었다. 재료의 가공성은 정교한 가공기술로 가구의 다양성을 더하였고, 실리주의에 입각한 기능성이 강조되었다. 또한 재료의 도장에서는 다양한 색채의 칠도장 마감을 선호하였다. 목가구의 구조적 특성으로는 주거양식과 생활유형에 따라 북부지방의 항(几)구조에서 사용하는 테이블 등의 가구에 일부 좌식가구의 공통점을 보이고 있다. 공간사용에 있어서는 입식 생활양식에 따라 이동성을 나타내고, 가구의 전면에서 표현되는 대칭성과 더불어 배치에서도 한쌍 일조의 구도로 강한 축 구성을 보인다. 목가구의 장식성에서는 중화사상이나 자국의 독자적 민간신앙에 따라 과시적이고 과대장식을 통한 웅장함과 위엄을 보이고자 하였다. 장식에 사용되는 문양의 표현 방식에 있어서도 과대 과시적 장식 성향을 보여 섬세하고 정교하게 나타내었다.

3.3 일본의 목가구 문화

△ 일본의 가구

일본의 목가구는 얼핏 우리나라의 목가구와 비슷해 보이지만 큰 차이가 있다. 서랍이 많고 수치의 규격이 엄격하다. 특히 목가구를 압도하는 무거운 장식이 특징이다. 사상 종교적으로는 유교와 한자문화, 가족 중심주의적 사상은 동양 세 나라가 공통으로 가지고 있는 특성이다. 그러나 주거 양식적 특성에서 공간배치는 의도된 비대칭을 선호하였고, 공간 구성을 인위적 축소 공간으로 사용하였다. 실내 장식의 특성은 공간의 구조체 처리로 단순미의 공간 가변성을 갖게 하였다(김국선, 2003).

일본의 접객공간은 메세노마와 나까노마이고, 생활공간은 오쿠노마이며, 서비스 공간은 다이도코로와 니와로이다. 생활 양식에 있어서도 일본 역시 우리나라와 마찬가지로 평좌식 생활가구를 만들어 사용했으며, 수납형 가구가 발달하였다. 가구의 입면은 기하학적 패턴 구성의 조형성을 보이고 의도적인 비대칭을 선호하였다. 장의 유형에서는 공간의 구조적 역할을 하는 계단형 장과 부엌장의 스케일이 크게 나타난다. 특히 목가구에 쇼지의 기하학적 패턴 구성이 가구의 전면에 적극 반영되었다. 일본은 다다미라는 독자적 바닥재의 탄력성에 대응하는 안정적 배치를 위하여 전통 가구에 다리가 없는 특성이 있다. 일본의 전통가구는 단순한 재료의 사용과 칠의 가공성이 반영되어 구조적으로는 이동성이 많은 좌식형 가구가 대부분으로 형태적으로는 비대칭적 성향이 매우 강하며, 기교를 부리지 않는 특성이 있다. 재료를 사용하는 것도 일본은 매우 경제적이고 실리적인 기능성을 보여주고 있다. 목가구의 도장에서 일본만의 독특한 '마끼에' 기법으로 마감하고 있다. 구조적인 특성으로는 전통 가구에 바퀴가 부착되어 이동성을 강조하였다. 공간 배치에서 의도된 비대칭적 공간배치 특성을 보였듯이 가구에서도 의도적인 비대칭 구조를 갖는 조형미를 나타낸다. 목가구의 장식성에 있어서 일본은 선종사상의 실리주의에 따라서 기능성과 규격성이 강조되어 조금은 투박하지만 기하학적 면구성에 의한 조형미를 드러내고 있다. 장식 문양의 표현에서는 기하학적 패턴 구성에서 보이는 것과는 달리 매우 사실적인 회화적 표현을 하고 있다.

4. 전통 목가구 속의 문화 읽기

전통 목가구는 용도나 사용 되는 장소에 따라 형태와 기능 면에서 많은 차이를 보인다. 목가구의 배치에 있어서도 각 목가구 간의 균형과 조화를 중요하게 여겼다. 온돌구조에 의한 평좌식(平坐式) 생활양식으로 인해 전통 목가구는 앉아서 볼 때 부담이 되지 않고, 사용에도 불편하지 않은 아담한 크기로 제작되었다. 목재의 연결도 과학적이며 정교한 결구법(結構法)으로 보기에 좋으면서도 견고하게 마무리하였으며, 특히 보이지 않는 부분에도 결코 소홀함이 없었다. 또한 목가구의 간결한 선과 명확한 면의 비례는 오늘날에도 과장이 없는 쾌적한 비례로서 높이 평가받고 있다(변성아, 2000).

4.1 목가구와 실내 공간 문화

우리나라의 가옥 구조에서 보듯이 좁은 실내 공간을 한껏 활용하는 목가구를 만들었다. 대체적으로 목가구들이 좁은 실내 공간의 벽에 붙도록 배치하고 위압적이지 않도록 눈높이에 맞는 형태이었

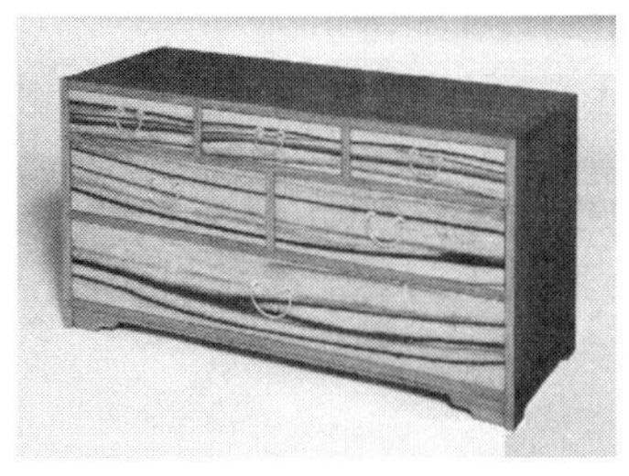

△ 문갑 (소목장 박명배 作)

다. 따라서 가구는 선과 면구성의 비례미를 자랑하며 가구의 전면 조형에 미를 추구하는 형식으로 발달하였다.

우리 전통 가옥은 주변의 자연과 어우러짐을 으뜸으로 쳤다. 그 속에 있는 가구들에도 역시 자연의 향기가 스며있어 자연과 집과 사람과 가구가 잘 어우러져 있었다. 조선시대 목가구는 자연과 같은 편안함과 아름다움을 우리 마음에 깃들게 했다고 할 수 있다. 우리 목가구에서 가장 눈에 띄는 것이 나뭇결(木理)의 아름다움이다. 사계절이 뚜렷한 우리나라에서는 나뭇결이 선명하고 아름다우며 나무마다 차이를 보이는데, 그 나무를 어떻게 켜느냐, 또 켠 나무의 표면을 어떤 대패로 어떤 기술로 미느냐에 따라 그 모습이 천차만별이었다. 또한, 완성된 목가구 표면을 다양한 방법으로 가공하여 촉감과 나뭇결을 더 두드러지게도 했다. 게다가 우리 할머니, 어머니들은 목가구를 들여놓은 후 매

일 기름걸레로 닦고 문질러 나무속에 스며있는 자연의 맛을 음미하였다. 우리나라에는 기후 상 두껍고 넓은 판재가 흔하지 않아 대개 얇고 작은 판재들로 가구를 만들게 되는데, 이 과정에서 단순 간결하면서도 재미있는 면 분할을 보여 준다. 여기서도 아름다운 나뭇결과 면구성의 조화가 큰 역할을 하는데 오랜 경험과 재주 있는 소목장이 짠 장롱이나 문갑을 보면 큰 면을 분할해서 거기 댄 각 소면(小面) 나뭇결의 어우러짐이 참으로 볼 만하다. 이러한 다양한 면분할은 목재의 제한에 기인할 뿐 아니라, 가벼우면서도 큰 온·습도 차에서 뒤틀리지 않는 견고한 가구를 제작하기 위한 것으로, 실용과 기능에 충실하면서도 미적인 장식 효과를 거두고 있다. 그리고 대소의 각 면 사이에는 좁고 가는 골재와 버팀목인 동자와 쇠목 등이 돋을무늬처럼 튀어나옴으로써 질서 있고 뚜렷한 경계를 이루고 있음을 볼 수 있다. 여기에 덧붙여 동자와 쇠목의 양끝이 기둥과 쇠목에 머리를 박아 연귀촉과 연귀턱 짜임으로 서로 만나게 되어, 외형의 선의 흔적은 제비초리 모양의 V자형이 되거나 〉∧∨〈 모양과 같은 선을 남겨 전체적인 구성에 또 다른 변화를 주고 있다.

우리나라 목가구에 사용되는 가구는 독특한 선과 면의 분할을 중시하였다. 기후에 따라 여름에는 습기가 많고, 겨울에는 건조하여 수축과 팽창이 심하여 넓고 얇은 판재는 휘거나 터질 위험을 내포하고 있었다. 이러한 결함을 보완하기 위하여 구조적인 짜임새와 이음새가 필요하였다. 즉 전면에 쇠목과 동자 등의 골재로 면분할(쥐벽칸, 복판 등)을 하였고, 골재의 홈에 끼워 넣는 기법 사용을 사용한 것이 그 특징이다. 조선시대 면분할은 한국적 독특한 비례감각으로 발달하였으며, 어떠한 공간이나 주거양식에 잘 어울리는 특징을 가지고 있음에 주목해야 한다.

4.2 목가구와 온돌 문화

우리나라의 가옥 구조는 천장이 낮고 방이 좁은 것이 특징이다. 특히 온돌 문화가 생활에 자리 잡음에 따라 여기에 맞는 목가구가 등장하였다. 온돌에 데워진 방바닥에 목가구를 밀착시키면 쉽게 변형되기 때문에 독특한 풍혈구조를 가구에 배치하였다.

온돌은 방고래를 만들고 그 위에 구들장을 놓기 위한 흙 또는 돌로 쌓아올려 두덩을 만든다. 그 위에 두께 5~8 cm의 판판한 화강암을 돌로 받쳐가며 일정한 높이로 놓고 그 위에 진흙을 바르고 아궁이에 불을 때서 그때까지 만든 부분을 건조시킨다. 그 후 새벽을 바른 다음 초배를 하고 다시 건조시킨 후 장판지를 바른 것이다. 아궁이에서 굴뚝에 이르는 방고래 형식에는 1로식·2로식·다주식 등이 있으며, 연기가 방고래 전체에 골고루 지나가도록 하고, 바닥은 아궁이에서 굴뚝으로 갈수록 약간 높게 만든다. 따라서 구들장 위에 바르는 진흙의 두께는 아궁이쪽이 두텁고 굴뚝 쪽은 얇게 되어 방바닥 전체가 골고루 따뜻하게 된다. 그러나 방고래의 길이가 너무 길면 불이 잘 들지 않고 연소하기 힘들다. 오늘날은 개량식 온돌로서 보일러를 설치하고 방바닥에 파이프를 매설하여 난방하거나, 연탄 보일러로 온수를 순환시켜 난방하는 방식이 많이 보급되고 있다. 온돌은 우리나라의 독특한 난방법으로 열의 효율이 좋고 연료나 시설이 경제적이며, 고장이 별로 없을 뿐 아니라 구조체에 빈번한 손질이 필요하지 않다는 등의 장점이 있다. 그러나 열전도에 의한 난방이므로 방 바닥면과 윗면의 온도차가 심하여 누워 있는 사람의 위생에 좋지 않으며, 온도를 유지하기 위해 방을 밀폐하므로 환기가 잘 되지 않고, 습기가 없어져 건조되기 쉬우며, 가열시간이 길고 온도조절이 어렵다는 등 단점도 있다. 이러한 구조적인 특성을 감안하여 낮은 가구들을 벽에 붙여 사용하였으며, 열과 습도의 대류현상을 반영한 가구다리 구조인 풍혈(風穴)이 사용되었다.

한편 목가구에서 보이는 각 부위간 적절한 비례와 균형과 조화 또한 눈여겨봐야 할 점이다. 정면에서 본 가구의 높이와 폭의 비례, 그리고 조금 빗겨서 봤을 때의 가구의 높이와 정면폭과 측면 폭의 비례, 사방탁자나 장롱 등 키 높은 가구에서의 층수와 각 층간의 비례가 어떤 지 전체적인 균형과 조화를 봐야 한다. 우리 목가구는 이 비례와 균형이 방의 크기와 사람의 크기에 아주 적절하게 만들어져 있으며, 너무 키가 크고 폭이 좁은 것도 없고 너무 폭이 크고 키가 작은 것도 없어, 모두가 우리 눈과 마음에 적절한 비례와 균형을 보이고 있다. 이러한 전통 목가구는 대량생산과 기성품이 아닌 소량의 주문형 맞춤가구로서 제작되어 장인의 솜씨와 함께 그 사용자의 독특한 취향이 다양하게 반영되었다. 안목이 높은 소목장과 사용자가 있을수록 목가구의 품격과 아름다움이 드높아지게 되었다. 우리 목가구는 문화 및 자연환경에 따라, 그리고 사용자 상황 및 안목에 따라 크기나 모양은 달라졌지만, 소목장들을 집과 방과 사람과 가구의 어우러짐을 추구하였다.

4.3 목가구와 평좌식 문화

우리나라는 독특한 평좌식 문화로 안방에서 주저앉아 생활하였다. 그래서 안방의 모든 가구는 앉은 눈높이에 맞추어 그 크기와 높이와 비례가 짜여져 있다. 안방은 바닥에 앉은 사람의 눈높이가 거실에 앉아 있는 사람들보다 낮기 때문에 여기에 맞추어서 가구를 배치해야 했다. 목가구가 구조적으로 고착성을 강조한 좌식형이며, 정면이 시야에 들어오는 상자형태의 가구로 발달하였다. 조선시대의 가구는 대부분 창호를 통하여 앉아서 밖을 내다볼 때 전망을 고려했기 때문에 단층장, 반닫이, 문갑 같은 평좌식 가구 등이 보편화 되었다. 전통 한옥의 주거생활에 적합한 평좌식 가구에는 방의 종류에 따른 안방가구(장농, 의거리장, 3층장, 단층장, 경대, 혼수함, 반닫이 등), 사랑방 가구(사방탁자, 문갑, 서안, 책장, 연상, 고비 등), 주방가구(찬장, 뒤주, 소반, 함지박, 목판 등) 등으로 발달하였다. 기후의 차이로 인해 우리나라 기후 풍토에 순응해서 자연환경에 맞게 발달하였으며, 소박하고 단순하면서도 사용하기에 편리하도록 제작되었다. 또 나무의 성질과 결에 따라 자연적인 목리(木理)를 살리는 것이 특색이다. 그래서 채칠이 필요한 목재와 필요치 않는 목재가 구별되며, 주변에서 쉽게 얻을 수 있는 괴목의 용목 문양을 즐겨 사용한 것이 우리 목공예의 특색이다.

4.4 자연미의 중시 문화

우리나라 목가구에는 대대로 내려오는 생활양식이 그대로 투영되어 있다. 목가구의 장식에 사용되는 문양은 대부분 자연물과 수복강령을 기원하는 염원을 담았다. 목가구의 마감에서는 자연을 그대로 받아들이는 마감으로 자연미를 극대화하여 표현되었다. 소반에 있어서는 다리모양을 형상화하였으며, 개다리 모양은 구족반, 호랑이 다리 모양은 호족반의 형태로 만들었다. 각종 장석에서는 박쥐 문양을 사용한 예가 그것이다.

장석의 역사는 아주 고대까지 거슬러 올라가지만 정확히 언제부터 제작되어 사용되었는지는 알 수 없다. 하지만 고대 삼국의 예술 문화 수준과 발굴된 유물·유적을 통해 일찍부터 사용되었다는 것을 쉽게 짐작할 수 있

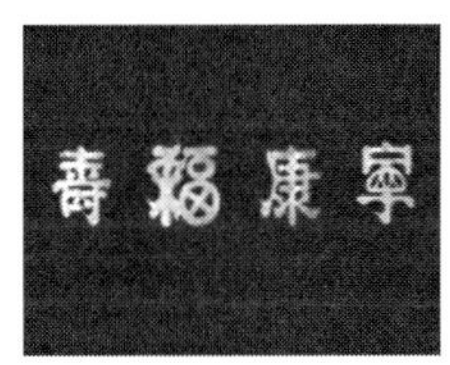

△ 장석의 문양

다. 그러나 이처럼 고대 때부터의 장구한 장석 사용기간에도 불구하고 조선시대 이전까지는 지배층의 생활품을 중심으로 장석이 제작·사용되었기 때문에 일반 서민들에게까지 보편적으로 보급되지는 않았다. 서민들에게까지 장석이 보급된 시기는 서민들이 목가구를 본격적으로 사용한 시기와 일치한다. 장석은 바로 옛 목가구에 사용된 모든 금속 장식을 일컫는 말이기 때문이다. 그 시기를 대략 17~18세기로 볼 수 있다. 이 시기의 시대적 상황(정치·경제·사상·신분적인 면)을 살펴보면, 우선 1592년 임진왜란의 영향으로 붕괴된 통치체제 즉, 중앙 집권 지배 체제가 완전히 복구되지 않았고, 새로운 학문인 실학의 보급으로 기존의 사상인 성리학과 대립하기 시작하였다. 중앙에서는 붕당정치

의 폐해로 몰락한 양반(잔반)들의 수가 계속 증가하는 추세에다가, 서민들 중에서는 광작·도고를 통하여 경제적 부를 축적한 이들이 많이 나타나게 된다. 또한 납속, 공명첩과 같은 제도의 폐단으로 신분 계층이 문란해지는 것이 이때의 시대적 상황이다. 이러한 상황에서 새로이 목가구와 장석을 만들어서 사용한 서민들이 생겼으며, 경제력이 모자라는 서민들은 몰락한 양반들이 사용하던 가구를 구입하게 되고, 이러한 과정을 거치면서 서민들의 정서와 생활상 및 서민들의 염원이 담긴 장석이 급속도로 발전하게 되었다. 여기에서 하나 알 수 있는 것은 조선 초기·중기까지만 하더라도 일반 서민들이 목가구를 본격적으로 사용하지 못했다는 것이다. 금속장석이 많이 부착된 목가구는 지배층인 양반과 중간계층이라 할 수 있는 중인들이 주로 사용하였다. 일반 서민들은 이때까지 짚이나 대나무로 만든 제품을 사용하였고, 목가구를 사용하였더라도 장석이 많이 붙어있는 목가구는 사용하지 못하였다. 목가구는 산에서 나무를 구해 만들 수 있지만, 목가구에 붙는 장석을 제작하기에는 경제력이 못 미치기 때문이었다. 보통 일반 TV 사극에서도 보면 조선 초기, 중기시대 일반 민가에 금속장석이 많이 붙어 있는 목가구가 보이지 않는 것도 다 이러한 이유 때문이다.

장석의 재료로는 거멍쇠·청동·황동·백동 등이 있다. 이 중 장석의 재료로 가장 먼저 사용된 것은 거멍쇠이다. 색깔이 검기 때문에 붙은 순우리말로 일반적인 말로 하면은 흔히 무쇠라고 말하는 것이며, 이 거멍쇠는 고대부터 지금까지 전 시기에 걸쳐서 사용되고 있다. 다음으로 청동이 사용되었는데, 청동으로 제작된 장석은 거의 고려시대(중세)에만 나타나고 있다. 때문에 청동제품은 제작연대가 상당히 오래된 것이라 할 수 있다. 청동 다음으로는 황동이 사용되었으며, 백동이 가장 나중에 사용되었다. 백동이 본격적으로 장석 제작에 많이 사용된 시기는 1900년대 초로, 거의 일제 지배하에 있던 시기와 일치한다. 그러므로 백동 장석으로 가장 오래된 것은 백년쯤으로 볼 수 있다. 백동이 가장 나중에 사용되었기 때문에, 요즘 주위에서 흔히 볼 수는 없지만 할아버지, 할머니들이 애지중지 갖고 있는 목가구는 거의 백동장석으로 만들어진 것이다.

또한 백동, 황동장석이라 하여 일률적으로 장석의 색깔이 하얗거나 노랗지는 않다. 장석을 만드는 장인이 구리에 니켈이나 아연의 금속을 어떤 비율로 섞어서 만드는가에 따라 백동, 황동 장석의 색깔이 제각각 조금씩 틀리게 된다. 때문에 각 장인들은 자신이 즐겨 쓰는 재료의 배합비율을 가지고 있으며, 쉽게 전수해주지 않았다. 그러므로 금속장석의 모양이나 문양은 쉽게 모방할 수는 있지만 금속의 색깔은 그렇지 못하기 때문에, 장인들은 금속장석이 붙은 가구가 어디에 있더라도 한눈에 자기가 만든 것이라는 것을 알 수 있다.

이러한 금속장석들은 오래 사용하면 사람의 손길에 따라 그 색이 바라거나 때가 타게 된다. 옛날에는 손때가 묻은 금속장석을 닦는 데에 담벼락이나 지붕에 있는 기와의 가루를 사용하였다. 아마 사오십 대의 분들은 유년기에 이러한 모습들을 한번쯤 보았을 것이다. 보통 새해 초에 많이 닦았는데, 백동·황동 장석은 일 년에 한번만 손질하여도 거의 영구적으로 사용할 수가 있다.

이러한 재료들로 만들어진 금속으로 가구장석을 만드는 데에는 여러 가지 방법이 있으나 그 중에서도 가장 기본이 되는 두 가지가 있다. 바로 투각과 판금이다. 투각은 주로 해안지방에서 많이 사용하는 방법이며, 판금은 금속의 위에 무늬를 새겨 넣는 것으로 주로 내륙지방에서 많이 사용하는 방법이다(진주시 향토민속관, 2000). 축복과 염원을 담은 장석의 문양에서 옛 사람의 심미안을 본다. 가구의 이음새를 보강하는 귀잡이와 통귀쌈, 나무가 뒤틀리지 않도록 잡아주는 감잡이, 문을 여닫게 하는 경첩과 들쇠, 흠을 메우는 광두정과 앞잡이 등 용도에 맞게 가구 곳곳에 장석이 사용되었다. 현대화의 바람을 타고, 전통 목가구는 불쏘시개 신세를 면치 못했지만, 장석만은 살아남아, 우리 조상의 심미안을 말해주고 있다. 늘 곁에 두고 매만지는 가구 위에, 세월 따라 윤기를 더해가는 장석의 섬세한 문양들, 부귀다남, 수복강녕, 무병장수의 마음을 담아 삶을 꽃밭처럼 가꾸고 싶어 했던 옛 사람들의 정서와 삶의 방식을 들여다 볼 수 있다.

4.5 전통 목가구의 구고현(句股弦) 비례

세상의 존재하는 자연과 물건들은 모두 일정한 비를 이루고 있다. 이러한 비례의 조화는 시각적으로 안정감을 주는 중요한 요소임과 동시에 아름다움을 느끼게 하는 기본적인 조건이 되며, 조화는 일정한 비가 있을 때 이루어진다. 그래서 물건을 만들 때 황금비율을 많이 적용한다. 황금비율(약 1: 1.618)은 기원전 4700여 년 전에 건설된 이집트 피라미드의 밑변과 높이의 비(1:1.616)에도 이미 황금비율이 적용된 점을 미루어 볼 때 그 기원은 이집트시대나 그 이전부터 시작되었다고 볼 수 있다. 이집트인들에 의한 황금비의 개념은 그 뒤 그리스 시대로 전해져 그리스의 수학자에 의해 황금분할이라 불려지기 시작하여 조각, 회화, 건축뿐만 아니라 각종 생활 용품에도 적용되었다. 고대 그리스인은 황금 비율이 1:1.618이란 것과 이것을 기하학적으로 작도하는 방법을 알고 있었다. 그 후 황금 비례법은 중세에 이르러서는 황금분할 비, 즉 가로와 세로의 비가 대략 0.618에 가까운 비율을 발견하게 되며 이를 신이 내린 조화와 균형의 비례라고 생각하여 신성비례라고 이름 붙였다.

동서양을 막론하고 고대로 올라갈수록 건축은 엄격한 비례체계로 만들어지며, 그러한 특성을 지닌 건축을 고전 건축이라 한다. 동양 건축에서 나타나는 가장 대표적인 비례가 바로 구고현법(句股弦法)의 비례를 들 수 있는데 구고현법은 서양의 피타고라스 정리에 비견되는 동양의 직각삼각형에 대한 설명이다. 우리나라에서는 신라시대에 '구고현(勾股弦)의 정리'라고 불리었는데, 첨성대의 구조에서 피타고라스의 정리가 사용된 것을 볼 수 있다('천장석의 대각선 길이 : 기단석의 대각선 길이 : 첨성대 높이'의 비는 3:4:5라 한다.).

구는 넓적다리, 고는 종아리를 의미한다. 사람은 누구나 종아리가 넓적다리보다 약간 길다. 따라서 무릎을 90도로 구부리면 넓적다리가 삼각형의 밑변이 되고 종아리가 높이가 되며 발뒤꿈치와 사타구니를 잇는 직선이 빗변이 되면서 직각삼각형을 이룬다. 그 비례를 인류는 조형물에 사용하였고 우리도 선사시대 이래로 이 이치를 구조에 활용하여 목가구의 비례로 1:1.666 또는 3:5를 사용함으로써 최적의 비례미를 나타냈던 것이다.

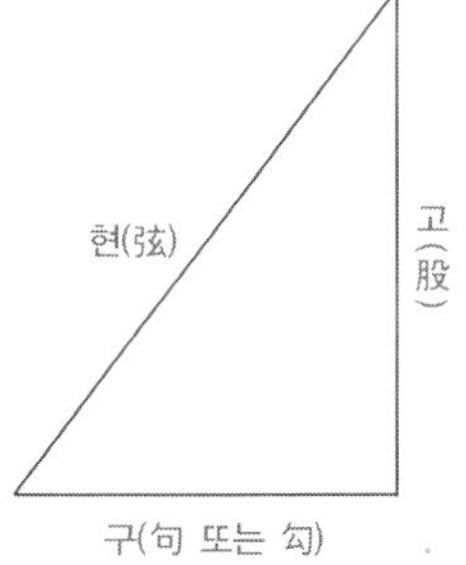

5. 전통 목가구와 현대와의 조화

우리나라 전통 목가구를 한마디로 표현한다면, 검이부치 화이부치(儉而不陋 華而不侈)라고 할 수 있다. 즉 검소하지만 누추하지 않고, 화려하지만 사치하지 않다(This is simple but not dirty, and splendid but not luxurious). 전통 목가구를 어느 공간이나 장소에 두더라도 결코 기죽지 않고 기품이 있다는 것을 한마디로 표현한 것이다. 옆에 놓여 있는 가구를 억누르거나 하지 않고, 본래 그 자리에 있었던 것처럼 존재감을 드러낸다는 것이 우리네의 목가구이다.

우리나라는 낮은 자세로 높고 먼 곳을 지향하는 정서이다. 각기 조금씩 차이가 있기는 하지만, 조선 목가구는 대체로 그 높이가 높지 않다. 예컨대, 서안의 높이는 선비가 가부좌를 하고 앉아 책을 읽고 글을 쓰기에 적당한 35cm 정도이다. 옷이나 그 밖의 사물을 보관하는 반닫이는 바닥에 앉아 물건을 넣고 빼기 좋은 7, 80cm를 넘지 않는다. 이러한 목가구의 높낮이는 한국 전통 가옥의 구조와 우리 선조들이 외부 세계와 관계 맺는 의식구조가 가구의 구조에 영향을 미친 물리적 결과이기는 하다. 온돌 좌식 생활을 위해 낮게 지어진 집, 외부 자연을 굽어보거나 집 안으로 포획하는 것이 아니라 멀리서 바라보는 문과 창호의 구조를 가구에 작용한 결과이다. 우리의 전통 속에서 사물들은, 인간이 보다 대지에 밀착해 살았던 삶과 그러한 낮은 지평 위에서 높고 먼 어떤 곳, 무한한 것으로서의 자연을 자기 내면의 이상으로 삼았던 인식을 표현하고 있는 것이다. 낮은 가구 위로 펼쳐진 여백의 벽들은,

정말 문자 그대로 비워져서 생활의 고단함에 치이는 이들의 정서를 품어주고 정신을 건강하게 양육하는 공간이며, 벽면수행(壁面修行)의 일환이었을 것이다. 위로 낮게 자리 잡은 조선의 책상이나 장롱들이 겸손하게 자기의 쓰임에 충실한 물건이어서 오늘날의 아파트나 현대식 건물에 갖다 놓아도 손색이 없다(사진 참조, 잡지 행복이 가득한집, 2008, 12). 전통 목가구의 배치는 쓸데없이 덧붙임이 없으면서 단순하면서도 품위와 구성미를 갖춘 것으로 평가 받는다.

△ 전통 목가구의 배치　　　　　△ 경주 호텔 라궁

'온(onn)'이라는 전통공예품 브랜드가 있다. 전북 전주시의 전통공예 명장들이 두루 모여 만든 작품들을 파는 브랜드다. 이 고을의 지금 이름인 전주의 전(全)과 과거의 이름 완산(完山)이 모두 우리말로 '온전하다'는 뜻이므로 '온'이란다. 백제의 중심지로서 풍요를 구가하던 시절, 융성한 문화로 주변국을 압도했던 자부심을 담았다. 2007년 브랜드 출범 이래, 이듬해엔 이태리 밀라노 가구 페어와 프랑스 메종 드 오브제에 참가했다. 이 브랜드는 원래 전통가구에서 시작됐다. 경원대 실내건축학과 김백선 교수가 전통을 재해석해 디자인

△ 온가구(사방탁자)

△ 전통 목가구의 현대적 재해석(온가구)

하고, 무형문화재 조석진 명장이 제작을 맡았다. 여기에 전주시가 나서서 브랜드를 만든 것이다. 옛 가구 모양 그대로는 아니다. 현대적 디자인에 가구를 짜는 전통 방식이 결합되었다. 단단하고 촘촘한 흑단나무로 골격을 짜고, 가볍고 습기 조절 효과가 있는 오동나무로 밑을 깔았다. 못을 쓰지 않는 전통 짜맞춤 기법으로 몸과 몸을 이었다. 민어의 부레를 고아 만든 부레풀로 풀칠했다. 연한 표면을 태워 나뭇결을 살리고('낙동법') 옻칠로 마무리했다. 전통적인 내용으로 현대를 구현하고 있는 것이다. 가구마다 이름도 있다. 사방탁자에는 '마음을 다스린다'는 뜻의 '심재(心齋)'라는 이름을 붙였다. 거실장에는 '자연스럽다'는 의미의 '연(然)'이라는 이름이 붙었다(중일일보, 2010. 3.22).

현대적인 아파트 문화 속에서 거실에 문갑과 사방탁자가 한 세트로 나지막하게 놓여 있는 모습으로 재해석하면 만들면 잘 어울린다. 위압적이지 않고 기품이 있으며, 조선시대의 기법 그대로 목기구를 만들어서 사용하는 애호가들이 늘어나고 있다.

△ 사방탁자와 문갑 세트(이춘식 作)

6. 전통 목가구와 기술교육의 과제

첫째, 우리가 일상 생활에서 많이 사용하는 '장이'와 '쟁이'가 있다. '개구장이', '개구쟁이', '미장이', '미쟁이', '겁장이', '겁쟁이', '옹기장이', '옹기쟁이'. 어떤 말이 맞는 걸까. 사람들은 '~장이'와 '~쟁이'를 잘 구별하지 못하고 섞어 쓰는 일이 많다. 그러나 두 낱말의 뜻을 잘 알고 있으면 쉽게 구별해 쓸 수 있다. 우선 '~장이'는 수공업적인 기술로써 물건을 만들거나 수리하는 사람을 홀하게 이르는 말이다. 대장장이, 미장이, 옹기장이, 땜장이 등이 그 예다. 이와 달리 '~쟁이'는 사람의 성질, 독특한 습관, 행동, 모양 등을 나타내는 말에 붙어서 그 사람을 홀하게 이르는 말이다. 흔히 말하는 고집쟁이, 겁쟁이, 미련쟁이, 허풍쟁이 등이 여기에 속한다. 한편 '~쟁이'는 사람을 가리키는 말이 아닌 곳에도 널리 쓰인다. 곱절 되는 수량을 나타내는 곱쟁이, 덩굴식물 담쟁이, 발(손)목을 속되게 이르는 발(손)목쟁이, 곤충 소금쟁이가 그 예다. 그런데 우리는 예로부터 목수장이라고 불러야 할 말을 목수쟁이로 불러 비하하는 문화가 있었다. 이것 역시 유교문화와 기술천시 문화의 잔재와 다름 아니다. 이것이 전통적으로 소목장의 홀대로 이어졌다. 목수쟁이는 밥 벌어먹기 힘들다고 한 것이 바로 그것이다. 여기에 사회적 무관심이 한층 더해진 과거가 있었다. 전통 목가구를 다루는 이들을 우리는 소목장이라 부른다. 1975년에 지정된 중요 무형문화재 제55호(소목장)가 바로 그들이다. 이들의 계보는 천상원(1926-2001; 1975년 지정; 조교 김금철), 송추만(1903-1991; 1984년 지정; 조교 이정곤), 강대규(1936-

1998; 1988년 지정; 조교 조화신), 정돈산(1939-1992; 1991년 지정), 설석철 (1925-현재; 2001년 지정), 박명배(1949-현재; 2010년 지정)로 이어지고 있다. 소목장들은 모두 경제적인 어려움을 겪어 왔으나 전통 목가구에 매료되어 그 일을 묵묵히 해온 이들이다. 최근에 지정된 박명배 소목장의 전통 목가구에 대한 견해이다(박명배, 2004).

나무는 수백 년을 거쳐 자라기 때문에 무늬(선)가 다양하다. 다양한 무늬 속에는 우리가 상상하지 못한 문양이 숨어있다. 좋은 무늬를 가진 나무는 흔하지 않다. 좋은 무늬를 가진 하나의 나무로는 하나의 작품만 제작된다. 세상에 하나밖에 없는 가구를 탄생시키기 위해 온갖 정성과 심혈을 기울이게 된다. 나무는 습도에 민감하다. 여름은 습하고 더워 나무가 늘어나고 겨울에는 춥고 건조해 수축된다. 목재의 섬유질은 스폰지와 같은 구조를 갖고 있는데 특히 나무가 늘리는 힘은 대단하다. 나무가 늘려주는 성질이 강하니 큰판을 넓게 쓰기보다는 작게 쪼개서 면 분할을 한다. 우리나라에는 우리 고유의 비례미가 있는데 면 분할과 비례를 통해 짜임새 있게 갖춰진 가구를 만들게 된다. 서양에는 황금비율이 1:1.618 이듯 우리나라에는 구고현이란 3:5의 비율이 있다. 3:5를 서양방식으로 나뉘면 1:1.666이므로 서양의 황금비율과 비슷하다. 이렇게 짜임새를 갖춘 디자인이 구상되면 좋은 소재를 사용해 기능을 발휘한다. 우리나라 전통가구는 '목리' 즉 나무가 가지고 있는 특성을 잘 살려야 하며 우리나라 기후 특성에 맞는 제작 양식을 사용한다. 목가구는 의복, 서책 등을 보관·수납하는 기능도 가지면서 조선조 사대부의 정신세계까지 담기 때문에 나무를 가지고 목가구를 만들 때는 나무와 목리가 그만큼 중요하다.

둘째, 과거에는 목가구 제작에서 모든 작업을 수작업에 의존하였다.

그만큼 힘이 들어 사람들이 기피했다는 방증이다. 그 당시에는 정밀도구와 기계발달이 미비하여 거의 모든 작업을 감각에 의존하던 시절이었다. 그러나 오늘날에는 외국산 정밀기계가 잘 개발되어서 목가구의 정밀도를 향상시키는데 큰 기여를 했다. 그렇다면 오늘날 전통 목가구를 만들 때, 전통기술의 보존이 의미하는 바는 무엇인가? 과거와 같이 모든 작업을 수공구와 수작업으로 하는 것을 의미하는가, 아니면 현대적인 기계와 공구를 사용하되 그 기법에서는 과거의 것을 사용하는 것을 의미하는가. 이에 대한 견해는 서로 엇갈린다. 불태워진 숭례문을 복원하는 과정에서 모든 작업이 조선시대 그대로 수작업과 수공구를 사용하는 것처럼 전통 목가구에서도 과거 방식 그대로 하는 것이 보존이라고 하는 이들이 있다. 그런 반면에 과거보다 정밀도와 사용법에 있어서 상상하지 못할 정도로 현대화된 기계와 공구가 있는데 이를 피하고 과거의 수공구로 작업한다는 것이 무슨 의미가 있는가. 작업의 효율과 경제성을 추구하면서 과거의 제작 기법을 적용한다면 전통 목가구의 대중화에 기여하기 때문에 이를 혼합하여 사용해야 한다는 반론이 또 다른 하나이다. 이 분야에 종사하는 분들이 고민해야할 대목이다. 상당수의 전통 목가구를 만든다는 애호가들은 후자를 선택하고 있는 실정이다.

 셋째, 전통 목가구를 현대적인 공간에 맞도록 다양한 디자인의 개발이 필요하지 않을까? 대부분의 전통 목가구는 고가이다. 오늘날의 재료로 전통 기법 그대로 만들기 때문에 비싼 가격에 거래될 수밖에 없다. 그러나 전통 목가구의 대중화 차원을 생각해 본다면 전통 목가구에 수납이 용이하도록 디자인을 바꾸는 노력도 필요하다. 실용성과 장식성을 살리고 싼티나는 수입 목재와의 차별성을 위해 참죽나무와 밤나무 등과 같은 목재를 사용하면 상당한 경쟁력있는 목가구를 만들 수 있다. 전통의 가구에 현대 실내 디자인과 조화를 이룰 수 있도록 접목하는 노력도 필요한 시기이다.

넷째, 그렇다면 학교교육에서의 기술교육은 어떠한가? 중등학교 기술교육에서 현재 가르치고 있는 정형화된 영역은 제조기술(manufacturing), 건설기술(construction), 통신기술(communication), 수송기술(transportation), 생명기술(bio-technology)이다. 기술을 이렇게 분류한 것은 다름 아닌 미국 문화 답습의 한 차원이다. 이러한 체제는 인간 적응 시스템적 접근의 하나로 1981년에 발표된 JMIACT(Jacksons Mill Industrial Arts Curriculum Theory)가 모태이다. 이 이론을 받아들인다고 해도 우리의 기술은 어디에서 어떻게 가르쳐야 하는지에 대해 정체성을 심각히 고민해야 한다. 우리 것을 찾고 느끼고 되살리려는 노력의 흔적들이 필요한 시기이다. 그나마 위안을 삼는 것은 2007 개정 교육과정이 도입되면서부터 전통기술이 배치되어서 다양한 시도가 있음은 부족하지만 고무적이라 할만하다.

7. 마치며

오늘날 우리의 전통 목가는 다른 전통문화와 마찬가지로 어려움에 처해있는 것이 사실이다. 우선 가구재로 쓸 나무들이 거의 고갈된 상태이다. 예전에는 '내 나무 심기' 운동이 활발했었다. 즉 아들을 낳으면 선산에 소나무를 심고, 딸을 낳으면 밭두렁에 오동나무를 심었다. 훗날 아들이 늙어서 죽으면 소나무를 베어다 관재로 사용하고, 딸이 시집을 가면 오동나무로 장롱을 짜서 보내는 것이 관례요 풍습이었다. 그러나 근대화 이후 급격하게 이러한 풍습은 사라지고 가공재를 사용하여 가구를 만들다 보니 나무를 심는 모습이 거의 사라졌다. 남아있는 나무만을 베어다 쓰기 때문에 제대로 된 좋은 목재를 구하는 것이 매우 힘들게 되었다. 전통 목가구에 대한 일반의 관심이 조금이나마 살아난 것은 2000년 전후의 일이고 보면 과거 50년 동안 우리의 무관심에 중요한 목가구들은 모조리 해외로 빠져나간 셈이었다. 이제 우리가 할 일이 남아있다.

소목장들은
나무를 깎아 속살을 보고
나무의 목리를 되살려
전통 목가구의 명품을 탄생시켰다.

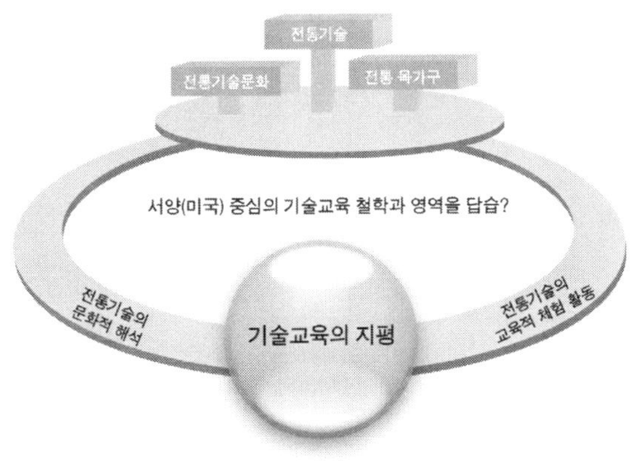

참고문헌

국립민속박물관(2004). 목가구. 서울: 대원사.

김국선(2004). 한 · 중 · 일 거주문화 맥락에서 본 전통가구 디자인 특성 비교. 2004년
　　　　학술대회논문집, 한국가구학회. 7-11.

김진옥(2006). 문화를 반영한 가구 디자인. 2006년도 춘계학술발표대회논문집, 한국
　　　　가구학회. 11-21.

문선옥(2010). 전통가구의 다리와 발 스타일 용어 연구. 한국가구학회지, 21(1).
　　　　83-96.

박명배(2004). 전통 목가구와 나무. 숲과 문화, 13(6). 105-109.

성재정(2002). 한국 목가구의 특성. 2002년도 춘계학술대회논문집, 대한기계학회.
　　　　3-8.

이종석(1986). 한국의 목공예. 서울: 열화당.

임희섭(2003). 과학기술의 문화적 함의. 2003년도 과학기술학회 특별심포지움,
　　　　11-23.

史樹青(2005). 中國藝術品收藏鑑賞百科全書 家具券. 東京: 收藏家雜誌社. 12. 14. 15.

KBS(2010.2.15). 조선의 목가구, 매혹 그리고 부합.

진주시 향토민속관: www.jinju.go.kr/tour/03_culturep

이미지 읽기

미술교육과 안금희 교수

* 이 글은 '안금희(2011), 이미지 읽기: 기호학과 페미니즘 관점을 중심으로'를 부분
적으로 발췌하고 재구성하였다.

교과교육과 문화,
어떻게 소통할 것인가?

1. 서론

우리는 일상생활 속에서 광고, TV, 인터넷 등의 여러 가지 매체가 뿜어내는 많은 이미지들로 둘러쌓여 있다. 이러한 이미지들은 우리의 정체성을 특정한 방식으로 형성하는데 영향을 끼치며, 세상을 이해하는 방식을 제공하기도 하고, 서로 다른 가치관으로 인해 사회적 갈등을 야기하기도 한다.

일상생활 속에서 범람하는 이미지를 어떻게 볼 것인가의 문제는 이제 단지 미술 분야의 전문가에 국한되지 않는다. 대중매체 시대의 다양한 이미지들은 그들이 표방하는 메시지 이면에 또 다른 함축적 메시지를 담고 있으며, 이러한 함축적 메시지를 적극적으로 찾아내는 능력은 자연스럽게 발달하지 않는다. 따라서 일상생활에서의 다양한 이미지를 읽는 여러 가지 관점을 이해하고, 이러한 관점에 따라 미술 작품뿐만 아니라 우리 주위의 일상적인 시각문화를 비판적으로 바라보려는 노력은 이제 우리 모두에게 시급한 과제라 할 수 있다.

본 글에서는 미술작품과 더불어 광고, 애니메이션 등 다양한 시각문화 이미지를 해독하고 그 의미를 비판적으로 바라보기 위해 도상학, 기호학, 페미니즘 등의 관점을 고찰해 보고, 이러한 관점에 따라 이미지를 분석한 사례를 제시하였다.

2. 본론

2.1 도상학과 상징

도상학은 형식보다는 내용을 강조하며, 주제의 의미와 상징 그리고 맥락 속에서 상징의 의미를 탐색하는 것을 중요시한다. 도상학적 관점은 우리가 미술작품을 대할 때 흔히 갖게되는 관점과 유사하다. 미술작품에 그려진 대상들이 당시 어떠한 의미와 상징성을 갖고 있는지에 대한 물음을 하게 되는데, 이러한 물음들은 도상학적 관점을 잘 반영한다.

도상학을 보다 체계화하여 도상해석학적 방법론을 창시한 어윈 파노프스키(Erwin Panofsky)는 아래와 같이 도상해석학을 3단계로 구분하였다(Adams, 1999; Panofsky, 1979, 142~146).

- 1단계: 전 도상학적 단계로 이 단계의 해석 대상은 '일차적 혹은 자연적인 주제' 이다. 이 단계에서는 특정 작품(들)에 대한 나름대로의 해석을 통해 본래적인 의미를 임의로 파악한다. 정확한 해석을 위해 해석자는 경험, 양식에 대한 지식 등을 통해 자신의 관찰을 보완한다.
- 2단계: 도상학적 단계의 해석 대상은 이미지, 역사 그리고 알레고리를 형성하는 '이차적 혹은 관습적인 주제'이다. 해석자는 일정한 주제나 개념들을 숙지할 수 있도록 해주는 문헌에 대한 지식을 바탕으로 특정한 역사적 맥락에서 특정 주제가 어떻게 표현되었는가를 해석하고 검증한다. 즉 스스로의 판단에 따라 작품에 대한 다양한 역사적 연관관계가 있다고 생각되는 문화적 증거 자료들과 비교하면서 자신이 앞

서 임의로 내렸던 해석을 보완하고 완성한다.

- 3단계: 도상해석학적 단계는 종합적인 해석 단계로, 해석자는 궁극적으로 인간 정신의 본질이 역사적 조건에서 특정 주제와 관념을 통해 어떻게 표현되었는지 종합적으로 해석한다. 다시 말하면 미술 작품에서 드러나는 유사한 정치적 삶의 형태, 문학, 종교, 철학, 사회 상황을 읽어낸다.

〈표 1〉 도상해석학의 3단계 (Panofsky, 1979, p.160)

도상 해석학 3단계	해석 대상	해석 도구	보완책
전도상학적 단계	일차적인 또는 자연스러운 주제	일상 경험 즉 관련 대상이나 사건에 대한 익숙함	양식사 (서로 다른 역사적 조건 가운데 대상이나 사건들이 어떤 형태로 표현되는가?)
도상학적 단계	이차적인 또는 관습적인 주제나 그림, 일화, 알레고리가 이루는 세계	특정 주제나 관념과 관련된 문헌 기록에 대한 지식	유형사 (서로 다른 역사적 조건 가운데 특정한 주제나 구성 기획들이 어떤 대상이나 사건들을 매개로 해서 표현되는가?)
도상 해석학적 단계	본래적 의미나 의미 내용, 상징 가치로 이루어지는 세계	개인의 심리나 세계관에 기초한 종합적 직관력 (인간 정신의 본질 파악)	문화적 징후의 역사 또는 보편적 의미의 상징 (서로 다른 역사적 조건 가운데 인간 정신의 본질적 경향들이 어떤 특정한 주제나 구성 기획들을 매개로 표현되는가?)

도상해석학은 작품의 조형적 특징이나 구성으로부터 출발하지만, 이외에도 관습적 알레고리, 문학적 주제, 상징 등을 해석한다. 따라서 도상해석학은 다른 학문과의 학제간적 연구가 필요하다.

2.1.1 도상학적 시각에서 본 〈아르놀피니 부부〉

그림 속의 아르놀피니 부부는 '지오반니 아르놀피니'와 그의 아내 '잔 느 드 세나므'라고 알려져 있다. 아르놀피니는 이탈리아의 태생으로 부르고뉴 궁정에서 근무하던 부유한 부르주아였으며, 아내 세나므도 이탈리아 상인의 딸이었다. 같은 궁정에서 근무하던 얀 반 아이크와 친분으로 아르놀피니는 결혼식을 기념하는 초상화를 의뢰한 것이다.

이 그림에 그려진 여러 가지 물건, 의복, 인물의 자세 등은 당시 유럽 사회의 종교, 경제, 사회상과 관련된 의미를 내포한다. 도상학적 접근은 각각의 시각적 이미지들이 어떠한 의미를 갖고 있는지를 살펴보고, 이를 근거로 해서 당시의 문화적 지평을 재구축하는 것이다.

이 그림에 그려진 인물들의 자세를 보면 그들의 결혼을 기념하기 위해 그린 것임을 알 수 있다. 오른쪽의 젊은 여인은 오른손을 아르놀피니의 왼손 위에 얹었고 아르놀피니는 그의 오른손을 그녀의 왼손 위에 놓으려는 순간을 묘사하고 있다. 이러한 자세에 대한 의미는 서양의 결혼식 전통에서 찾을 수 있는데, 남자가 왼손 위에 여자의 오른손을 올려놓는 모습은 두 사람의 결합을 의미한다. 또한 유대 전통에 따르면 남자가 오른 손을 들어올린 자세는 충실하게 약속을 지킨다는 의미라는 점

아르놀피니의 결혼, 얀 반 아이크, 1434년

에서, 아르놀피니가 결혼에 충실할 것을 서약하는 모습으로 해석될 수 있다.

그림의 중앙에는 라틴어로 벽에 화가의 서명인 듯한 글씨를 볼 수 있는데, 그 내용은 "얀 반 아이크, 여기 입회했음. 1434년" 이다. 이러한 글의 내용을 볼 때 이것은 단순한 서명을 넘어서는 의미를 갖는다. 글의 내용과 공문서에 쓰이는 글씨체 등을 고려해 볼 때 이 글은 결혼식과 같은 중요 행사의 증인으로서 그 기록을 남기고 있는 듯하다. 이 서명은 또 다른 의미로도 해석되기도 한다. 르네상스 이후 화가나 조각가들의 지위가 높아지면서, 작품에 자신의 서명을 크게 함으로써, 화가로서의 자부심을 표현하기도 했다는 것이다.

더욱이 작품 곳곳에 그려진 여러 가지 물건들은 신중하게 계산된 상징적인 의미들을 내포하고 있는데, 그 상징성은 기독교, 생활상과 문화 등에 근거한다. 일반적으로 종교적 장소에 들어갈 때, 우리는 신발을 벗고 들어간다. 이러한 관습은 더러운 속세를 끊고 복종과 숭배의 마음으로 신성한 장소에 들어가는 것을 의미한다. 두 사람의 신발을 벗어서 잘 보이도록 그림에 배치한 것은 신성한 결혼이 이루어지고 있는 장소라는 것을 상징하고 있다.

개는 기독교에서 충성, 부부간의 정절을 의미한다는 점에서 그림 속 개는 남편에 대한 신부의 충성과 복종을 의미하며, 부부간의 믿음과 정절을 뜻한다. 이외에도 이 작품에는 서양 풍습에서 결혼과 유일신을 상징하는 샹들리에의 촛불이 한 자루, 이브의 원죄 이전 순결함을 상징하는 사과 등과 같이 물건 하나 하나가 의미를 담고 있다.

이 작품에서는 특정한 물건에 담긴 상징성 이외에도 자신의 경제적 수준을 과시하기 위해 표현된 것들도 많이 보여진다. 아르놀피니는 값

비싼 모피코트를 입고 있으며, 부인 역시 여러 폭의 천으로 제작된 드레스를 입고 있다. 매우 고가의 차양 있는 침대, 창가에 놓인 수입산 과일, 오렌지 그리고 바닥의 터키산 융단 등은 이들 부부의 경제력을 과시한다. 더욱이 선명한 빨간 색의 침구류와 소파 등은 당시 염색방식을 고려해 볼 때, 일반 시민들이 감당하기 힘든 매우 값비싼 염색으로 제작된 것이다.

우리는 아르놀피니 부부의 결혼식에 담긴 상징물들을 통해서 이들 부부의 결혼식이 갖는 의미를 이해할 수 있었다. 더 나아가 이 작품은 지금의 벨기에와 네덜란드 지역의 플랑드르 지방의 문화를 보여준다. 15세기경 모직공업과 국제 무역으로 경제활동이 크게 부흥하였고 이와 함께 부유한 시민 계급이 형성되었던 플랑드르 지방에서는 이전 귀족 계급의 미술이나 대규모의 종교 미술과는 달리 현실을 사실적으로 담은 비교적 개인적이며 친밀한 내용의 미술이 활발히 제작되었다. 이는 경제적 부를 갖추고 새롭게 부상한 시민들이 이전의 정치적 힘을 보여주려는 귀족적 미술보다는 이 작품과 같은 초상화류의 작품을 통해 자신들의 신앙심, 고상함을 보여주려 했으며 실질적인 경제력을 과시하고자 하였음을 알 수 있다.

2.2 기호학과 숨겨진 의미

기호학은 인간이 다루는 모든 상징체의 구조와 상징체가 품고 있는 의미를 분석할 뿐만 아니라 그것의 의미 작용이 어떻게 이루어지는가를 탐구하는 학문이다. 기호학은 언어, 미술, 음악, 영화, 광고와 같은 문화나 문화적 표현들이 기호들로 구성되어 있고, 각 기호는 문자 그 대로의 뜻 이상의 의미가 있다고 본다. 따라서 우리는 기호의 테두리 안에서 살아간다. 즉 기호에 의해 외부 세계를 이해하며 이해하는 만큼을 기호로 표현한다.

기호의 의미작용은 아래의 표에서 보여진다.

기표 (記表:signifiant) + 기의 (記意:signifi) = 기호
예시) 기표(장미꽃)+기의(사랑하는 마음)=사랑을 표현하는 기호

기호를 기표와 기의로 구분하는데, 기표는 의미의 운반체로서 일종의 표현이며, 기의는 정신적인 의미 즉 내용이라 할 수 있다.

예를 들어 장미꽃을 선물하는 장면을 생각해 보자. 장미꽃을 받아 든 사람은 그것을 선물한 사람의 의도를 해석하는데 이를 의미 작용이라고 한다. 즉 사랑하는 마음을 표현하는 사람과 그것을 이해하는 사람 모두에게 의미 작용이 일어난다. 이때 장미꽃은 기표가 되며, 장미꽃은 상대편에 대한 사랑하는 마음을 표현하는 의미를 내포하며, 장미꽃은 결국 사랑을 표현하는 기호의 역할을 한다.

의미작용은 기호를 만들 때 즉 코드 짜기(encoding)와 기호를 풀이할 때 즉 코드 풀기(decoding) 과정에서 일어난다. 흔히 내가 전달하고자 하는 메시지가 상대편에게도 동일하게 전달되길 바라면서 커뮤니케이션을 한다. 그러나 의미작용이 결국 송신자가 기호를 만들 때에도 그리고 수신자가 기호를 풀이할 때에도 일어나는 별개의 독립된 과정이라는 점에서 송신자의 의미작용이 수신자의 의미작용과 같을 수도 있고 다를 수도 있다. 이러한 점에서 의미는 '전달'된다기 보다는 의

미를 '공유'한다는 표현이 더 적절할 것이다.

기표는 언어, 시각적 이미지, 소리 등과 같이 읽고, 보고, 듣고, 만지는 다양한 감각기관을 통해 매개되는 물질적 형태를 띄고 있다.

특히 다양한 도상이나 시각적 이미지를 포함한 시각 기호는 다른 기호에 비해 그 표현이 고정된 기의를 갖기 보다는 함축적이고 암시적이며 모호한 부분이 많은데, 이러한 점이 시각 기호의 장점이기도 하다. 즉 시각 기호는 복합적인 메시지를 동시에 전할 수 있다.

2.2.1 기호학과 미술작품

구조주의 기호학 관점을 가진 미술사가 브라이슨에 따르면 미술작품이란 문화의 기호들로 구성된 것으로 기호들의 시각적 체계이다(Adams, 1999). 이러한 기호를 해독함으로써 사회에서 미술의 기능이나 역할을 확인할 수 있는 것이다. 미술 외부에 있는 문화적 기호들을 제시하고 그 기호들이 미술내의 의미들과 어떤 관계가 있는지를 다루는 것이다. 브라이슨은 아레나 예배당에 있는 지오토의 〈유다의 입맞춤〉과 마에스타 제단화에 나타난 두치오의 〈유다의 입맞춤〉을 비교하였다(Adams, 1999).

유다의 입맞춤, 지오토, 1305년

유다의 입맞춤, 두치오, 1308–11년

* 브라이슨의 기호학적 사례

브라이슨은 지오토가 두치오보다 보다 확실한 리얼리즘을 이룩했다는 일반적인 견해에 동의하며 다음과 같이 설명하였다. 이 두 작품 모두 "유다가 예수에게 입 맞춘다"는 내용을 나타내고 있다. 그러나 지오토가 두치오보다 더 많은 정보를 제공하고 있다. 지오토의 작품을 보면 공간에서 인물의 위치, 자세, 광선, 옷감 등은 이 사건의 극적인 효과를 고취시킨다. 브라이슨에 따르면 지오토는 작품의 메시지(함축 의미: connotation)가 작품의 형식(지시 의미, 외시 의미: dennotation)을 확실히 하고 구체화한다는 점에서 이러한 '사실적 효과'를 성취했다고 설명하였다. 예를 들어, 지오토가 그린 그리스도와 유다 옆얼굴의 선(작품의 형식)을 보자. 그리스도의 이마와 코의 윤곽선은 똑바르다. 이 외시적 요소는 똑바름을 연상시키는 '곧음'과 '올바름'을 함축함으로써 더욱 강조된다. 그리스도는 유다보다 더 위에 있고 그의 목은 강하고 팽팽한 형태이며 유다는 목을 외투에 파묻은 채 머리를 뒤로 젖히고 있다. 이러한 요소들은 그리스도의 도덕적 우위(함축의미)를 나타낸다. 따라서 그림의 효과는 작품의 외시 의미와 함축 의미가 대립하는 것이 아니라 밀접한 관련을 갖으며, 연합되어 성취된다.(Adams, 1999, 188-189, 필자 재구성).

브라이슨의 기호학적 작품 분석에 따르면, 작품에 나타난 시각적 특징은 외시의미를 나타내며, 이러한 작품의 형식적 요소는 작품의 의미 즉 메시지를 함축적으로 나타낸다는 것이다. 브라이슨으느 그리스도 옆얼굴의 똑바른 선의 특징이라는 단서를 올바름이라는 도덕적 의미로 유추한다. 일반적으로 그림에서 비둘기, 강아지, 십자가 등의 특정 대상이 갖는 전통적인 상징성을 찾는 것은 비교적 쉽지만, 기호의 외시의미를 연결 짓고 추론함으로써 함축의미를 이끌어내는 것은 쉽지 않은 과제이다. 이러한 의미작용 과정에는 문화적인 맥락에서의 경험과 지식 뿐만 아니라 이를 창조적으로 연결 짓는 추론능력이 요구된다.

2.2.2 기호학으로 본 광고

우리가 아침에 일어나서 밤에 잠자리에 들기까지 TV, 라디오, 컴퓨터, 옥외광고, 신문, 전단지 등 다양한 매체 속에서 여러 가지 광고를 접하게 된다. 너무나 일상적인 이미지이고 다량의 이미지를 접하다 보니, 스쳐지나가듯 그 이미지를 자세히 들여다 보고, 의미를 생각해 보지도 않는 것 같다. 하지만, 이러한 생활 속 광고에 노출되면 될수록 즉 시각과 청각을 통해 접하게 되는 다양한 유형의 광고 이미지와 소리들은 우리로 하여금 광고의 메시지에 즉각적이면서도 무의식적으로 반응하도록 한다. 광고의 영향은 특정한 상품을 소비하는 것으로 나타나는 것 뿐만 아니라 성과 문화에 대한 편견, 정치 사회적 이슈에 대한 몰이해 등과 관련될 수 있다는 점에서 광고는 다분히 비판적 분석 대상으로서 중요한 부분을 차지한다.

따라서 광고를 기호학적 관점에서 분석해 봄으로써 광고가 이야기하고자 하는 스토리 이외에 어떠한 심층적, 함축적 의미가 있는지 비판적으로 바라보는 것이 필요하다. 예를 들어 베네통 광고를 살펴보자. 이 광고의 "UNITED COLORS OF BENETTON"이라는 광고 문안(기표)이 제시하고 있는 메시지는 베네통사 디자인의 특징인 다양한 색(colors)(기의)이다. 특히 1980년대 베네통사는 전통적인 제품 이미지 위주의 광고에서 탈피해서, 서로 다른 인종과 문화적 배경을 갖고 있는 인물 이미지 위주로 광고를 제작하였다. 이러한 광고 이미지는 다양한 색이라는 기의가 단순히 의상에서의 다양한 색이라는 의미를 넘어서서 여러 인종의 서로 다른 피부색이라는 일종의 문화적 의미로 확대되었다. 피부색이 다른 모델들을 서로 대비시키거나, 여러 인종을 동시에 보여주며 이들의 하나 된 모습(UNITED)으로써 현대 사회에서 여러 인종들이 어떻게 살아나가야 하는지에 대한 문제 의식까지도 함축적으로 나타내고 있다.

이탈리아 사진작가 올리비에르 토스카니가 베네통 광고 사진을 담당하면서 사회적, 정치적인 내용의 선정적이면서도 도발적인 이미지들을 광고로 사용하기 시작하였다. 베네통 광고는 우리 사회와 세계가 직면하고 있는 현실적인 문제들을 쟁점화했다는 점에서 긍정적인 평가를 받기도 하지만, 지나치게 파격적인 이미지만을 부각시킴으로써, 기업에 대한 사회적 관심을 끌기 위한 것은 아닌지와 같은 부정적인 평가를 받기도 하였다.

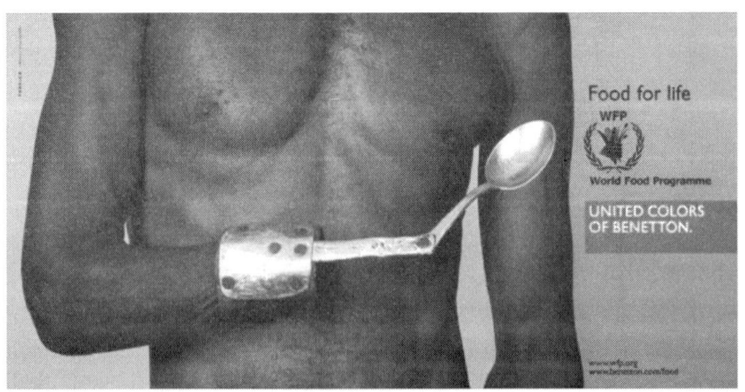

베네통사 광고

베네통 광고의 이미지는 기존의 관념, 사회적 금기를 넘어서는 매우 충격적이고 강렬한 메시지를 담고 있어서, 사회적으로 엄청난 화제를 불러 일으켰다. 예를 들면, 보스니아 내전 때 죽은 크로아티아 병사의 피범벅이가 된 옷, 신부와 수녀의 키스 장면, 사형수와의 인터뷰, 에이즈로 막 죽은 환자의 임종 장면 등이다. 이러한 광고에서 베네통은 회사의 제품을 전혀 보여주지 않으며, 소비자들에게 상품에 대한 궁금증을 유발한다. 또한 인종화합이나 환경 보호, 반전운동 등의 메시지는 베네통의 광고가 단지 상품의 소비를 유발하기 위한 목적 이상의 의미를 제공한다. 즉 베네통 광고가 제품을 판매하려하는 메시지 보다는 정치, 사회, 문화적 이슈들과 관련한 분위기, 감정 등을 전달하고 있는 듯하다. 심지어 세계적인 사회적, 정치적 문제를 시각적으로 제시함으로써, 마치 사회계몽을 도모하는 공익 광고처럼 인식된다. 그러나 베네통 광고의 이러한 접근 방식으로 인해 베네통 사의 매출이 크게 높아졌다는 사실은 결국 광고란 제품의 소비가 궁극적인 목적이며, 이러한 논쟁적인 접근 역시 소비자들의 관심과 소비로 이끌어내려는 또 다른 전략임을 생각게 한다.

베네통사의 광고와 달리 이 광고는 제품을 광고 안에 직접적으로 제시함으로써 제품 판매라는 메시지를 뚜렷하게 드러내 주고 있다. 이러한 광고에서 제품의 이미지는 발탁되는 모델의 이미지와 매우 밀접히 관련된다. 우리나라에서는 당시 최고의 인기를 누리는 여성 연예인들이 주로 술 광고에 등장하는 경향이 있다. 이 광고에 등장하는 모델 이효리의 인기는 이러한 술 광고에 등장했다는 점에서도 확인될 수 있을 것이다.

섹시하면서도 발랄함을 지닌 이효리는 바로 특정 술 광고에서 강조

하고자 하는 '흔들면 부드러워지는 술'이라는 제품과 동일한 이미지로 다가온다. 특히 허리를 돌리면서 흔드는 자세, 흩뿌려지는 물 이미지, 흩날리는 머리카락 등의 동적인 이미지는 이효리의 에너지 충만한 이미지와 발랄함으로 연결되며, 제품 자체의 부드러움을 더욱 강조한다.

소비의 대상인 술 광고에서 술과 동일시되는 여성 모델은 마치 술과 같이 자신을 상품화하고 있다. 매력적으로 웃는 표정으로 상대방을 바라보는 이효리의 시선은 광고하는 제품을 소비하는 주체라기 보다는 광고를 바라보는 사람의 시선을 수동적으로 받아들이는 대상으로서의 역할을 보여준다. 미술작품에서 여성 모델과 작품을 보는 남성 관람객의 관계처럼 광고에서 여성 모델과 남성 소비자간의 전형적인 관계를 가정한다.

남성 소비자는 이러한 광고 속에서 젊고 매력적인 여성 모델의 시선을 즐기고 더 나아가 그 모델을 소유하고 싶은 자신의 욕망을 상품 소비를 통해 충족시켜 나가고자 한다. 동시에 다양한 시각적 표현을 통해 알 수 있듯이 소주 광고에서 여성 모델의 노출이나 자세 등에서 섹시함을 강조하고 있는데 이는 성의 상품화라는 우리 사회의 지배적 사상을 반영하고 있음을 알 수 있다.

그런데 모델의 자세나 광고 카피의 편집에서 보여지는 역동적인 메시지와 대조적으로 오른쪽 하단 부분에 꼿꼿이 서 있는 술병의 모습은 왠지 부자연스럽다. 이러한 이미지는 한편으로 술 광고에서 흔히 보이는 이미지이기도 한데, 이는 바르트가 언급한 '신화' 즉 사회에서 널리 퍼져있는 지배적 사상을 반영하고 있다. 기울어진 술병은 기울어져 가는 사업을 연상케 한다는 점에서, 술 광고에서는 똑바로 서 있는 술병을 선호한다는 것이다.

이처럼 기호학은 광고 속에서 제시되는 이미지가 갖는 외시의미를 찾아보고, 그 이면의 함축의미를 관련짓기 위해서는 사회, 정치, 경제, 미술 등의 학제간의 관점을 갖는 것이 필요하다. 기호 이면의 메시지를 읽고, 그 내용을 추론하는 과정에서 특정 사회와 문화에 대한 지식과 정보는 메시지의 의미를 다양하게 유추해볼 수 있는 발판을 제공한다.

2.3 페미니즘과 사회적 성

페미니즘은 여성에 대한 억압구조의 본질과 운용 기제를 이해하고 이를 토대로 여성해방전략을 제안하는 것을 목적으로 한다(김응숙, 1995, 91). 페미니스트들은 학계에서 성 혹은 성차별에 대한 무관심에 대한 문제를 제기하고, 여성에게 가해지는 남성의 폭력, 성차별주의와 이에 따른 사회의 불평등구조 등에 대한 논의를 다루고자 한다. 1970년대 사회적, 정치적 운동과 더불어 페미니즘 운동은 사회학, 인류학, 역사, 문학, 예술 등의 분야에서 다양하게 전개되었다.

페미니즘 이론은 자유주의, 급진주의, 맑스주의, 사회주의의 네 가지 관점에 따라 분류된다(김응숙, 1995, 91~94).

첫째, 자유주의적 페미니즘은 남성과 여성간의 불평등은 비합리적인 편견에 따른 것으로 본다. 따라서 여성에게도 남성과 같이 동등한 기회가 주어지면 이러한 불평등은 해소된다는 것이다. 이를 위해 여성 권익을 위한 법적 투쟁과 개혁운동이 중요함을 역설한다. 자유주의적 페미니즘에 기초한 미술 혹은 대중문화 연구는 미술작품이나 미디어에서 제시되는 여성의 가치를 평가절하시킨다는 점을 강조한다.

둘째, 급진주의적 페미니즘은 남성과 여성이 선천적으로 각기 다른 특성을 갖고 있으며 모든 문화와 역사에 걸쳐 남성이 여성을 지배해 왔는데, 이러한 방식을 가부장제로 설명한다. 여성에 대한 남성의 지배가 성의 차이에 따른 것이므로 여성의 억압은 개인적인 노력이나 사회적 운동으로 중단될 수 없다는 것이다. 대안으로 분리주의를 제시하였는데, 이는 정치적으로 여성은 여성에게 힘을 실어주어야 하며, 남성의 지배적 사회나 기관에 참여하는 것을 거부하고 여성만의 사회를 마련하는 노력으로 나타난다. 이 관점에서는 포르노물에 대한 비판적 연구들이 주로 수행되었다. 포르노물에는 가부장적 문화가 구체적으로 반영되었으며, 포르노물은 남성들의 여성에 대한 성적 폭력의 표현을 보여주고 있다고 역설한다.

샛째, 맑스주의적 페미니즘은 자본주의사회에서의 계급억압이 여성억압의 근본이라는 것이다(김응숙, 1995, 93). 맑스주의적 페미니즘에 따르면 인간 본성에는 생물학적 요소 이외에도 사회적, 경제적 요인이 중요하게 작용하며, 계급사회라는 구조에서는 개인의 잠재성을 개발시키기 어렵다는 점을 문제로 제기하였다. 주요하게 다루는 주제로는 노동시장에서의 여성의 평가절하된 지위와 성에 따른 가사노동의 분담 등을 비판적으로 다루고 있다.

넷째, 사회주의적 페미니즘은 성 불평등 이면의 다양한 역사적, 문화적, 맥락을 고려한다. 자부장제를 사회내의 인종주의, 제국주의 등과 같은 다양한 불평등 기제와 상호연계되어 있는 것으로 이해하고자 한다.

페미니즘의 다양한 관점은 남성지배의 억압적 상황에 대한 이해와 해결 방안에 대한 배타적이라기 보다는 보완적인 시각을 보여준다. 남성의 지배와 억압에 대해 여성들이 착취되고 있다는 점을 정치, 문화, 사회, 예술 분야 등에서 비판적 시각을 다양하게 전개시키고 있다.

2.3.1 미술작품과 페미니즘

1960년대 말의 정치 사회적으로 확산되었던 여성운동과 더불어 미술에서의 페미니즘 논의는 린다 노클린(Linda Nochlin)의 "위대한 여성미술가는 왜 존재하지 않는가"라는 책을 통해 남성본위. 천재중심, 형식위주의 서양미술사를 비판하면서, 본격적으로 대두하였다(Nochlin, 1997). 페미니즘적 접근은 미술의 역사를 통해 여성들의 위치를 결정지었던 사회적 구조와 이데올로기를 살펴보고, 여성과 미술의 관계에 대한 이해를 도모한다.

미술사에서 페미니즘 접근은 미술 창작과 내용, 가치를 이해하는데 사회적 성에 주목한다. 페미니즘 접근은 미술사적으로 여성들의 위치를 결정지었던 이데올로기와 구조가 어떻게 관련되어 있는지를 살펴봄으로써 여성과 미술 사이에 존재하는 역설과 모순을 이해하고자 한다. 이들은 미술가로서 그리고 미술의 주제로서 여성들이 차별을 받아왔다는 점을 예의 주시한다. 예를 들어 미술가로서 여성들의 차별은 미술가로서의 전문 교육 기회의 박탈에서 쉽게 살펴 볼 수 있다.

또한 미술의 주제로 볼 때, 여성은 단지 그려지거나 보여지는 대상이며 반면 남성은 항상 그리거나 보는 주체라는 것이다. 따라서 이때 그려지는 여성의 이미지는 그 시대의 여성관 반영 혹은 남성 지배 문화의 기본적 여성관을 따르게 되며 때때로 여성은 이브적 악의 근원으로 표현되기도 한다. 이렇듯 페미니즘 접근은 미술 작품에 그려진 여성의 이미지와 이러한 이미지 뒤에 숨겨진 이데올로기를 분석하기도 하며, 사회구조적인 문제에 따른 여성 미술가의 부재를 인식하도록 하며, 한편으로 적극적으로 여성 미술가를 발굴하는 역할도 한다.

미술에서 페미니즘 이슈를 정리해 보면 다음과 같다(Adams, 1999).

첫째, 미술에 나타난 여성 이미지는 그 시대의 여성관을 반영한다. 시대와 문화마다 여성에 대한 이미지는 다르게 나타난다. 미술의 역사를 살펴보면, 여성이 비너스와 성모와 같이 찬미의 대상으로 등장하거나, 메두사, 마녀, 창녀와 같이 부정적 이미지로 그려지는 것을 볼 수 있다. 이러한 미술의 역사에서 남성과 여성의 지위는 구분된다. 즉 남성은 그리거나 보는 주제로서, 여성은 그려지거나 보여지는 대상이라는 것이다. 페미니즘적 접근이란 이렇게 미술에 나타난 여성 이미지를 분석하여 그 역사적 의미를 파헤치는 것이다. 대표적인 연구로는 캐롤 던컨(Carol Duncan)의 '18세기 미술에 나타난 행복한 어머니와 그 밖의 새로운 표상들'에서 여성의 이미지를 현모양처라는 이상적 여인상으로 계몽 전파를 위한 부르주아 여성 이데올로기의 표상이었음을 증명하고 있다(Adams, 1999).

둘째, 미술 창작, 내용, 가치를 판단하는 기준은 사회적인 성에 의해 영향을 받는다(Adams, 1999). 유명한 여류 미술가의 부재는 과거 여성에게 정규 미술 교육의 기회가 주어지지 않았다는 사실에서 알 수 있듯이 예술적 성취가 작가 개개인의 천재적 역량보다는 사회문화적 상황 또는 제도적 요인에 따른 것이라는 점을 강조한다. 특히 남성 중심, 기독교 중심, 백인 중심의 서구 미술의 전통적 규범과 가정에 대한 의문을 갖도록 한다. 예를 들어 (순수)미술과 공예의 구분을 보면 여성들이 제작하는 것으로 가정되는 수공예는 회화와 같은 순수 미술 혹은 고급 미술과 비교해 볼 때, 저급한 것으로 판단한다는 것이다. 이러한 위계적 분류는 바로 서구 미술의 전통적 규범에 따른 것이다. 페미니즘적 접근에서는 이러한 문제와 관련된 역사적 사례를 찾아 내어 우리가 당연시 했던 가정이나 규범을 새롭게 보도록 한다(Adams, 1999).

린다 노클린은 그의 저서에서 일련의 시각적 이미지를 통해 여성, 미술 그리고 힘 사이의 관계를 제시하였다(Nochlin, 1997). 노클린은 미술 속에서 여성들이 일반적인 사회적 혹은 예술가들이 받아들이는 가정들에 의거하여 표현되는 방식을 밝히고자 하였다. 이때 사회적 가정이란 여성들에 대한 남성들의 우월성, 권력, 차이 그리고 여성 통제의 필요성에 관한 가정을 말한다. 노클린은 이러한 가정들 중 여성의 나약함과 관련하여, 다비드의 〈호라시우스의 맹서〉는 강함과 무력함이라는 성차별을 표현하고 있음을 지적하였다(Nochlin, 1999).

호라시우스의 맹서, 다비드, 1784.

* 노클린의 페미니즘 접근의 사례

이 작품은 강함과 무력함의 대조를 통해 남성 대 여성이라는 존재를 다루었다. 이 작품은 호라시우스 가문의 세 형제가 가족인 여인들과 아이들이 있는 가운데 검을 들고 있는 아버지의 앞에서 로마에 충성한다는 애국적인 맹세를 하는 독특한 서술적 장면을 보여준다. 작품에서 명확한 주제의 표현은 당시의 이데올로기적 담론이 제공하는 남성적 강인함과 여성적 나약함이라는 분명한 대립에 따라 가능하였다. 남성의 에너지, 집중, 긴강과 그에 대비되는 여성의 체념, 나약함, 해이함이라는 이분법적 구분은 작품의 시각적 구조와 세부 처리에서 보여진다. 예를 들면 남성들은 건축적인 공간에서 가장 중심이 되는 부분을 차지하며 배치된 반면, 여성들은 주저앉은 채 한 모퉁이에만 몰려 있는 구성이 매우 대조를 이룬다. 개인적 감정에 우선하여 국가에 대한 보다 숭고한 의무를 요구하는 다비드의 메시지는 여성 대 남성이라는 이분법적 구분으로 더욱 명확히 드러났다는 것이다(Nochlin, 1999, 19~20).

2.3.2 애니메이션과 페미니즘

어린이들이 선호하는 애니메이션은 어린이들의 일상 생활의 매 순간 순간 가장 쉽게 접하게 되는 장르이다. 어린이 대상의 치과나 소아과 등의 병원에 가서 기다리는 동안, 치과 치료를 받으면서, 집에서도 텔레비전을 틀면 어린이들이 보는 시간대에는 애니메이션이 많이 자리잡고 있다. 어린이들은 애니메이션의 이야기를 따라가며 보다 울고, 웃고, 두려워 하기도 하고, 기쁜 마음을 갖기도 한다. 어린이를 대상으로 한 애니메이션은 과연 아이들에게 교육적으로 긍정적인 영향을 주는가? 단지 어린이들이 좋아하는 소재나 이야기라서 굳이 그 내용을 살펴 볼 필요는 없다고 할 것인가? 혹은 디즈니 애니메이션에서처럼 흔히 내용이 어린이다운 환상적 세계의 내용을 다루기 때문에 어린이에게 유용할 것이라고 성급히 결론을 내리고 있지는 않은가?

어린이들이 잘 보는 애니메이션에 대해서 비판적으로 바라봐야 한다는 생각을 하기 시작한 것은 비교적 최근의 일이라고 할 수 있다. 지루(Giroux 1999)는 디즈니 애니메이션에 대해 다양한 관점에서 매우 비판적인 의견을 제시하였다. 일반적으로 디즈니 애니메이션은 상상과 환상, 순수, 모험심을 유발한다는 점에서 어린이들에게 유익하며 교육적인 애니메이션이라고 생각한다. 그러나 그에 따르면 디즈니사가 공익추구라는 기업의 이미지를 강조하면서도 동시에 일상생활에서 디즈니 애니메이션의 이미지를 강화해 나감으로써, 애니메이션과 그 관련 상품의 소비를 유도하고 있다는 것이다. 이러한 디즈니의 기업 확장과 문화적, 정치적 영향력은 디즈니 애니메이션이 어떠한 이데올로기에 기반해 있는지, 이러한 이데올로기가 어린이들에게 어떠한 영향력을 행사할 것인지에 대해 주목하고, 비판적으로 바라보아야 한다는 것이다.

그렇다면 어린이들의 순수하고 환상적인 세계를 제공하는 디즈니 애니메이션 그 이면에는 무엇이 담겨 있을까? 어린이들은 디즈니 애니메이션을 통해 무엇을 배우는 것일까? 지루(Giroux, 1999)는 디즈니 애니메이션의 순수함 이면의 인종차별, 성차별, 반민주적인 요소를 찾을 수 있다고 주장하였다. 예를 들면 알라딘에서 이슬람 사람에 대한 인종차별, 라이온킹에서 가난한 흑인과 남미 원주민들의 목소리로 말하는 하이에나 모습에서 인종차별, 인어공주와 미녀와 야수에서의 여성의 수동적인 역할 등이 그 예이다.

디즈니 애니메이션은 미국 보수중산층의 건전한 도덕성을 지향한다. 이러한 도덕적 지향은 남성 중심의 가부장제로 나타나며 여성은 연약하고 보호받아야 할 대상으로 그려졌다. 대부분의 디즈니 애니메이션에서 여주인공은 인어공주 아리엘처럼 대체적으로 날씬한 신체에 잘록한 허리와 봉긋한 가슴, 치렁치렁한 머리를 하고 있으며, 작은 얼굴에 커다랗고 동그란 눈, 오똑한 코를 가진 인형같은 모습을 하고 있다. 이러한 여성의 시각적 이미지는 남성의 힘과 의지에 기대어 사는 순종적이며 보수적인 이미지를 보여주며, 동시에 남성의 시각에 흥미를 주는 이상적인 여성 이미지를 강화한다.

〈인어공주〉의 아리엘은 인간 세상에 대한 동경과 탐험하려는 의지를 가지고 있는 주체로 그려진다. 그러나 아버지 트리톤으로부터의 독립과 자신의 사랑을 이루기 위해 마녀 우술라와 계약을 맺으며 자신의 목소리를 포기하고 미남 왕자인 에릭에게 가기 위해 두 다리를 얻는다. 결국 아리엘이 자신의 해저생활을 포기하고 대신 왕자와의 결혼으로 보상받는다는 것이다.

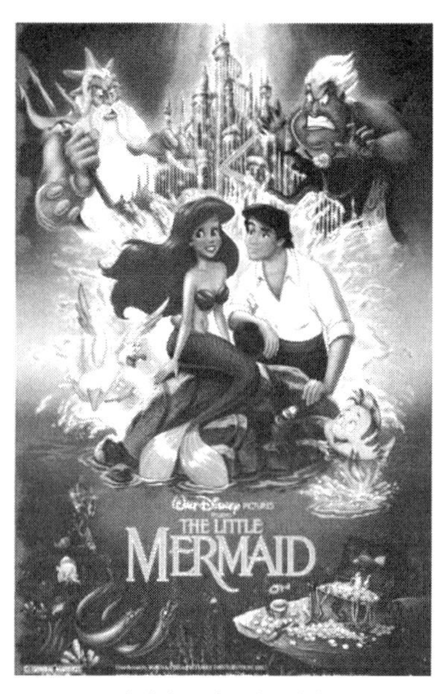

〈인어공주〉, 디즈니사

바니 리드비터와 글로리아 로데이토 윌슨은 〈인어공주〉의 교육적 메시지에 대해 다음과 같이 언급하였다(Giroux, 1999, 109~110, 재인용).

> 20세기의 가장 순수하고 호소력 있는 비디오로, 소녀에게 의기에 찬 역할을 부여하고 있지만 결국 성년의 여성에게 굴복이라는 소극적 역할을 주입한다. 디즈니의 '인어공주'는 남성이 속한 새로운 세계의 일부가 되고자 하는 소망을 부여받지만, 여전히 지느러미를 단 채 멀리 나아가지 못하고 만다. 여주인공 아리엘은 남성의 세계를 탐험하고자 하는 위치에 서 있다. 그녀는 새로 찾아낸 성적인 욕망을 표현하려고 한다. 하지만 여성에게 요구되는 성 역할은 결코 바뀌지 않는다.

디즈니 애니메이션에 나오는 여주인공들은 주변 남성에게 복종하는 고지식한 역할로 비추어지며, 여주인공의 인생에서의 성취와 행복은 남성들에게 달려있거나 보장된다는 점이다.

미국과 일본의 애니메이션은 상업적 기반에서 발전했다는 점에서 공통적이다(박인하, 2000). 일본 애니메이션은 주로 원작 만화의 스토리를 기반으로 텔레비전용 시리즈물을 통해 대중적인 관심을 이끌어 내었다. 우리에게 널리 알려져 있는 〈아톰〉은 당대 최고의 만화가인 데즈카 오사무의 원작 만화를 바탕으로 1963년 일본의 첫 TV 애니메이션으로 방영되었다. 이 작품의 주인공 아톰의 여동생으로 쾌활하고 호기심이 많은 우란이 등장한다. 우란은 꽃 리본을 단 짧은 원피스를 입고 있으며, 독립적인 주체로 그려지기 보다는 주인공 아톰의 여동생으로서 부차적인 역할에 충실하다(박인하, 2000).

1960년대 일본 애니메이션 산업이 더욱 활성화 되면서 특정 대상을 겨냥한 작품을 발표하기에 이른다. 소녀 팬들을 대상으로 한 애니메이션 장르의 탄생이 그것이다. 요코하마 미쓰데루 원작을 애니메이션으로 옮긴 1966년작 〈요술공주 샐리〉는 마법을 쓰고 변신하는 소녀가 주인공으로 등장하는 장르인 마법소녀물의 첫 작품이다.

〈요술공주 샐리〉에서는 주인공 샐리는 마법의 나라에서 인간 세계로 온 초등 5학년 정도의 나이의 소녀이다. 샐리와 학교 친구들의 사랑과 우정 이야기로 생활 속에서 벌어지는 여러 가지 문제를 마법의 힘으

로 극복해 나간다. 박인하(2000)는 마법소녀물의 의미를 다음과 같이 해석하였다.

> 1960~70년대 마법소녀물은 학교나 가정에서 성차별에 시달리며 사회적으로 주어진 성 역할을 받아들여야 하는 소녀들의 탈출을 위한 대리인이었다. 소녀들은 마법소녀들의 힘과 변신을 빌어 일상에서 탈출하기를 원했다(박인하, 2000, 61).

소녀들을 대상으로 한 애니메이션 장르와 비교되는 것으로 소년들을 대상으로 한 애니메이션이 바로 소년들을 대상으로 한 SF 장르의 애니메이션들이다. SF는 1970년대 활발히 제작되었는데, 〈마징가 Z〉, 〈UFO 로봇 그랜다이저〉 등의 거대 로봇물은 일본 애니메이션만의 특화된 장르이다(박인하, 2000).

일본 애니메이션의 특정 대상을 목표로 한 애니메이션 장르의 분화는 TV 혹은 만화책, 영화 등의 다양한 매체를 통해서 소년과 소녀들의 생각과 가치관을 일정한 틀로 한정지우는 결과를 초래한 것은 아닌지 우려를 낳게끔 한다. 이에 대해 박인하는 다음과 같이 비판하였다(박인하, 2000).

> 마법소녀물을 통하여 소녀들의 욕망 충족은 거대 로봇물에 등장하는 소녀들의 욕망 충족과는 전혀 다른 양상으로 존재했다. 거대 로봇물의 소년들과 소년들이 조종하는 로봇은 지구(혹은 일본)을 침입해오는 악의 세력에 맞서 지구를 지키는 지극히 '공적인 영역'에 복무하지만 소녀들은 주위에서 일어나는 일상의 사건들을 해결해주는 것이 대부분이다.

남성은 공적인 영역, 여성은 사적인 영역이라는 성차별 이데올로기가 소녀들의 장르인 마법소녀물을 지배하고 있었던 셈이다. 소녀들을 위한 장르임에도 불구하고 소녀를 소년과 다르게 구분한다는 것은 바로 60-70년대가 지닌 시대적 한계였다(박인하, 2000, 61).

어린이들은 애니메이션을 반복적으로 보면서 그 안에 담긴 함축적 메시지를 접하게 되며, 그러한 경험은 아이들의 현재, 미래의 모습을 형성하는데 매우 중대한 영향을 준다는 점이다. 따라서 대중문화를 비판적 분석의 대상으로 바라봐야 한다는 점은 어린이를 대상으로 하는 애니메이션에서도 예외가 될 수가 없다. 또한 어린이들의 학교에서도 이러한 대중문화를 비판적으로 바라보는 안목을 교육시켜야 한다는 것이다.

3. 결론

본 글에서 순수미술 뿐만 아니라 만화영화, 광고 등과 같은 대중문화 영역을 어떻게 볼 수 있을지에 관한 다양한 관점에 대해 이야기하였다. 이러한 다양한 관점에 대한 이해는 대중매체 시대에 범람하는 이미지들을 접하게 되는 우리들에게 매우 필요한 것이다.

도상학적 접근은 미술 작품에 담긴 다양한 상징성들을 찾아 보고,

작품이 제작되었던 시기의 문화를 미술작품을 통해 조망해보도록 한다는 점에서 중요한 의의를 찾을 수 있다. 도상학적 접근은 이미지들에 담겨 있는 특정 대상, 색, 형태 등이 갖는 상징적 의미가 무엇인지를 과거의 문헌을 바탕으로 읽어 나가도록 한다.

기호학은 미술 작품뿐만 아니라 광고의 이미지를 분석하는데 흔히 사용되는 관점이다. 이미지 이면의 함축 의미를 찾는 것은 자연스럽게 얻어지는 능력은 아니다. 이미지들, 이들간의 관계 등을 고찰하면서, 의미를 부여하고 연결지음으로써, 광고 이면에 담겨 있는 이데올로기를 파헤쳐가야 한다.

페미니즘은 미술 작품, 광고, 애니메이션 등 다양한 분야에서 이미지를 사회적인 성의 관점에서 분석하는 방법이다. 페미니즘은 여성의 정체성이 정치적, 사회적, 문화적으로 어떻게 형성되고, 유지되는지를 살펴본다. 여성의 정체성은 결국 고정적인 것이라기 보다는 시대와 문화에 따라서 유동적이며 변화한다.

앞에서 고찰한 도상학, 기호학, 페미니즘의 관점 이외에도 정신분석학, 마르크스주의적 관점 등 매우 다양한 관점이 가능하다. 이미지를 읽는 다양한 관점은 동일한 이미지를 다르게 해석할 수 있는 길을 열어준다.

참고문헌

김웅숙(1995). 문화연구와 페미니즘, 한국언론정보학보 제15호, 90~114

박인하(2000). 애니메이션 속의 히로인과 섹슈얼리티, 디자인문화실험실 편, 디자인 문화비평: 디자인과 성, 서울: 안그라픽스.

안금희(2011). 이미지 읽기: 기호학과 페미니즘 관점을 중심으로, 미술교육연구논총.

Adams, *The Methodology of Art History,* 박은영 역(1996), 미술사방법론.

Giroux, H. A.(1999). *The Mouse that Roared: Disney and the end of Innocence,* 성기완 역, 디즈니의 순수함과 거짓말, 서울: 아침이슬.

Nochlin. L.(1997). *Women, art and power,* 오진경 역, 페미니즘미술사, 서울: 예경

Williamson, J.(1978). *Decoding Advertisements*, 박정순 역(1998), 광고의 기호학. 서울: 나남출판사.

Panofsky, E.(1979). 도상학과 도상해석학, 캐멀링 편집, *Ikonographie und Ikonologie,* 이호순 외 역(1997), pp.139~160, 서울: 사계절.

한국 음악의 문화적 기능과
음악교육의 지향

음악교육과 김혜정 교수

교과교육과 문화,
어떻게 소통할 것인가?

1. 머리말

2007 음악과 교육과정에서는 음악의 성격을 다음과 같이 정의하고 있다.

음악은 사람의 느낌과 생각을 소리를 통해 표현하고 향수하는 예술로, 예부터 인간의 삶에 큰 영향을 끼쳐 왔다. 사람은 음악활동을 통하여 미적 경험과 즐거움을 얻고 잠재된 음악성과 창의성을 계발하며 음악의 사회적 역할과 가치를 인식함으로써 자아실현의 가능성과 삶에 대한 이해의 폭을 넓히게 된다.

음악교과는 학생에게 다양한 음악적 경험을 제공하고 음악 활동에 필요한 기본적인 능력과 음악성을 기르며 풍부한 음악적 정서를 함양하도록 체계적으로 도와줌으로써 음악을 생활화할 수 있는 바탕을 마련하는 교과이다. 그러므로 음악을 느끼게 하고, 음악의 기본 감각과 기초 기능을 기르며, 음악 경험의 질적 향상과 다양화를 위해 탐구하고 연마하도록 하는 한편, 창의력을 발휘하면서 능동적으로 표현하고 수용하도록 지도하는데 중점을 둔다. 따라서, 음악교과는 다양한 악곡 및 활동을 스스로 경험하게 하며, 그러한 경험을 통하여 음악적 능력과 창의성을 계발하고, 풍부한 음악적 정서와 애호심을 함양하게 함으로써 음악의 가치를 인식하고 생활화할 수 있는 바탕을 마련하는 데 목적을 둔다.

(2007 음악과 교육과정)

위의 내용에서 볼 수 있듯이, 현재 교육과정에서의 음악은 음악 자체의 특성을 중심으로 설명되고 있으며, 음악의 문화적 의미나 가치에 대해서는 '음악의 사회적 역할과 가치'와 같은 추상적 개념으로 잠깐 언급하고 있을 뿐이다. 이 때문에 음악교과의 중요성에 대한 객관성을 확보하기 어려운 상황에 있다. 또한 음악의 요소만을 집중하고 예술음악적 태도만을 교육한 결과, 학교에서 교육한 음악이 생활화되지 못하는 상황에 놓여 있다. 음악의 문화적 맥락을 연계하여 교육하지 못한 때문이다.

그러나 전통음악의 존재양상을 살펴보면 음악만으로 연주되는 것이 아니라 종합예술적(樂+歌+舞) 특성이 강했으며, 단순한 감상 목적이 아닌 문화적 기능을 담당하는 요소로 역할해 왔음을 알 수 있다. 여러 의례에서 음악은 핵심적인 요소로도 작용하기도 하고, 다른 요소들을 묶어내는 보편적인 매개체로서 역할하기도 했다. 또한 음악인들의 담론을 통해 음악이 개인의 삶과 공동체 문화에 있어서 특별한 기능을 담당해 왔다는 것을 알 수 있다.

따라서 한국음악의 문화적 기능과 역할에 어떤 것들이 있었는지 살펴보고 한국음악의 문화적 교육 가능성에 대해 재조명해볼 필요가 있다. 또한 전통음악문화의 전승맥락이 현재와 같은 모습으로 변화되었던 원인과 과정을 살펴보려 한다. 이를 통해 전통적인 음악문화의 기능이 현재에도 적용 가능할 것인지 점검해 볼 것이다. 현 시점에도 적용할 수 있는 음악의 문화적 기능을 찾아내고 이를 음악교육의 지향점으로 삼아, 살아있는 음악문화 교육이 될 수 있도록 활성화시켜 나가야 할 것이기 때문이다.

2. 전통음악의 문화적 기능과 역할

2.1 기원을 담는 음악

사람들은 음악으로 신에게 우리의 뜻을 전달하고 기원한다. 말로 하는 기도보다 노래로 하는 기원이 훨씬 위력적이라는 생각은 여러 종교에서 공통적으로 발견된다. 이슬람사원에서는 악기를 연주하고 노래하는 것이 기도하고 절하는 것보다 더 중하다고 여긴다. 우리의 무속종교인 굿판에서는 말로 진행되는 부분이 거의 없을 정도로 모든 절차가 노래되고 음영된다. 말보다는 노래가, 한 사람의 노래보다는 여러 사람의 노래가 하늘에 더 잘 전달된다고 믿는 사례를 『예기』의 「악기」나 『삼국유사』의 해가사조에서도 찾아볼 수 있다.

신라 성덕왕 때에 순정공이 강릉 태수로 부임할 때, 바닷가 임해정에서 점심을 먹었다. 갑자기 바다의 용왕이 나타나 수로부인을 끌고 바다 속으로 들어가 버렸다. 공은 땅에 넘어져 아무런 계책이 없었는데 한 노인이 있어 이렇게 말했다.

"옛말에 뭇 사람의 입은 무쇠도 녹인다 했으니, 이제 바닷속의 짐승이 어찌 많은 사람의 말을 두려워하지 않겠습니까? 인근의 백성들을 모아 노래를 지어 부르고 막대기로 언덕을 치면 부인을 찾을 수 있을 것입니다" 공이 이렇게 하였더니 용이 부인을 받들고 나와 도로 바치었다. 공이 부인에게 바다속의 일을 물으니 부인이 말하였다.

"칠보로 꾸민 궁전에 음식이 맛있고 향기로우며 깨끗하여 속세의 요리가 아니더이다" 부인의 옷에는 세상에서 일찍이 맡아보지 못한 특이

한 향기가 풍겼다. 그 후에도 수로부인은 절세의 미인이라 매양 깊은 산과 큰 못을 지날 때마다 여러 신물에게 잡혔다.

– 삼국유사

'뭇 사람의 입은 무쇠도 녹인다'하여 여러 사람의 노래가 갖는 위력을 말하고 있으며, 하늘의 뜻을 바꾸기 위한 방책으로 백성들을 모아 노래를 지어 부르게 하는 것을 볼 수 있다. 여러 사람의 제창은 사람들의 마음뿐 아니라 하늘의 뜻도 바꿀 수 있는 힘을 지녔다고 생각한 것이다. 이러한 마음은 모든 종교에서 공히 적용되고 있다.

강강술래에서도 마찬가지이다. 달의 모양을 흉내 내며 달을 노래하는 강강술래는 달의 영험함을 춤과 노래로 드러내는 '본풀이'인 셈이다. 신을 즐겁게 하고 찬양하기 위해 신의 내력을 풀어내고 위엄을 이야기하며 노래하는 것은 굿이나 여느 종교에서 흔히 볼 수 있는 광경이다. 달의 모습을 노래하고 흉내 내며 그 달에게 한 해의 풍요를 비는 것, 그것이 강강술래가 본래 담았던 의미이다. 그리고 강강술래는 여러 사람이 한 마음으로 함께 '달'을 노래한다.

음악은 사람들이 한 마음으로 같은 기원을 함으로써 사람들을 하나로 모으게 하고 단결하게 하는 기능을 한다. 이러한 기능은 때로 종교와 다른 신념을 위해 사용되기도 하며, 사람들을 모으고 단결하기 위한 목적으로 활용되기도 한다. 5·18 민주화 항쟁과 같은 정치적 집회나 2002년 월드컵을 비롯한 국가적인 스포츠 경기 때에도 음악은 같은 목적으로 사용된다. 같은 뜻을 가진 사람들을 단결하게 하고, 그 뜻을 널리 알리며, 함께 하기 위해서 음악이라는 수단을 사용하는 것이다.

2.2 마음을 다스리고 치유하는 음악

2.2.1 선비의 정신 수양 음악

조선시대 선비들이 갖추어야 할 기본 덕목 가운데에는 거문고를 연주하는 것도 포함되어 있었다. 비단 글을 읽는 선비뿐 아니라 칼을 쓰는 무사, 도를 닦는 도인에 이르기 까지 악기를 다루는 것을 기본으로 삼았다. 이러한 전통은 중국의 금문화에서 비롯된 것인데, 중국에서도 역시 정신수양을 위한 목적으로 금을 애용하였다.

우리나라에서 선비들의 정신 수양 음악을 일러 풍류음악이라 부른다. 특히 거문고를 중심으로 연주하기 때문에 줄풍류, 즉 현악기를 중심으로 하는 풍류라 한다. 풍류 음악은 현악기를 중심으로 주로 대청마루나 방 안에서 연주하는 실내악이며, 그렇기 때문에 철저히 잡음을 차단하고 깨끗한 음색을 유지한 간결한 연주법을 애용한다. 남에게 들려주고자 연주한 음악이 아니라 스스로를 위해, 그리고 함께 연주하는 이들의 조화로운 연주를 위해 만들어진 음악인 것이다.

우리나라 선비들이 거문고를 연주하고 이를 통해 정신 수양을 하고자 했던 태도는 다음과 같은 글을 통해 살펴볼 수 있다.

> 예로는 외면을 절제하고 악으로는 내면을 화평하게 한다. 절제는 행동을 바르게 하고 화평은 덕을 기르는 것이니, 두 가지 중에 어느 한 쪽도 폐해서는 안 된다.
>
> — 정약용 악서고존 서문 중에서

선비들은 음악이 자신의 정서를 화평하게 하고 덕을 기르는데 그치지 않고 사람들을 교화하고 교육하는 데에도 유효하다고 믿었다. 음악에 담은 정서가 다른 이들에게도 전달될 수 있다고 본 것이다. 그들이 음악교육에 대해 언급한 자료는 다음과 같다.

> 옛날 유우씨가 기에게 명하기를 "그대는 전악으로 명하여 주자를 가르치게 하노라" 하였는데, 전악이란 악을 관장하는 것일 뿐이니, 사람을 가르치는 데는 어찌 하겠는가.
>
> 아, 사람은 저절로 착해지지는 못하고 반드시 가르친 다음에야 착하게 된다. 왜 그런가 하면 칠정(七情)이 마음 속에 어그러져서 화평함을 얻지 못하기 때문이다. 혹은 부러워하면서 마음에 만족하여 방탕하는 일이 있기도 하며, 혹은 화를 발끈 내면서 분노하는 일이 있기도 하며, 혹은 근심하기도 하며, 혹은 두려워하기도 하며, 혹은 노려보기도 하며, 혹은 흘겨보기도 하여 그 마음이 조금도 화평함을 얻을 때가 없다. 마음이 화평스럽지 못하면 몸가짐도 따라서 어긋나게 되므로 동작과 주선이 모두 그 법도를 잃게 된다. 그러므로 성인이 금, 슬, 종, 고, 경, 관 등의 음을 만들어서 조석으로 귓속과 마음속에 들여보내어 그 혈맥을 움직여 흔들어서 화평하고 화락한 뜻을 고동시킨다. 그러므로 소가 이미 이루어지자 여러 관아의 장관들이 서로 화락해지고 우빈이 덕으로 사양하였다. 그 효과가 이와 같은 것이 있었으니, 사람을 가르치면서 반드시 악으로 하는 것이 또한 마땅치 않겠는가.

– 정약용 악론 중에서

　정약용은 '사람은 반드시 가르친 다음에야 착하게 된다'고 하여 교육의 중요성을 이야기 하면서 사람의 마음에 화평함을 주기 위한 좋은 방법으로 음악을 들고 있다. 즉 좋은 음을 만들어 들려주면, 사람들의 혈맥을 움직여 화평하고 화락한 뜻을 만들어준다는 것이다. 이와 같이 음악을 통해 사람들을 교화시킬 수 있다는 이론은 정치적으로 활용되기도 하였다.

　좋은 음악을 통해 사람들에게 마음의 안정을 주고, 평화를 가져다줄 수 있다는 믿음은 최근 음악치료학의 도입을 통해 크게 부각되고 있다. 그리고 정약용의 의견처럼 교육적인 측면에서의 활용도 필요하다. 예를 들어 집중력이 떨어져 가는 학생들을 위해 호흡이 긴 음악을 들려줄 필요가 있다. 호흡이 긴 음악은 자연스럽게 학생들의 호흡도 차분하고 길게 유지될 수 있도록 도와준다. 때문에 결과적으로 학생들의 정서를 편안하게 가라앉히는 기능을 할 수 있는 것이다.

　반면 집중력이 떨어지는 학생일수록 호흡이 긴 음악을 지루해하고, 적응하지 못하는 경우를 쉽게 볼 수 있다. 어린 시절부터 좋은 음악, 호흡이 긴 음악을 골고루 감상할 수 있도록 하고, 그러한 정서를 체험하게 함으로써 학생들의 집중력을 높이고, 자신의 정서를 스스로 정화할 수 있는 능력을 만들어 주어야 할 것이다. 선비들의 정신 수양에는 이르지 못하더라도, 학생들의 건강한 정신문화를 위해 필요한 교육이기 때문이다.

2.2.2 민요 가창자들의 정서적 치유

민요 가창자들은 "나 이 노래 없었으면 벌써 죽었어"라는 표현을 자주 사용한다. 또한 가창자들이 한결같이 하는 이야기 가운데 하나는 '노래는 마음을 담는 것'이란 표현이다. 홍글소리나 아라리를 부르는 어르신들은 "힘들고 고달플 때", "죽고 싶을 만큼 힘들 때" 노래를 부른다고 말한다. 그들은 이런 노래를 부르면서 울기도 하고 자신의 마음을 다 드러내어 노랫말에 담아내기도 한다. 자신의 고난이 가사가 되어 노래될 때, 그 내용이 객관화되고 자신이 제 3자가 되어 대상에서 한 발자국 떨어져 볼 수 있는 계기가 되는 것이다.

> "팽야 이런 것 혼자서 하는 소리제. 어디서 듣도 안하고, 혼자 지어내서 하는 소리여. 맘이 짠뜩 불안하고 그라믄 그런 노래도 부르고 그래요.…… 죽제야 죽을 수도 없고 살래야 살 수도 없어 혼자 인자 그런 노래를 부르고 나먼 마음이 좀 터진단 말이요.……"
>
> – 1991년 7월 1일 완도읍 군외면 대문리 김안례씨 대담 중에서

홍글소리는 불안하고 슬픈 마음을 풀어준다고 이야기 한다. 가슴에 맺힌 응어리를 풀어주는 역할을 하는 것이다. 그와 비슷한 역할을 하는 것으로 '울음'을 들 수 있다. 예를 들어 가까운 사람이 죽었을 때 우리는 통곡이라는 공식적 절차를 통해서 슬픔을 토로하고 달랜다. 이런 의미에서 홍글소리는 우는 소리와 많이 닮아 있다. 그래서인지 홍글소리를 부르면서 울음을 터트리거나 눈물을 글썽이는 경우, 그리고 상갓집에서 홍글소리로 곡을 대신하는 경우를 종종 볼 수 있다.

곡소리는 노래라고 할 수 없지만 그 음조직이 분명한 민요조로 되어 있다. 우리나라의 동부 지역에서는 메나리조의 곡소리가, 남도에서는 육자배기조의 곡소리, 그리고 서도에서는 수심가조의 곡소리가 불린다. 노래가 아니더라도 높낮이를 두어야 한다면 가장 익숙한 음높이의 음을 선택하는 것이 어쩌면 당연한 이치일 것이다. 그래서 우리는 민요의 어법대로 울음을 우는 것이다. 그리고 같은 문화권에 사는 사람들은 그 어법을 공유하고 있기 때문에 노래를 들으며 가창자의 정서도 함께 공유할 수 있게 된다. 이것이 바로 민족마다 독특하게 존재하는 음악 어법, 음악적 모국어인 것이다.

최근 각국의 신생아들이 모국어의 억양과 유사한 울음을 운다는 연구결과가 발표[1]된 바 있다. 어머니의 뱃속에서 어머니의 말소리를 들어왔기 때문에 그 음고가 반영된 울음을 울어서 어머니와 의사소통을 시도한다는 것이다. 그래서 프랑스 아이들은 프랑스어의 음고로, 독일 아이들은 독일어의 음고로 울음을 운다고 한다. 울음이 언어와 가깝다는 것이다. 그리고 울음은 노래와도 가깝다.

곡소리와 비교해 보자면, 홍글소리는 정제된 울음소리이면서 공식적인 '한'의 배출구와 같은 것이라 할 수 있다. 삶이 힘들고 슬프고 앞이 막막할 때, 홍글소리를 부름으로써 자신의 고통스런 삶을 토로하여

---

1 YTN 뉴스, 2009-11-06, 신생아의 울음소리는 엄마가 사용하는 언어의 억양을 닮는다는 연구결과가 나왔습니다. 독일 뷔르츠부르크 대학 연구팀이 독일과 프랑스에서 태어난 지 일주일 미만의 신생아 60명의 울음소리 패턴을 분석한 결과 독일 아기와 프랑스 아기 사이에 확연한 차이가 드러났다고 미국의 온라인 의학뉴스 전문지 헬스데이 뉴스가 보도했습니다. 프랑스 신생아들 울음소리는 낮게 시작해서 높아지고, 독일 신생아들은 반대로 높게 시작해서 낮아지는 패턴을 각각 보였는데, 이는 태아들이 출산 전 마지막 3개월 사이에 자궁에서 엄마의 목소리를 주의 깊게 들었다는 증거라고 연구팀은 설명했습니다.

객관화시키고, 그러는 도중에 어느새 자신의 감정을 다스리는 지혜도 발휘할 수 있었던 것이다.

홍글소리에는 삶을 있는 그대로 받아들이는 태도가 드러나 있다. 한스럽고 고달픈 삶을 회피하지 않고 '혼자 노래부르기'라는 소극적 방법을 통해서나마 갈등을 조화시켜 가려고 했던 것이다. 이것은 창자가 처한 여러 상황에서 자발적으로 취해진 음악활동이라는 점에서 의의가 있다.

민요 홍글소리나 아라리와 같은 노래들은 선비들의 정신 수양을 위한 거문고 음악보다 더 적극적이고 직접적이다. 이들은 스스로 자신의 노래를 만들어 부른다. 가사에 자신의 이야기와 생각을 직접적으로 담아내고, 선율에 자신의 정서와 감정을 담는다. 이들은 '슬플 때는 곡조를 느리게 하여 슬프게 노래하고, 신명날 때에는 빠르고 높게 노래하여 신나게 부른다'고 표현한다. 같은 노래라 할지라도 노래하는 이의 정서에 따라 음고와 속도 등 음악적 요소가 달라진다는 것이다.

민요 가창자들은 그들의 음악어법을 통해 자신의 이야기와 정서를 담아 노래한다. 그리고 그를 통해 자신의 감정을 스스로 치유한다. 자신의 정서를 스스로 치유할 줄 모르는 사람들은 삶을 자주적으로 영위하기 어렵다. 감정에 휘둘리기 때문이다. 우울증이 만연한 우리 시대에 이러한 치유의 음악이 진정으로 필요한 것은 아닐까. 자신의 노래를 만들어 부를 수 있고, 이것이 주변 사람들에게 공유될 수 있는 것이라면 더 나은 음악치료학은 없을 것이다.

인디언의 말 가운데 친구는 '내 슬픔을 대신 짊어지고 가는 사람'을 뜻한다고 한다. 사람이 세상을 살아가면서 자신의 슬픔을 나눌 수 있는 사람이 있다면 삶의 무게가 훨씬 가벼워지지 않을까 생각된다. 우리의 전통에서 슬픔을 나누어 그 무게를 줄이는 방법의 하나로 노래를 불렀다. 그리고 현재를 살아가는 우리에게 음악이 줄 수 있는 가장 중요한 기능은 바로 자신의 정서를 스스로 치유할 수 있도록 해주는 것이 아닐까 한다.

2.3 의식을 위한 음악

조선시대에는 유교적 이념에 따라 정치를 했으며, 유교에서는 음악을 사람들을 교화하는 장치로 여겼다. 이는 앞서 살펴보았던 선비의 정신수양을 위한 음악 이론과 같은 배경에서 출발한 것이다. 정치이념으로서 음악을 이해하는 태도는『악학궤범』서문에 잘 드러나 있다.

> 악(樂)이라고 하는 것은 하늘에서 나와서 사람에게 맡겨진 것이요, 허에서 발하여 무위자연에서 이루어지는 것이니, 사람 마음으로 하여금 느껴서 움직이게 하고 혈맥을 씻고 정신을 유통시키는 근거이다. 하지만 느끼는 것의 차이로 인해 소리 역시 차이가 나니, 기쁜 마음을 느끼면 발산하여 흩어지고, 성난 마음을 느끼면 거칠고 사나우며, 슬픈 마음을 느끼면 애처롭고 참을성이 없어지며, 즐거운 마음을 느끼면 기쁘고 여유로워진다.
>
> 소리의 이런 차이를 하나로 모으는 것은 임금이 이끄는 것에 달려 있을 뿐인데, 이끄는 것에는 옳고 그름이 있어서 풍속의 성쇠가 이와 관계가 있다. 이것이 악의 도가 통치와 교화에 크게 관련되는 이유이다.
>
> — 성현, 악학궤범 서문 중에서

우리나라의 여러 의식에는 각기 어울리는 음악이 사용되어 왔다. 각종 제사와 의례, 잔치와 기념행사 등에 음악은 빠질 수 없는 존재였다. 유교를 정치이념으로 삼았던 조선시대에 음악은 잔치의 규모와 주최자의 신분이나 직위 등을 상징하는 매체이기도 하였다. 따라서 음악은 그 상징성을 통해 의식의 목적과 기능을 살려주는 역할을 했던 것이다.

2.4 듣는 즐거움을 위한 음악

감상을 위해 연주하는 음악을 흔히 예술음악이라 한다. 예술음악은 생산과 소비가 함께하는 생활음악과 달리 생산자인 연주자와 소비자인 청중이 분리되어 있다. 예술음악이란 전문가, 또는 직업 음악인이 음악을 연주하고, 일반인들이 감상을 하는 형태를 가리키며 한국음악 가운데에는 판소리와 산조, 잡가와 같은 것이 여기에 해당한다. 예술음악은 조선 후기에 꽃피웠던 음악문화로서 민간에서 음악을 직업으로 삼는 사람들이 만들어지면서 활발해진 분야의 음악이다.

조선 후기는 어떤 새로운 예술음악을 필요로 하던 시기였다. 그리고 그러한 요구에 발맞추어 생겨난 민중의 예술음악들이 바로 가사, 잡가, 판소리 등이다. 이들은 서로 영향관계에 의해 성립되었을 가능성보다는 각기 독립적인 지역에서 그 지역에 있던 음악적 소양과 재료들을 이용하여 지역의 음악어법에 잘 맞는 형식으로 발전되었을 것으로 보인다. 즉 가사와 잡가는 경기와 서도에서, 그리고 판소리는 호남에서 생성되었다고 볼 수 있다.

세속적 연희로서 예술음악은, 청중에게 얼마나 흥미를 주고 감동을 주는가가 성행을 보장하는 요건이 되었다. 그러므로 자연 연주자들은 그들의 예술에 대한 대중의 기호를 유지하고 증대시키기 위하여 보다 다채로운 내용과 풍부한 음악적 기량을 갖추고자 노력하지 않으면 안 되었다. 즉 음악의 지향이 예술성과 대중성에 있었으며, 그를 위해 모든 노력을 기울여 온 것이다.

다음은 판소리 광대에 대해 노래한 단가 광대가의 일부이다. 광대가 무엇을 하는 존재이며, 그 기량이나 태도는 어떠해야 하는가를 노래하고 있다.

우리 행락 광대 행세 좋을씨고. 그러하나 광대 행세 어렵고 어려워라. 광대라 하는 것이 제일은 인물치레, 둘째는 사설치레, 셋째는 득음이요, 넷째가 너름새라.

너름새라 하는 것은 귀성끼고 맵시있고, 경각의 천태만상 위선위기 천변만화, 좌상의 풍류호걸 구경하는 노소남녀 울게 하고 웃게 하는 이 귀성 이 맵시가 어찌 아니 어려우며,

득음이라 하는 것은 오음을 분별하고 육률을 변화하여 오장에서 나는 소리, 농낙하여 자아낼 제 그도 또한 어렵구나.

사설이라 하는 것은 정금미옥 좋은 말로 분명하고 완연하게 색색의 금상첨화 칠보단장 미부인이 병풍 뒤에 나서는 듯, 삼오야 밝은 달이 구름 밖에 나오는 듯, 새눈 뜨고 웃게 하기 대단히 어렵구나.

인물은 천생이라 변통할 수 없거니와, 원원한 이 속판이 소리허는 법 례로다.

— 신재효의 〈광대가〉 중에서

광대가 되기 위해 인물이 좋아야 하고, 사설이 좋아야 하며, 소리를 잘해야 하고, 움직임에 맵시가 있어야 한다는 것이다. 광대가는 청중들의 듣는 즐거움을 위해 준비해야 하는 광대의 자격 조건과 그것을 얻는 것이 얼마나 어려운지에 대해 노래하고 있다. 아마추어인 청중은 제대로 부르거나 연주하기 어렵지만, 그 속을 이해하고 감상할 수 있는 귀명창이면 족하다. 추임새를 곁들여 감상할 수 있다면, 연주자와 함께 판을 만들어가는 주도적 위치를 차지할 수 있는 공연구조이므로 청중이라 해서 소외되지는 않는다. 듣는 즐거움을 위해 감상하는 음악이 바로 예술음악인 것이다.

그런데 서양음악의 수입 이후 우리는 '음악=예술음악'이라는 오해를 하게 되었다. 그 이유는 서양음악 가운데 예술음악을 주로 수입했기 때문이다. 서양 사람들이 즐기던 생활음악, 의식음악은 거의 소개되지 못하고 서양의 전문가들이 연주하고 감상하던 예술음악을 서양음악으로 인식하고 수용했기 때문에 예술음악만이 음악인 것으로 생각하는 경향이 만들어진 것이다.

이러한 인식은 다시 우리 음악을 제대로 이해하는 데에 방해가 되고 있다. 삶 속에서 거칠게 자신을 노래하던 감정치유의 음악은 음악 대접을 못 받게 되었고, 신분과 지위를 상징하던 의식음악과 선비들의 풍류음악은 지루한 음악이라는 평가를 받고 있다. 이들은 누군가 감상할 수 있도록 연주하는 음악이 아니라 스스로를 위해 연주하던 음악이다. 예술음악과는 기능과 역할이 다른 것이다.

예술음악에 집중되어 있는 음악문화는 기층이 제대로 형성되지 못하는 문제를 낳고 있다. 전문가들은 양산되지만 그것을 제대로 들을 줄 아는 귀명창의 수는 점점 줄어들고 있는 것이다. 갈수록 공연장은 비어가고, 음악가들의 설 자리는 줄어든다. 이는 생활음악문화를 제대로 만들어주지 못한 잘못이다. 그리고 이에 대한 개선은 교육과 정책을 통해 해 나가야 할 것이다.

3. 전승 맥락(환경)의 변화에 따른 적용 가능성

앞 장에서 전통적으로 음악이 담당했던 여러 가지 기능을 살펴보았다. 종교음악, 생활음악, 의식음악, 예술음악 등 개인을 위한, 또는 공동체를 위한 음악들이 다양하게 존재했던 것을 볼 수 있다. 그렇다면 현재 우리의 음악문화는 그러한 다양성을 갖추고 있는가? 반문하게 된다. 현재 한국의 음악문화는 건강한 상태인가?

흔히 음악을 '전문가가 연주하고 우리는 그것을 감상하는' 예술음악으로 이해하는 경향이 강하다. 그러나 이러한 예술음악으로서의 면모는 음악의 단편적인 일면에 불과하다. 음악은 보다 다양한 기능을 가진 문화적 소산물이다. 그리고 여러 기능의 음악들이 서로 영향을 주고 받으며 변화하고 전승되는 것이다. 따라서 다양한 기능의 음악이 살아 있어야만 음악의 생명력이 유지되고 결국 건강한 음악문화를 양산해 낼 수 있다. 생활음악이 없는 예술음악은 사상누각과 같은 것이어서 건강한 음악문화를 형성하지 못하게 한다.

예술음악은 있으나 생활음악이 없으면 음악은 전문가만의 것이 되어 버리고 만다. 즉 음악의 수요자인 향유층 확보에 어려움을 겪게 될 것이다. 현재 이미 서양의 클래식과 전통음악의 대부분에서 이러한 현상이 나타나고 있다. 수요가 없는 공급이 있을 수 없기에 이미 이들은 국가의 지원이 없다면 연주층마저 잃어버리게 될 상황에 놓여 있다. 어떤 공연예술이건 생활음악인, 즉 향유층이 굳건히 다져져 있지 않으면 그 미래가 불투명해지는 것은 당연한 결과인 것이다.

따라서 국가적 지원과 같은 특별한 수혈 없이 자생적으로 음악문화가 건강해질 수 있으려면 음악을 둘러싼 모든 환경 자체가 안정적으로 형성되고 유지되어야 한다는 결론이 나온다. 즉 음악을 생활음악으로 즐기는 향유층이 있어야 하고, 그것을 프로답게 연주하는 연주층이 있어야 하며, 그들이 음악과 문화를 함께 공유할 수 있는 시·공간이 필요하다.

건강한 음악문화를 위해 다음과 같은 구도를 생각해 볼 수 있다. 이는 연주자와 향유자, 그리고 이를 둘러싼 문화권력의 기능과 역할, 그리고 서로의 유기적 상관관계의 필요성을 나타낸 것이다.

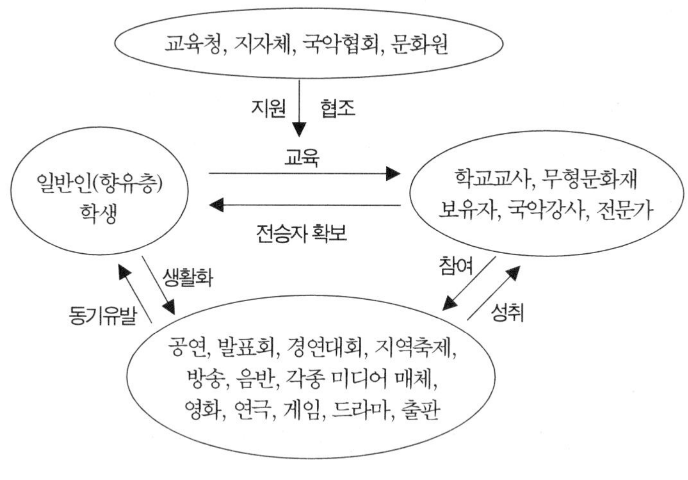

[그림 1] 새로운 전승 맥락

과거에는 생활음악문화를 삶 속에서 자연스럽게 익혔지만 이제는 전문가를 통해 배워야 한다. 또 일을 하면서, 놀면서 부르고 즐길 수 있었던 문화였지만 이제는 따로 노래 부를 수 있는 공간과 기회가 필요하다. 또한 방송과 각종 매체를 통한 생활화를 통해 친숙해질 수 있도록 해야 하며, 이러한 생활화는 전통음악을 배우고자 하는 동기유발을 제공해줄 수 있다. 이를 통해 일차적으로는 전통음악의 향유층을 확보할 수 있으며 나아가 뛰어난 전문가를 찾아낼 가능성이 높아질 수 있다.

과거와 달리 현대에 들어서 가장 많이 달라진 부분은 각종 매체의 발달이라 할 수 있다. 과거에는 공연과 음반 제작 등에 그쳤지만, 이제는 각종 매체를 통해 다양한 모습으로 만날 수 있게 되었다. 따라서 인터넷, 모바일, 영화, 연극, 게임, 방송 등 다양한 매체를 활용할 수 있도록 콘텐츠 개발을 해야 한다.

무엇보다 교육이 중요하다. 생활 속에서 전통음악을 만날 수 있는 기회가 적은 만큼 전통음악을 배울 수 있는 거의 유일한 통로가 학교 교육이 되어버렸다. 그러므로 전통음악을 이해하고 그 음악어법을 공유할 수 있도록 학교 교육이 이루어져야 할 것이다.

4. 문화교육으로서 음악교육의 목표와 지향

이상에서 살펴본 바와 같이 한국의 전통음악은 음악만으로서 존재한 것이 아니라 문화의 일부로서 존재하고 있다. 예술음악적 면모 뿐 아니라 생활 속에서 노래되고 연주되었으며, 사람들을 모으고 단결하기 위해, 정신 수양과 정서 치유를 위해, 스스로를 드러내기 위해 노래하였다. 그러한 음악의 기능적 다양성을 현재의 음악교육에서 제대로 담아내고 있는가 의문이다. 문화교육으로서 음악교육의 방법적 모색이 필요하다. 음악이 음악만으로 존재하는 것이 아니라 문화의 일부분이라는 사실을 교육에 적용할 필요가 있다.

무엇보다 한국인으로서 한국음악 어법에 익숙해져야 할 필요가 있다. 한국인이 한국어로 의사 소통하듯이 한국인이라면 한국 음악어법으로 정서를 소통하고 공유할 수 있어야 할 것이다. 왜냐하면 자신의 정서를 주변의 사람들과 소통할 수 있어야 정서적 안정을 쉽게 이룰 수 있기 때문이다. 개인의 정서가 안정되고 평화로워 질 수 있다면 사회적 안정 또한 기대해 볼 수 있을 것이다. 이것이 바로 옛 성현들이 꿈꾸던 음악이 아니었을까.

　음악교육에서는 음악적 기능에 목표를 맞추고 있으나, 한국 음악 어법의 습득을 위해서는 예상할 수 있는 기능보다 소박한 단계의 창의성을 깨울 필요가 있다. 음악은 고정된, 또는 완성된 대상이 아니라 만들어가는 대상이어야 한다. 자신의 것으로 만들어가는 방법을 익히는 것, 그것이 음악교육이어야 한다는 것이다.

　자신의 노래를 만들어 부를 줄 아는 교육이 되어야 한다. 이것이 가능해진다면 이들이 향유층으로서, 귀명창의 역할을 하는 것은 당연한 결과가 될 것이다. 그리고 향유층이 확보된다면 전통음악 전반, 또는 한국의 음악문화 전반이 살아날 수 있게 될 것이다. 음악은 음악만으로 존재하지 않으며, 음악가 혼자서만 활동할 수는 없기 때문이다.

참고 문헌

『三國遺事』, 민족문화추진위원회, 1973.

『신재효판소리전집』, 연세대학교 인문과학연구소, 1969.

『전남민속연구』 제2집(민요분야), 전남민속학연구회, 1993

교육인적자원부 고시 제 2007-79호,『음악과 교육과정』(교육인적자원부, 2007).

김혜정,「경기소리의 전승맥락과 계승방안」,『한국민요학』26집, 한국민요학회, 2009.

민족음악연구소 편,「[예기] 악기편의 음악적 해석(1): 악본」,『민족음악연구』2호, 부
　　　　　산대학교 민족음악연구소, 1991.

송방송,『한국음악통사』, 민속원, 2008.

이혜구,『국역 악학궤범』, 민족문화추진회, 1979.

전지영,『조선시대 음악담론』, 민속원, 2008.

YTN 뉴스, 2009. 11 .6.

차세대 웹 기술과 문화

The Next Generation Web Technologies and Culture

컴퓨터교육과 주길홍 교수

교과교육과 문화,
어떻게 소통할 것인가?

1. 들어가며

2010년 미래의 인터넷은 어떤 변화를 겪게 될 것인가? 최근 웹3.0에 대한 논의가 점점 구체화되고 있다. 시맨틱(semantic) 검색, 실시간 웹(real-time web), 클라우드 컴퓨팅(cloud computing), 모바일(mobile) 등과 같이 웹3.0을 설명할 키워드들도 두각을 드러내고 있다. 그 중에서도 웹3.0의 가장 핵심은 시맨틱 검색으로 웹3.0의 특징을 형성하는 결정적인 역할을 한다. 일각에서는 웹2.0의 실체조차 명확하지 않을뿐더러, 단지 참여와 공유와 개방이라는 관념적인 성격으로 특징지어진 상황에서 웹3.0에 대한 논의는 시기상조라는 의견이 있다. 또한 웹3.0의 핵심인 시맨틱 웹의 개념이 1998년부터 등장한 만큼 전혀 새로운 개념이 아니라는 의견이 있는 것도 사실이다. 그럼에도 불구하고 웹3.0의 등장이 각광을 받는 이유는 현재 시들해진 웹2.0에 대한 관심과 웹 산업이 성숙기에 접어들었다는 인식의 확산으로 차별화되는 차세대 웹에 대한 활발한 논의를 재촉하고 있고, 그동안 지나치게 장밋빛으로만 보이던 미래 인터넷 환경의 기술이 최근 수년간 놀라운 기술 발전을 하면서 현실로 다가오고 있기 때문이다.

인터넷을 통한 정보가 급격히 증가하고 이에 대한 통제 능력이 상실되기 시작한 현실에서 정보 조직화에 대한 요구는 점차 커지고 있으며, 요구자 또한 전문가에서 일반인으로 확산되고 있다. 이러한 상황에서 시맨틱 웹의 발전은 많은 가능성을 제공한다.

2. 디지털 혁명

뉴미디어의 출현, PC의 고도화와 대량보급, 위성통신 등 정보 관련 기술의 발전으로 세계는 지금 급격히 산업사회에서 정보사회로 이행하고 있다. 이같은 정보혁명으로 지구사회는 지금까지와는 전혀 다른 문명으로 이행하고 있으며, 손톱 만한 칩에 수백권의 백과사전 정보가 저장되는 기술이 개발되고 이를 통하여 정보화는 뉴미디어, 정보고속도로를 바탕으로 더욱 가속화되고 있다. 이는 매스미디어와 산업분야뿐만 아니라 일상생활까지 침투하여 디지털 혁명을 가져오고 있다. 정보화사회의 도래로 세계는 이미 지구촌화 하여 같은 정보를 우리나라 반대편에 있는 아르헨티나와 똑같은 시간에 공유하게 되었다. 산업 시대를 상징하는 대량화, 규격화, 동시화, 중앙집권화, 종족주의에서 벗어나 탈대량화, 탈규격화, 탈동시화, 탈중앙집중화, 초종족주의(supertribalization) 등의 현상이 이미 자리 잡고 있다.

고도 지식정보사회에서는 모든 것을 정보로 변환시킨다. 문화도 역시 현대생활에 필요한 정보재(情報財)의 하나로 간주된다. 기존에 창조된 문화는 정보로 바뀌어 저장이 되고, 새로운 문화를 창조하거나 기존의 문화를 활용하여 새로운 것을 만들기 위해서는 그 정보화된 문화를 참조하게 된다. 문학작품을 예를 들면 작가의 인적 사항과 예술관에서 작품의 표현기법과 메시지, 여러 비평가의 작품 해설과 비평, 가치, 소장자 및 소장기관에 이르기까지 정보가 입력된다. 다른 창작자들은 인터넷을 통하여 그 작품에 대한 정보를 활용하여 새로운 문화를 창조한다. 그리고 이것 또한 다시 정보로 변환되고 활용된다. 문화소비의 경우도 예컨대 미술에 관심이 있으면 그림에 대한 정보를 얻고 인터넷에 떠오른 그림을 감상하고 이에서 만족하지 못할 경우 그 그림이 소장되어 있는 곳으로 인터넷에서 가르쳐주는 대로 찾아가 감상하거나 구매를 한다.

따라서 디지털 사회에서는 디지털화가 가져오는 혁신, 효율화, 수평적 분권화의 일대 혁명이 이뤄진다. 경제적으로는 전 세계를 연결하는 인터넷을 통해서 정보가 고속으로 교환되면서 최대의 부가가치를 만들어 내는 경제구조로 바뀐다는 뜻이다. 그래서 인터넷경제라고도 부른다. 지식과 정보가 유일하고 강력한 가치가 되므로 이것이 그대로 부의 원천이 되며, 최근에 경제시스템, 산업구조, 경영방식의 변화도 이에 맞춰가고 있다. 뿐만 아니라 정부나 사회문화적인 변화가 전례 없는 양식으로 변화될 것이 예상되며, 선진국에서 이미 나타나고 있다. 미국의 전례 없는 장기호황이 그 때문이라는 장미빛 이야기가 우리를 달콤하게 유혹하는가 하면, 바로 같은 이유로 빈부간 격차가 더욱 심화되는 것이 모두 디지털경제의 산물이라는 이야기가 우리를 긴장시킨다.

디지털 사회로의 변화로 예상되는 생활을 e-Life라고 부른다. 그 특징은 대략 수직적인 사회로부터 수평적인 사회로의 변화를 먼저 꼽을 수 있다. 그리고 디지털공통체가 생겨나고, 사회문화적 공동체가 가상공간에서 확대되는 변화를 맞게 된다. 이럴 경우에 정보가난뱅이들이 살기에는 적지 않은 불편이 생긴다. 뿐만 아니라 정보를 통한 개인 사생활의 침해, 컴퓨터해킹, 프로그램 무단복제 등이 우려된다. 따라서 정보통신윤리의 확립이 필요하며 불건전정보 유통에 대한 새로운 규

제도 필요한 것이다. 이제까지의 사회적·지리적 공동체가 어떤 형태로 파괴 또는 변화될지 미리 예단하기조차도 어렵다.

지식정보사회는 세 가지 쟁점 사이에서 서로 영향을 미치며 점차 고도화 된다. 지식정보관리와 네트워크의 고도화는 서로 효과적으로 관리되며, 역량을 키워 나간다. 이는 동시에 지식정보 서비스를 심화 확대시키면서 지식정보를 창출하고 정보서비스의 통로를 제공하게 된다. 이러한 고도화체계의 진행으로 공공부문, 민간부문, 개인생활에까지 e-Life가 보편화되면서 지식정보사회의 꽃을 피우게 될 것이다.

3. 웹 3.0의 개념과 특징

2000년 초반, 인터넷의 사용이 확산되면서 누구나 인터넷을 사용할 수 있게 됨에 따라 웹에는 새로운 문화의 지평이 열리게 되었다. 새로운 패러다임이 도래한 것이다. 학자들마다 조금의 차이는 있지만 일반적으로 2000년부터 2010년까지는 웹2.0의 시대가 될 것이라고 전망하고 있다. 웹2.0시대라고 새롭게 규정할 수 있었던 이유는 웹 상의 텍스트와 문서가 기존의 공급자 전달 방식이 아니라 문서, 사진, 동영상 등의 멀티미디어를 이용해 사용자 간 개방과 공유와 참여가 이루어질 수 있었기 때문이다.

웹2.0을 대표하는 서비스인 블로그는 누구나 쉽게 인터넷 상에 자신만의 공간을 형성하고 공유할 수 있게 했으며, 2001년 소위 '모두의 백과사전' 위키피디아가 등장하자 소수 엘리트 집단으로부터 정의되어 대중에게 전해지던 지식과 지성은 형성 과정과 관점이 완전히 바뀌게 되었다. 많은 사람들이 힘을 보탤수록 지식이 완벽해진다는 것이다. 2005년 시작된 동영상 서비스 사이트인 유튜브 역시 자유로운 동영상 촬영 및 편집의 사용으로 웹이 범세계적 집단 미디어가 되는 데 기여했다. 웹2.0의 시대는 말 그대로 창작과 소비의 시대이다. 인터넷을 통해 사회 문화와 경제뿐 아니라 정치, 인간관계까지도 일일이 영향을 받고 있는 현재에도, 여전히 우리는 웹2.0 시대에 살고 있으며 다양한 현상을 경험하고, 사회 변화를 거치고 있다.

문제는 이런 현상을 통해 우리가 공유하는 정보는 기하급수적으로 늘어나고, 네트워크는 복잡해지고 있다는 것이다. 세계 언어별로 인터넷 사용자 현황을 보면 2000년 부터 2009년까지 채 10년이 되기도 전에 1,000% 이상 사용자가 늘어난 곳도 있다.

Top Ten Languages Used in the Web
(Number of Internet Users by Language)

TOP TEN LANGUAGES IN THE INTERNET	Internet Users by Language	Internet Penetration by Language	Growth in Internet (2000 - 2009)	Internet Users % of Total	World Population for this Language (2009 Estimate)
English	478,717,443	37.9 %	237.2 %	28.7 %	1,263,830,976
Chinese	361,364,613	26.3 %	1,018.7 %	21.7 %	1,373,859,774
Spanish	132,963,898	32.3 %	631.3 %	8.0 %	411,631,985
Japanese	94,000,000	74.0 %	99.7 %	5.6 %	127,078,679
French	76,915,917	18.1 %	530.5 %	4.6 %	425,622,855
Portuguese	73,027,400	29.5 %	863.9 %	4.4 %	247,223,493
German	65,243,673	67.7 %	135.5 %	3.9 %	96,389,702
Arabic	49,372,400	17.0 %	1,862.2 %	3.0 %	289,742,641
Russian	38,000,000	27.1 %	1,125.8 %	2.3 %	140,041,247
Korean	37,475,800	52.7 %	96.8 %	2.2 %	71,174,317
TOP 10 LANGUAGES	1,407,081,144	31.6 %	351.5 %	84.3 %	4,446,595,669
Rest of the Languages	261,789,264	11.3 %	430.7 %	15.7 %	2,321,209,539
WORLD TOTAL	1,668,870,408	24.7 %	362.3 %	100.0 %	6,767,805,208

(*) NOTES : (1) Top Ten Languages Internet Stats were updated for June 30, 2009. (2) Internet Penetration is the ratio between the sum of Internet users speaking a language and the total population estimate that speaks that specific language. (3) The most recent Internet usage information comes from data published by Nielsen Online, International Telecommunications Union, Gfk, and other reliable sources. (4) World population information comes from the U.S. Census Bureau. (5) For definitions and navigation help in several languages, see the Site Surfing Guide. (6) Stats may be cited, stating the source and establishing an active link back to Internet World Stats. Copyright © 2009, Miniwatts Marketing Group. All rights reserved worldwide.

출처:internet world state(2009)

[그림 1] 언어별 인터넷 사용 현황

폭풍처럼 휘몰아치는 정보의 바다에서 어떻게 목적지를 찾아갈 것인가? 원하는 정보를 찾겠다면서 구글의 20번째 페이지까지 검색해본 경우가 종종 있을 것이다. 바로 여기에 웹2.0의 한계가 있다. 정보가 점점 더 방대해지고 파편화되어 통합적인 시각을 갖고 현상을 관찰하기가 쉽지 않다는 것이다. 과거 산업사회에서 정보사회로 진화하는 것이 "지식의 정보화"와 공유를 통해서였다면, 다가오는 지식사회에서는 넘쳐나는 "정보를 지식화"하는 것이 중요해진다. 자연스럽게 웹2.0의 한계를 극복하는 웹3.0에 대한 논의가 활발하게 진행되고 있다. 웹2.0 시대의 검색(search)으로 만족할 것이 아니라 웹3.0의 발견(discovery)이 필요한 것이다. 따라서 웹2.0과 웹3.0은 그 태생에서부터 차이가 있다. 웹2.0의 참여와 개방과 공유라는 성격이 데이터와 정보 중심의 상호작용에 의해 비롯되는 사회적, 경제적 조류를 지칭하는 사후적 성격이라면, 웹3.0은 지식과 네트워크 중심의 데이터와 정보를 주문제작(customization)하는 개인화 과정으로 지능화된 웹 환경을 구축하기 위한 기술적 측면을 강조하는 사전적 조류라고 할 수 있다.

웹3.0이란 용어는 2006년 뉴욕타임즈의 John Markoff 기자가 처음 사용한 이후 논쟁의 중심에 서게 되었다. 웹3.0은 웹 발전 방향의 흐름을 지칭하는 것일 뿐 아직 명확히 개념화 되어 있지는 않다. 다만 웹3.0을 선도하는 기술들의 특징을 보았을 때, '개인화'와 '지능화', '상황인식' 등으로 의견이 수렴되고 있어, 웹의 진화방향을 예측할 수 있다. 웹3.0이란 지능화된 웹이 시맨틱(semantic) 기술을 이용하여 상황인식을 통해 이용자에게 맞춤형 콘텐츠 및 서비스를 제공하는 것이기 때문이다. 즉 웹3.0 시대에는 지능형 웹이 이용자가 원하는 정보, 직관적인 경험을 제공하게 되며, 웹2.0 시대와는 〈표 1〉과 같은 차이가 있다.

〈표 1〉 웹2.0과 웹 3.0의 비교

구분	웹2.0	웹3.0
시기	2000~2010	2010~2020
상호작용	read&write	read, write & execute
키워드	참여, 공유, 개방	상황인식(context)
정보 이용자	인간	인간, 기계
정보권력	대형화, 집중화	분산 (필요한 정보만 선별)
콘텐츠 이용행태	이용자가 생산, 유통, 소비 모두를 담당	지능화된 웹이 원하는 콘텐츠 제공 → 개인별 맞춤
검색	여러 사이트에 있는 자료 개방	이용자가 맞춤형 검색
기반기술	브로드 밴드, 서버관리	시맨틱 기술, 상황인식, 클라우드 컴퓨팅
대응단말	PC와 모바일 일부	PC, 모바일, 시계와 같은 악세서리등 다양

Nova Spivack(2003)은 정보적 연결성과 사회적 연결성을 기준으로 웹의 발전 방향을 제시한 바 있는데, 소셜 소프트웨어(Social Software)로 대표되는 웹2.0은 참여와 공유와 개방으로 사람들을 연결하여 사회적 연결성(social connectivity)은 높지만, 공유된 정보를 연결하는 정보적 연결성(informational connectivity)은 낮다. 반면 시맨틱 웹(Semantic Web)이 주를 이루는 웹3.0 시대는 지식기반 사회에서 시맨틱 웹으로 최적화된 정보를 연결하기 때문에 사회적 연결성은 낮지만 정보적 연결성은 높다. 궁극적으로는 정보와 사람을 모두 긴밀하게 연결하는 Metaweb 혹은 유비쿼터스 웹의 구현이 가능한 시대가 도래할 것이라고 주장했다. 따라서 가장 바람직한 웹의 진화방향은 정보적 연결성이나 사회적 연결성이 어느 한쪽으로 편중되어 있는 것이 아니라 시맨틱 웹과 소셜 소프트웨어가 동시에 구현되는 환경이라고 하겠다.

4. 클라우드 컴퓨팅(Cloud computing)

4.1 클라우드 컴퓨팅의 개념

사람들은 대개 컴퓨터하면 보통 개인용 컴퓨터(PC)나 개개의 서버를 생각하게 된다. 그러나 클라우드 컴퓨팅은 수많은 PC 또는 서버들이 하나의 커다란 구름 모양의 집합을 이루는 것을 말한다. 가트너의 자료에 의하면 클라우드 컴퓨팅은 "인터넷 기술을 활용하여 다수의 고객들에게 높은 수준의 확장성을 가진 IT 자원들을 서비스로 제공하는 컴퓨터다"라고 정의되어 있다. 즉, 클라우드 컴퓨팅 환경에서 사용자들은 인터넷에 연결된 단말을 통하여 대용량의 컴퓨터 집합에 접속하고 애플리케이션, 스토리지, 운영체제(OS: operating system), 보안등의 필요한 IT 자원을 원하는 시점에 필요로 하는 만큼 골라서 사용하게 되어 사용량에 기반을 두어 대가를 지불한다.

클라우드(cloud 구름)는 인터넷을 구름으로 표현하며, 구름은 숨겨진 복합시스템으로 소프트웨어와 데이터를 서브에 저장하는 방식으로 단말(클라이언트)은 일시적 자료보관만 하는 구조의 컴퓨팅이다. 현재는 PC에 엑셀이나 파워포인터라는 애플리케이션도 저장하고 데이타도 저장하지만 나중에는 클라우드(구름)속에 소프트웨어와 자료를 전부 저장하고 단말(스마트폰, 패드, 이북 등)은 보고 사용하기만 한다. 또한 클라우드 컴퓨팅은 하드웨어나 소프트웨어 자원을 직접 구축하지 않고, 월 단위로 사용 요금을 내고 빌려쓰는 개념이기도 하다. 쓴 만큼 비용을 지불하는 클라우드 컴퓨팅 서비스는 다양한 분야에서도 응용이 가능하다. 예를들어 중소기업의 ERP 초기 평균 구축비용은 1억원 정도가 소요되지만 클라우드 서비스를 이용하면 월 40만원 정도면 가능하다. 또한 오피스 등의 애플리케이션들도 웹에서 다운로드하여 사용순간에만 접근하며 노래나 어플들도 마찬가지로 동작되게 된다. 이런 시대를 주도하는 업체는 구글이며, 여기에 아마존이나 애플, 삼성 등이 가세중이다.

사실 우리가 휴대폰이나 스마트폰으로 자료를 만들려 할때 모든 소프트웨어를 가지고 다니기가 어렵기 때문에 필요할 때마다 간단히 사용하고 툴은 버리면 되는 (서브에 있으므로) 식의 사용이 휴대에는 매우 적합하다. 반면에 데이타도 필요할 때 생성하여 사용하고 버리고 다시 서브에서 받는 식의 동작이 가볍다. 무선통신이 보편화 되고 스마트 기기가 널리 보급되면서 클라우드 컴퓨팅은 더욱 크게 각광을 받게 될 것이다. 다음 그림은 정보화 시대 기술의 발전에 따른 변화를 나타내고 있다.

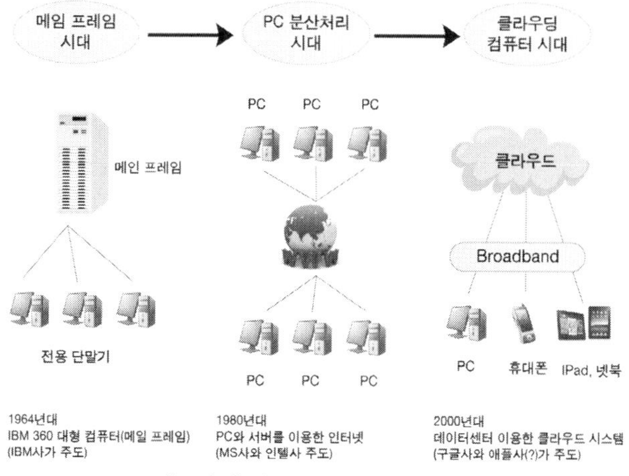

[그림 2] 정보화 시대 기술의 변화

클라우드 컴퓨팅은 1960년대 미국의 컴퓨터 학자인 존 맥카시(John McCarthy)가 "컴퓨팅 환경은 공공시설을 쓰는 것과도 같을 것"이라는 개념을 제시하여 시작되었는데 이것은 상호 접속된 컴퓨터 데이터베이스(DB)를 통해 각종 데이터와 정보를 저장하여 일반 이용자들이 관련 소프트웨어(SW)를 설치하지 않고도 이메일·서류관리·전자상거래 등을 이용할 수 있는 인터넷 기반 컴퓨팅이다. 따라서 클라우드 컴퓨팅에 필요한 데이터센터는 수천개의 네트워크 컴퓨터를 보유하여야 한다. 이 기술의 핵심은 잘 통하는 네트워크와 가벼운 단말로서 메인프레임시대와 비슷하지만 구름속에는 메인프레임이 아닌 수천만 대의 서브들이 존재하고 있다. 따라서 사용자는 하드디스크를 많이 사용하지 않아도 되고, 가볍게 휴대하여 필요한 업무나 여가를 즐길 수 있다.

4.2 모바일의 급부상 – 모바일 클라우드

20세기가 유선 통신의 시대였다면 21세기를 지배하는 코드는 모바일이다. 특히 컴퓨팅 시장의 화두였던 클라우드가 모바일 부문으로 확대되면서 스마트폰이 주도하는 모바일 열풍과 결합하면서 '모바일 클라우드 컴퓨팅'이라는 새로운 화두를 만들어 낼 것으로 기대된다. 모바일 클라우드 컴퓨팅이란 모바일 기기용 애플리케이션들을 웹스토어에서 다운로드하지 않고 웹 상에서 제공되는 애플리케이션에 접속하여 바로 사용하는 방식을 의미한다. 이러한 모바일의 급부상은 컴퓨팅 패러다임이 바뀌고 있음을 의미한다고 할수 있다. 역사가 이렇게 말하고 있다. 메인프레임에서 PC로 넘어올때는 MS가 IBM을 제치고 블루 칩으로 떠올랐고, PC에서 다시 웹으로 플랫폼이 이동할 때는 구글이 슈퍼파워로 대접받았다.

[그림 3] 모바일 기기

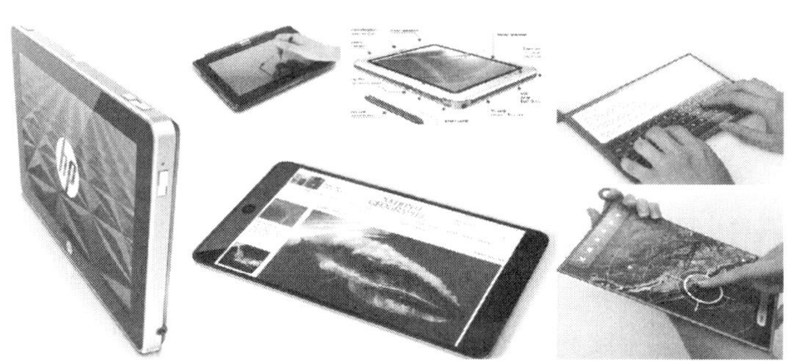

[그림 4] 다양한 모바일의 세계

모바일 클라우드 컴퓨팅의 개념은 매우 간단하다. 필요한 만큼 사용하고 쓴 만큼 지불하는 클라우드 컴퓨팅과 모바일 서비스를 결합한 것이다. 여기서 모바일의 개념은 매우 다양하다. 스마트폰은 물론이고 이동성을 갖는 기기들, 즉 노트북과 넷북, PDA, UMPC 등을 모두 포괄한다. 따라서 모바일 클라우드란 다양한 모바일 단말기를 통하여 클라우드로부터 서비스를 지원받는 모델이라고 할 수 있다. 모바일 클라우드의 구성요소는 다음의 그림과 같이 모바일 단말기, 모바일 애플리케이션, 모바일 클라우드의 3가지로 나누어 볼 수 있다.

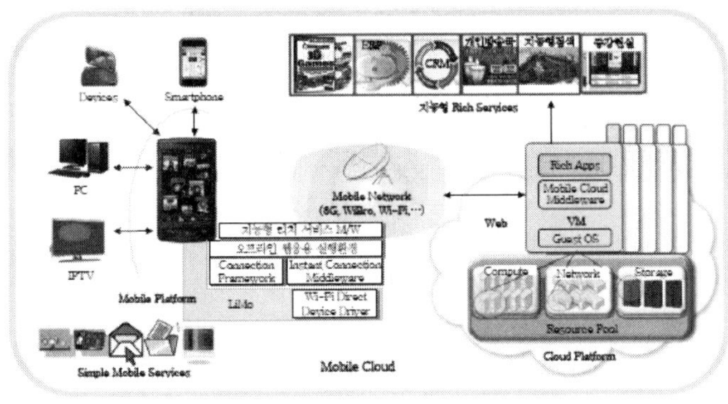

[그림 5] 모바일 클라우드 구성도

모바일 클라우드가 다양한 분야로 확산되고 있지만 표준화와 플랫폼 종속 이슈는 꾸준히 대두되고 있다. 모바일 클라우드는 업종 특성상 개념 정립과 동시에 서비스 출시가 이뤄지기 때문에 향후 서비스 간의 상호호환성과 이식성, 보안 등에 대한 우려가 나오고 있으며, 특히 주요 모바일 클라우드 업체들이 자사 플랫폼만을 고집해 시장지배적인 사업자로 의 플랫폼 종속 문제를 우려하는 목소리가 높다. 그러나 이러한 문제점에도 불구하고, 미래의 모바일 클라우드 기술은 개인 스마트폰으로 클라우드 상의 개인 가상 시스템과 연결하여 컴퓨팅 자원(CPU, 스토리지, 메모리, 네트워크)을 무제한적으로 사용하는 '내

손안의 슈퍼컴퓨터'를 실현하고, 물리적 공간을 뛰어넘는 'Always on Computing' 생활 공간을 마련하여 사용자가 언제, 어디서든 클라우드 자원과 개인 스마트폰 자원을 동시에 활용하여 '리치 서비스'를 실행시 킬 수 있다.

5. 미리보는 웹 3.0 시대의 사회와 문화

5.1 나만의 웹비서

웹 3.0 시대는 자기 판단 지능을 가진 웹상의 빗이며 유무선 기능을 통합하여 아주 주관적인을 주인이 생각하는 주변 상황을 인식하고 파악하여 의도한 답을 내주는 아주 영리한 아니 영악한 지능을 가진 웹상에 존재하는 가상의 비서가 될 것이다. 따라서 웹상에서 주어진 데이터만을 보여주는 것이 아니라 주인이 상황과 원하는 결과를 예측하여 필요한 자료를 수집하고 수집한 정보를 기초로 하여 필요한 정보를 제공하게 된다.

웹 비서의 대표적인 것으로는 HMD(Head-mounted display)가 있는 데 HMD의 'Teleglass'의 디스플레이부는 엄지손가락 한마디 정보의 사이즈밖에 되지 않고 안경 프레임을 따라서 케이블을 귀에 걸어두면 눈에 띄지 않게 사용할 수가 있다. 이는 360도 전면을 녹화하여 하루 하루의 모든 내용을 녹화하고 다시 상황 판단에 필요한 내용을 제공해 주게 된다. 이러한 웹 비서는 개인의 나이와 지능에 맞는 정보를 가지고 상황인식, 주변 정보를 읽고 판단하는 능력이 주어지며 보는 시야의 모든 정보를 순식간에 음성 메시지를 통하여 제공해 주게 된다. 또한 웹 비서는 제공되지 않은 정보에 대해서는 무선 웹 기반의 정보를 활용하여 각자의 연력에 맞는 정보를 제공하고 같은 또래의 아이들과 쉽게 어울릴 수 있는 시사, 연예, 스포츠 정보들도 같이 제공 받을 수 있음은 물론 이러한 정보의 근간 기준 축은 개인마다 친한 친구의 도움이 크며 개인 친구가 보는 모든 시사 정보를 웹상에서 동시에 제공하고 공유하게 된다.

5.2 미디어와 생활

5.2.1 방송미디어의 추천 시대

TV와 미디어가 Youtube로 대변되는 UCC등의 동영상의 경계가 모호해 지고 TV에서 동시에 TV 정규채널 방송과 같이 방송 콘텐츠가 동시에 제공되어 웹상에서 개인별로 좋아하는 자기만의 가상 방송국으로 재편성된다. 따라서 자기가 좋아하는 방송내용을 모으고 좋아하는 프로그램을 자기가 원하는 형태로 편성하여 자기만의 방송국이 되고, 하나의 블로그 형태의 방송국이 편성되고 운영되어 지는 것이다.

방송 콘텐츠도 시간을 다투는 뉴스를 제외하고는 하나의 동영상으로 취급받고 이는 수많은 정보 속에서 자기의 취향에 맞는 프로그램을 찾아내고 정리된 영상물을 쉽게 찾도록 한다. 문자검색에서는 키워드로 RSS를 걸어 자동으로 관심있는 정보를 받아보던 것에서 시청자들의 추천으로 내용을 알아내고 관심있는 정보의 선택시간을 대폭 줄이는 방법으로 추천이라는 기능이 각광을 받게 될 것이다. 이러한 추천 기술은 사용자의 취향이나 이력을 자동으로 기억해서 사용자가 다시 시청할 때 자동으로 여러 가지의 프로그램을 추천해 주고 추천기술이 검색하거나 찾아보는 시간을 절약할 수 있도록 하는 장점이 있기 때문에 필수적인 기능이 될 것이다. 이와같이 추천하는 방법도 여러 가지인데 첫째로 내가 본 정보를 기준으로 TV국이나 동영상 서비스와 연계된 Myspace 같은 웹 사이트에서 실적에 기준한 정보를 바탕으로 나와 있는 콘텐츠를 제공하여 주는 방법이 있다. 둘째는 SNS에서 날아오는 대부분이 동일한 취향이나 목적을 가진 SNS에서 오는 추천인데 가입된 회원들이 보내준 추천정보는 사이트나 추천을 결정하는 기업에서의 추천보다도 친구들의 추천이 더욱 기호에 가까울 것이라는 생각에 기반을 두고 제공하는 방법이다.

또한 미래의 방송과 미디어는 자기가 기획한 컨셉이나 사건을 기록한 동영상을 단순하게 보여주는 것에서 감정 공유의 형태로 발전하고 생존하게 될 것이다. 예를 들어 9시 뉴스를 시청한 유저가 필요할 때 언제든지 보고, 본 것에 대한 댓글을 달아서 감정을 공유하거나 표현을 하면 대표적인 카페나 토론방이 활성화되고 나는 이렇게 생각하는데 남은 어떻게 볼까 하는 호기심과 생각을 하게 될 것이다. 이는 트위터등을 통해서 가능하게 발전해 가고 있다. 또한 공유하고 싶은 감정을 표현하는 방법이 단순한 댓글 방식의 문장에서 만이 아니라 온라인을 매개체로 하여 동영상에 댓글을 달게 되어 그 댓글을 보는 사람의 입장에서 서로 감정을 나누는 것이다. 이는 단순하게 보는 동영상에서 대화와 감정을 나누는 장으로 진화하여 폭증하는 대량의 정보를 개인 개인에게 관심있는 정보나 필요한 정보로 재가공하게 된다.

5.2.2 소셜미디어 TV

TV는 기존의 방송을 수신하는 것에서 소셜 네트워크의 허브로 융합의 매개체로 변신해 진화해왔고 흔히 블로그와 싸이월드, 마이스페이스로 대변되는 소셜 네트워크는 TV를 매개체로 한 소셜 미디어라는 신용어를 만들어 내면서 사람들 간의 의견, 생각, 경험, 관점등으로 서로 공유하는 양방향 온라인 플랫폼으로서 재탄생시키게 된다. TV를 보면서 자기의 의견이나 생각을 옆에 있는 친구들과 같이 즐기는 것과 같으며 채팅이 문자의 교환에서 문자와 아바타, 육성을 동시에 느낄 수 있게 된다.

문자는 음성을 문자로 바꾸어 주는 덕분에 타이핑을 할 필요도 없으며 수신자가 선택할 옵션 사항일 뿐임은 물론 양방향 커뮤니케이션에 TV를 통한 방송 출연자들의 의상이나 액서사리등의 사양확인이나 구매 등의 상업적 용도로 오래전에 정착된 당연시되는 하나의 기능으로 자리매김할 것이다. 또한 이동중이거나 다른 공간에 존재하는 여러 이용자들 간에도 소통이 가능하고 이는 TV 매체를 이용하면서 사용자간의 소셜 커뮤니티를 형성하고 TV가 또 하나의 미디어 역할로의 진화를 가져온다.

5.2.3 라이프 로그(lifelog) 시대의 도래

동영상과 음성 등의 멀티미디어로 일생의 모든 순간을 일일이 기록할 수 있는 것은 물론 검색을 통해 이를 확인해 볼 수 있는 라이프 로그의 시대가 열리고 있다. 자신이 무엇을 했는지, 누구를 만났는지, 그리고 무엇을 먹었는지등이 동영상과 음성으로 재현되며, 눈에 기록하는 카메라를 달고 자신과 동일한 시선에서 모든 생활을 녹화하고 기록하는 것이다. 이는 정보를 찾아보기 쉽게 하는 태깅기술, GPS를 연계하여 방대해진 정보 속에서 필요한 것을 찾아내고 건망증이 심한 사람들에게는 편리한 도구로 활용되어질 것이다.

이는 아동범죄를 줄이는 역할을 수행하게 된다. 즉 범죄자에게 강제로 체내에 무선칩을 인식하게 되어 어느 곳을 이동하더라도 실시간으로 특별감시를 하고 곳곳에 설치된 홍채 인식에 의해 신변이 노출된 범죄자를 찾는 것은 상대적으로 매우 수월하게 될 것이다. 또한 새롭게 개발된 패턴인식, 등장 인식 기술은 가면이나 모자를 눌러 쓰더라도 인식이 가능하며, 사람의 질감이나 형상을 수 미터 앞에서도 눈앞에 있는 것처럼 재생하여 인식하는 기술이 개발되었기 때문에 멀리 떨어진 거리에서도 빠르게 식별할 수 있다.

6. 지식정보사회 발전을 위한 창의성 계발

산업사회적 패러다임에서 정보지식이 부가가치 창출의 원천이 되는 지식주도사회로 바뀌는 문명사적 대전환 속에서 선진국은 여전히 생존과 번영의 우위를 계속 유지하기 위해 지식·정보화에 총력을 다하고 있다. 이를 위한 국가적 과제로서 정보인프라의 구축, 교육훈련의 강화 등 지식기반사회의 발전을 위한 환경개선에 중점을 두고 있다. 또한 교육기관, 정부 및 공공부문 등을 연결하는 범국가적 지식공유 활용시스템을 구축하고 있다. 미국의 States Inventory Project가 그 대표적인 사례로서, 주 정보 인프라를 연결짓는 단일한 네트워크를 형성함으로써 전국 정보 인프라를 발전시키기 위한 프로젝트이다. 각 주에서 실행된 분석을 제공함으로써 주별로 보다 효과적으로 발전된 텔레커뮤니케이션 인프라를 구축할 수 있도록 돕고 있다.

지식기반사회 구축은 문화산업정책, 세계화, 정보화정책과 연계되어 전개되고 있다는 점도 주목해야 한다. OECD국가들은 지식주도체제 형성요인이 세계화 및 정보화에 있음을 지각하고, 이에 대한 전략 및 지원제도를 정비하고 있다. 한편, 정보와 상품 및 서비스가 국경을 초월하여 이동하게 될 경우 자국 문화산업 및 문화적인 정체성에도 심대한 영향이 예상되므로 이와 연계시켜 추진하고 있다.

급변하게 발전하는 IT 기술 사회 및 미래정보화사회에서 21세기를 이끌어 갈 전문인력의 창의성과 혁신능력을 고무시키고, 문화예술 분야의 영재를 발굴하는 일은 21세기 국가경쟁력에 직결되는 문제이다. 창의성과 경영능력을 겸비할 수 있는 교육을 이들에게 제공할 수 있는 많은 기회를 위한 프로그램들이 개발되고 있다. 영국의 NESTA, 미국의 Millenium Project 등은 모두 청소년의 창의성 개발을 위한 방안을 모색하고 있다. 비단 청소년뿐만 아니라 창작활동의 주체가 모두 전문가 육성의 대상이 될 수 있는데, EC의 MEDIA II의 3대 역점 사업의 하나가 바로 전문가 육성이다.

지식정보사회의 창의성 계발을 위한 접근성의 확대는 두 가지 의미를 갖는다. 우선, 소극적인 의미에서는 정체성 유지와 같은 모두가 국가의 문화 유산 및 문화생활을 향유할 수 있게 하는 것이다. 적극적으로는 그 결과 보다 많은 소비자의 창출을 가져올 수 있도록 하는 것이다. 즉, 다수 대중이 문화매체에 접근할 수 있게 하고, 이로서 국가의 문화창조력의 근간이 되도록 하는 것이다. 이를 위해서는 순회 전시회 지원, 야간공개극장 운영, 각종 페스티발 및 이벤트 연출 등을 지원한다.

7. 미래사회의 교육

7.1 스마트 러닝의 도래

90년대 말 우리가 접할 수 있는 포켓이나 손바닥에 가볍게 들어가는 콤팩트한 휴대 기기들에 의해 학습자가 학습을 진행해 나가면서 효율적이고 진보적인 새로운 학습방법에 대한 가능성을 보여준 것이 모바일 러닝이다.

그러나 모바일 러닝에서 주로 활용된 PDA는 형식교육을 담당한 학교가 아닌 주로 박물관이나 과학관, 미술관을 통해 이동성과 개별성, 그리고 선택권이 강한 전시관 안에서 전시물의 정보를 알려주고 감상과 이해를 돕는 목적으로 사용되었다. 이러한 전시물과 방문객간의 상호작용을 위한 도구, 즉 인터렉티브(interactive) 멀티미디어의 플랫폼으로 사용된 모바일 기기는 2000년대 초반에서 중반에 이르기까지 인터넷의 보급으로 시간과 장소의 제약에서 벗어나 학습이 이루어지는 활동이 가능해짐으로써 개인적 모바일기기(스마트폰 등)을 활용한 유비쿼터스(Ubiquitous)가 가능한 학습으로 진화하게 되었다. 이는 학습자가 제한된 물리적 공간을 벗어나 모든 기기와 네트워크화되어 정보를 한번만 입력해도 필요시엔 모바일을 통해 언제 어디서나 정보를 습득하고 이를 통해 학습이 이루어지는 학습자 중심의 맥락적인 학습환경이 가능하게 되었다.

더불어 현재의 모바일 러닝의 모습은 개인 단말기기 간에 이루어지던 상호작용에서 발전하여 개인이나 그룹이 다양한 장소에서 다양한 활동을 수행할 수 있는 네트워크 중심의 모바일 기기가 일상으로 스며들어 퍼베이시브(pervasive)한 성격으로 발전되어가고 있으며, 앰비어트(Ambient)한 기술로 인해 우리가 숨쉬는 공기처럼 자연스러운 모바일 기기를 활용한 학습 즉, 스마트폰을 활용한 스마트 러닝으로 발전함에 이르게 되었다. 스마트 폰이 확산됨에 따라 점차 늘고 있는 무선접속(Wireless Access)의 증대와 위치기반시스템, 다양한 SNS 어플리케이션, 학습용 어플리케이션을 등장으로 언제 어디서나 역동적 학습이 가능해지고 있으며, 교수자와 학습자, 또는 학습자 간에 주고받는 메시지의 양 즉 트위터나 웹3.0을 기반으로 하는 소셜네트워크 시스템에 글을 남기는 횟수가 증가 할수록 학습의 효과가 매우 높아지게 된다.

7.2 스마트 폰을 활용한 러닝방법

일반적으로 모바일 러닝의 특징들은 학습에 있어서 다음과 같은 가능성을 시사해준다. 첫째, 모바일 기술에 의해 실생활 장면에서 정보를 주고 받거나 타인과의 상호작용을 통해 상황적, 경험적, 맥락적 학습을 가능하게 하고, 둘째, 학습자의 입장에서 개별화와 강력한 호환성 및 이동성으로 인해 학습이 쉽게 일어나거나 지속하기 편리하며, 학습을 효율적으로 즐길 수 있다. 여기에서 발전하여 스마트 폰의 등장으로 인하여 논의되는 스마트 러닝은 상황적이고 맥락적이며 개별화된 학습환경을 제공할 수 있다. 예로 암스테르담 국립박물관은 박물관 홈페이지의 명화를 중심으로 전시되어 있는 전시품의 콜렉션에서 아이폰 어플리케이션을 다운 받을 수 있도록 지원하고 있으며 이를 통해 학습자들은 명화를 손안에서 감상하고 작품과 관련된 다양한 정보들을 쉽게 이해함으로써 각각의 학습자 입장에서는 학습이 매우 용이하게 진행할 수 있다.

[그림 6] 암테르담 사이트의 메인페이지와 collection화면

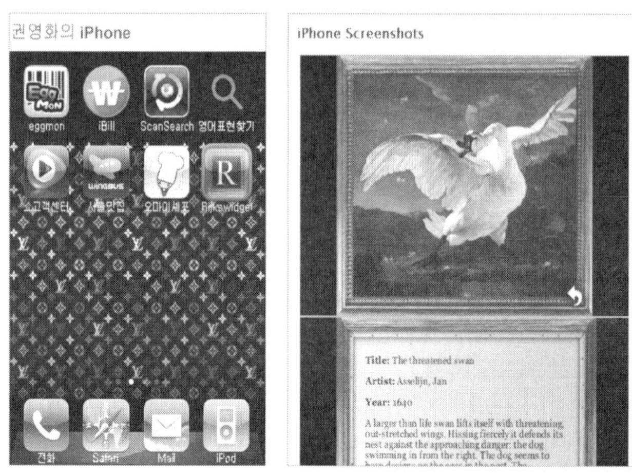

[그림 7] 아이폰에 다운받고 실행하는 화면

이를 학교 교과과정과 연계하여 미리 사이트를 통하여 어플리케이션(Application)을 다운받아 스마트폰으로 자료를 수집, 보관하고 폰에 저장된 내용을 물리적 박물관에서 직접 확인하고 활용하게 된다. 학습자들은 스마트 폰을 활용하여 '언제 어디서나 상시 학습'이 이루어지는데 활용된다. 스마트폰의 활용이 학교교육이나 박물관과 같은 비형식 교육기관에서 뿐만 아니라 전문적인 컨퍼런스나 세미나, 워크숍 등에서도 늘어나고 있는 추세이다. 이와 관련하여 한국인터넷진흥원에서는 스마트폰과 무선인터넷 활성화에 대해 특집으로 다루고 있으며, 'Internet and information security'에서는 모바일을 활용한 소셜미디어의 활용과 어플리케이션의 개발 및 사회, 교육, 정치에 어떻게 활용가능한지 논의 하고 있다. 또한 2010년 9월 e-Learning 국제학회에서는 'e-Learning을 향상시킬 스마트(smart)한 방식'이라는 주제로 학교, 기업, 그 외 여러 관련 기관에서의 스마트 러닝에 관련된 실천 사례 및 연구들을 중심으로 한 국제 학회를 개최하였다. 스마트러닝은 앞서 논의한 모바일 기기가 지닌 특성뿐만 아니라 다양한 어플리케이션을 활용할 수 있는 플랫폼 기반의 OS를 운용하기 때문에 다양한 학습 콘텐츠를 간편하게 활용할 수 있다. 예를 들어 외국어 학습을 하는 사례로서 어학용 어플리케이션을 다운받기만 하면 학습자가 외국어를 읽고, 쓰고, 발음연습과 간단한 문장연습 또한 학습할 수 있다. Stanza는 Lexcycle 사에서 개발된 프로그램으로 iphone을 이용하여 약, 100, 000 종의 책과 잡지 등을 읽을 수 있게 해주는 e-book 도서관 프로그램으로 학습자가 원하고 관심 있는 정보와 흥미 있어 하는 읽을거리들을 시간과 장소에 구애 받지 않고 언제든지 다운받아 학습할 수 있다. 이처럼 스마트폰의 교육적 활용은 단순히 어플리케이션을 다운받아 학습자가 원하는 학습 콘텐츠를 사용하는 학습방법에서부터, 다양한 상호작용을 활용하여 협력적 지식구축과정을 형성하는 방법까지 다양하게 활용될 수 있다.

참고문헌

김중태, "시멘틱 웹", 디지털미디어리서치, 2006

Sun MicroSystems, Inc., *"Introduction to cloud computing architecture"*, White paper 1st Edition, 2009.

민옥기 외 2인, "클라우드 컴퓨팅 기술 동향", 전자통신동향분석, 제24권 제4호, 2009

이강찬 외 1인, "클라우드 컴퓨팅 표준화 동향 및 전량 분석", ETRI, 전자통신동향분석, 제25권, 제1호, 2010

윤용익 외 1인, "모바일 클라우드 컴퓨팅 동향", 정보통신산업진흥원, 주간기술동향 통권 1439호, 2010

NIA, "범국가 차원의 ICT 신기술 패러다임: 클라우드 컴퓨팅 활성화 전략", 2009

http://www.apple.com/kr/mobileme

http://myphone.microsoft.com

Communication.news/web, 2010

전종홍 외 2인, "차세대 모바일 웹 애플리케이션 표준화 동향", 전자통신동향분석, 제25권 제1호, 2010

노상수·박진석, "인터넷 진화의 연쇄 온톨로지", 2008

김택천, "웹3.0 시대의 미래 기술의 방향", 한국인터넷진흥원, issue inside, 2009

스트라베이스, "web3.0시대의 실체와 인터넷의 미래", Issue Alert, 2009

정한민, "시맨틱 웹이 경제, 사회에 미치는 영향", 정보통신연구진흥원, IT 기획시리즈, 2008

Bratt, S, *"Future Internet 2020"*, W3C, 2009

Hyvonen, E., Viljanen, K. & Suominen, O., *"HealthFinland-Finnish Health Information on the Semantic Web"*, ISWC 2007

Kobilarov, G., Scott, T., Raimond, Y. & Oliver, S., *"Media Meets Semantic Web- How the BBC Uses DBpedia and Linked Data to Make Connections"*, ESWC 2009

Razmerita & Gouarderes, *"Ontology based User Modeling for Personalization of Grid Learning Services"*, the First International Elegi Conference on Advanced Technology for Enhanced Learning, 2005

Viljanen, K., Tuominen, J. & Hyvonen, E., *"Ontology Libraries for Production Use: The Finnish Ontology Library Service ONKI"*, ESWC 2009

찾아보기

집필진(가나다순)

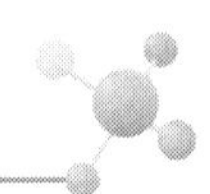

김항인
서울교육대학교 학사
서울대학교 대학원 석사
미국 The University of Georgia, 철학박사
현재 경인교육대학교 윤리교육과 부교수

•저서
〈세계의 도덕·윤리교육〉, 〈공동체주의교육〉, 〈신뢰: 지구촌 시대의 사회적
자본〉, 〈도덕윤리과 교육의 방향 정립, 도덕과 교육의 이론과 실제〉

김호
서울대학교 인문대학 국사학과 및 동대학원 졸업
서울대학교 규장각 특별연구원 역임
가톨릭대학교 교양교육원 교수 역임
현재 경인교육대학교 사회교육과 부교수

•저서
〈신주무원록〉, 〈허준의 동의보감 연구〉, 〈조선의 명의〉 외 다수

김혜정
전남대학교 국악과 졸업
서울대학교 음악대학원 석사
한국학중앙연구원 박사
전 국립민속국악원 학예연구사
인천광역시 문화재 위원
경기도 문화재위원
현재 경인교육대학교 음악교육과 부교수

•저서
〈판소리음악론〉, 〈여성민요의 존재양상과 전승원리〉, 〈초등국악교육의 이해
와 실제〉, 〈강강술래〉, 〈아리랑〉 외 다수

박기화
서울대학교 사범대학 영어교육과 및 동대학원 졸업
서울대학교 인문대학원(언어학 박사)
미국 일리노이대학교 연구교수
현재 경인교육대학교 영어교육과 교수

•저서
〈초등영어교육〉, 〈초등영어 교재 연구〉, 〈북한 영어교과서 분석〉 외 다수

박약우
서울대학교 사범대학 영어교육과 및 동 대학원 졸업
서울대학교 영어학 박사
영국 랭카스터(Lancaster) 대학교 연구교수
현재 경인교육대학교 영어교육학 교수

•저서
〈초등영어교육〉, 〈초등영어 교재 연구〉 외 다수

박인기
서울대학교 국어교육과 졸(교육학박사)
한국교육개발원 연구원, 한국독서학회 회장 역임
현재 경인교육대학교 국어교육과 교수

•저서
〈문학교육과정의 구조와 이론〉, 〈국어교육과 미디어 텍스트〉, 〈문학교육론〉,
〈한국인의 말 한국인의 문화〉 외 다수

송상헌
서울대학교 사범대학 수학교육과(이학사)
서울대학교 대학원 수학교육학 전공(교육학 석사, 박사)
현재 경인교육대학교 수학교육학과 교수, 수학영재교육연구소장
    경인교육대학교 교육대학원 수학영재교육 전공 주임교수
    아주대학교 교육대학원 영재교육 전공 객원교수
    아주대학교 부설 과학영재교육원 지도교수 및 담임
    http://tcampus.or.kr '수학영재교육의 이론과 실제' 온라인 강좌 운영

•저서 및 논문
〈수학과 수행중심 평가〉, 〈수학영재의 판별과 선발〉, 〈놀이를 활용한 신나는
교실 수업〉, 〈수학교육의 이해〉 외 80여편의 학술논문

안금희
서울대학교 미술대학 서양화과 졸업
서울대학교 대학원 교육학과 협동과정 미술교육 전공 졸업(교육학 석사)
오하이오 주립대학교 미술교육과 졸업, 미술교육학 전공(철학 박사)
현재 경인교육대학교 부교수

•저서
〈교과교육과 수업에서의 질적 연구〉, 〈미술과 수행중심평가〉, 〈미술교육과
문화〉 외 다수

오필석
서울대학교 사범대학 지구과학교육과 이학사
서울대학교 대학원 과학교육과(지구과학 전공) 교육학석사
미국 아이오와 대학교 박사 (Ph. D., University of Iowa)
현재 경인교육대학교 과학교육과 조교수

•저서
〈지구과학 교재연구 및 지도〉(공저), 〈Science Education in the 21st Century〉(공저)

이춘식
충남대학교 기술교육과 졸업
서울대학교 대학원(교육학 박사)
전. 한국교육과정평가원 책임연구원
현재 경인교육대학교 생활과학교육과 부교수

•저서
〈초등교사를 위한 설계기술 탐구〉, 〈기술교육 평가〉, 〈기술교사를 위한 수업 컨설팅〉 외 다수

•논문
〈기술에 대한 태도〉, 〈실과 교육과정 개발 연구〉, 〈기술과 핵심역량〉, 〈프로젝트 교수학습 방법 연구〉 외 다수

•전시
우리 목가구의 멋과 아름다움

주길홍
연세대학교 대학원 컴퓨터과학과 석, 박사 (공학박사)
현재 경인교육대학교 컴퓨터교육과 부교수
현재 MBC 시청자위원

•저서
〈Java Server Page〉, 〈아동들을 위한 전통놀이 교육 프로그램〉, 〈아동 창의성 계발 프로그램〉 외 다수

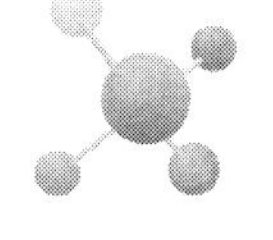

교과교육과 문화, 어떻게 소통할 것인가

초판 인쇄 | 2011년 11월 11일
초판 발행 | 2011년 11월 18일

저 자 김항인·김호·김혜정·박기화·박약우·박인기
         송상헌·안금희·오필석·이춘식·주길홍

책임편집 윤예미

발 행 처 도서출판 지식과교양
등록번호 제 2010-19호
주 소 서울시 도봉구 창5동 320번지 행정지원센터 B104
전 화 (02) 900-4520 (대표)/ 편집부 (02) 900-4521
팩 스 (02) 900-1541
전자우편 kncbook@hanmail.net

ⓒ 김항인·김호·김혜정·박기화·박약우·박인기·송상헌·안금희·오필석·이춘식·주길홍
  2011 All rights reserved. Printed in KOREA

ISBN 978-89-94955-51-3 93370   **정가** 29,000원

이 도서의 국립중앙도서관 출판도서목록(CIP)은 e-CIP홈페이지(http://www.nl.go.kr/ecip)에서
이용하실 수 있습니다. (CIP제어번호: CIP2011004742)